독점규제법 집행론

독점규제법 집행론

조 성 국

景仁文化社

서 문───

　2011년은 우리나라에서 독점규제법이 집행된 지 30주년이 되는 해이
다. 실무적으로는 공정거래법으로 불리고 있는 독점규제법은 경쟁을 통하
여 기업과 소비자의 이익을 도모하는 법으로서 자리매김하였다. 경쟁은
시장경제의 가장 기본적인 작동원리이고 독점규제법은 시장에서 경쟁의
규칙을 정하는 법이다. 그래서 독점규제법을 경쟁법이라 하기도 하고 경
제헌법 혹은 경제의 기본법이라 부르기도 한다.

　독점규제법도 타법처럼 무엇이 합법인지 위법인지를 다루는 실체법과
어떻게 집행할 것인지를 다루는 절차법으로 나누어 볼 수 있다. 그런데,
그 동안 실체법에 관한 연구에 비해 절차법에 대한 연구는 상대적으로 많
지 않았다. 사실은 독점규제법은 그 어떤 법보다도 절차법이 중요하다. 왜
냐하면 시시각각 변모하는 살아있는 경제현상을 다루고 있으며 그 내용
이 대단히 복잡하고 보는 이의 시각에 따라 위법성 판단기준이 상이할 수
있기 때문이다. 그래서 많은 나라들은 독점규제법 집행기구를 합의제로
하고 위법성 판단절차를 법원의 절차와 유사하게 설계해 두고 있다.

　필자는 대학교수가 되기 전 1997년부터 약 10여 년 간 공정거래위원회
에서 근무하였는데 주로 사건처리절차와 국가소송업무를 담당하였다.
1999년엔 3개월간 미국 워싱턴 D.C.에서 독점규제법을 연수할 기회가 있
었는데, 그때 우리나라의 공정거래위원회에 해당하는 미국 연방거래위원
회(FTC)의 법집행을 지켜볼 기회가 있었다. 연방거래위원회 사건처리절
차는 미 연방지방법원 사건처리절차와 대단히 유사하다. 그래서, 로스쿨

을 졸업한 이후 2003년부터 1년간은 텍사스에 있는 연방지방법원에서 인턴으로 근무하면서 연방지방법원의 사건처리절차를 공부하였다. 이러한 경험들이 이 책을 쓰는데 많은 도움이 되었다. 본서는 필자의 박사학위논문에 토대를 두고 있고 최근 우리나라와 외국의 동향을 업데이트 한 것이다.

이 책의 출간을 위하여 많은 분들이 도움을 주셨다. 무엇보다 학위논문 지도교수이시고 공정거래위원장을 역임하신 서울대 법학전문대학원 권오승 교수님께서는 이론적으로뿐만 아니라 법집행경험을 바탕으로 세심한 가르침을 주셨고 이 책의 전반을 관통하는 지도이념을 제시해 주었다. 서울대 법학전문대학원 이원우 교수님께서는 행정법적 관점에서 조직과 절차의 기본원리에 대해 소중한 가르침을 주셨다. 서울대 법학전문대학원 이봉의 교수님께서는 유럽 독점규제법 특히 독일 독점규제법에 대해 많은 지적을 해 주셨다. 그 외에도 공정거래위원회 많은 직원들이 전화인터뷰나 면담 시 많은 도움을 주셨다. 꼼꼼하게 편집을 해주신 문영주님께도 감사의 말씀을 드린다.

끝으로, 이 책이 나올 수 있게 된 것을 하나님께 감사드리고 부모님과 아내, 두 아들 해준·해성에게 큰 기쁨과 보람이 되기를 바란다.

2010년 11월
저자 조성국

• 목 차 •

제1장 序論 ‖ 1

제2장 독점규제법 집행조직 및 절차 일반론 ‖ 17

제6장 유럽연합(EU) 독점규제법 집행조직 및 절차 ‖ 257

제**1**장

序 論

제1절 연구의 배경 및 목적

일찍이 "經濟的 自由의 大憲章"(a comprehensive charter of economic liberty)[1]으로 고안된 독점규제법은 독과점 및 부당한 공동행위, 경쟁제한적 기업결합, 불공정한 거래의 규제 등을 통하여 시장경제의 발전에 기여하여 왔다.

강학상으로 독점을 규제하고 경쟁을 촉진하는 법을 '獨占規制法'이라 부르는 경우가 많지만 나라별로 사용하는 표현은 약간씩 차이가 있다. 미국에서는 '반트러스트법'(antitrust laws)라는 표현이 많이 사용되고 있는데 다분히 역사적인 이유에서 기인한다. 반트러스트법이 제정되던 당시 미국 사회에서 가장 문제가 된 것은 'trust' 형태의 독점력 남용이었기 때문에 이를 규제하고자 한 측면이 강하였다. 'trust' 형태의 독점력 남용이 문제가 되지 않았던 다른 나라에서는 굳이 이 표현을 사용할 이유가 없었다. 일본에서는 '公正取引法'이라는 표현과 함께 '獨占禁止法'이라는 표현을 많이 사용한다. 우리나라에서 평이하게 사용하는 '公正去來法'이라는 표현은 일본 '公正取引法'의 영향을 많이 받은 것이다. EU에서는 경쟁을 촉진한다는 측면을 강조하여 '競爭法'(competition law)라는 표현을 많이 사용한다.

---

1) Northern Pacific Railway Co. v. U.S., 356 U.S. 1 (1958).

본서에서는 일반적인 의미에서는 '독점규제법'이라는 표현을 사용하고, 특정국가 경우 미국은 '반트러스법', 일본은 '독점금지법', EU는 '경쟁법', 우리나라는 '공정거래법'이라는 표현을 사용한다.

미국에서 1890년에 제정된 Sherman 법을 현대적인 독점규제법의 시작이라고 본다면 독점규제법의 역사는 이제 100년을 넘어선지 오래되지 않았다. 하지만, Sherman 법이 제정되기 훨씬 이전부터 common law의 법원리에 의해 어느 정도 독점규제법의 기본법리가 형성되어 왔고 오늘날의 독점규제법도 그러한 법리의 연장선에 있는 것이라고 볼 수 있다. 반면 오늘날 세계에 보편화되어 있는 合議制 형태의 독점규제법 집행기구와 그 절차는 실체법으로서의 독점규제법과 비교한다면 역사가 비교적 일천한 편이다. 당초 사법조직·절차와 행정조직·절차의 장점을 조화시키고자 한 것이었으나 기존의 조직원리 및 절차와 상이한 점이 많아 선진 각국에서 다양한 법률적 쟁점을 야기하여왔다.

미국의 경우 Sherman 법의 집행을 담당한 미국 법무부(Department of Justice; DOJ)(이하 'DOJ'라 함)는 원래 형법의 집행을 담당하던 조직이었다. 이후에 설립된 독립규제위원회 형태로서의 연방거래위원회(Federal Trade Commission; FTC)(이하 'FTC'라 함)는 기존의 정부부처와는 다른 측면이 많아 準司法機關 및 準立法機關으로 평가받으면서 새로운 조직형태와 절차를 발전시켜왔다. 최초의 독립규제위원회는 1887년에 설립된 주간통상위원회(Interstate Commerce Commission; ICC)이며, 1913년에 설립된 연방준비제도이사회(오늘날의 FRB)에 이어 1915년에 독점규제법을 담당하는 FTC가 출범이 되었다.[2] 독립규제위원회는 立法·行政·司法府의 어느 하나에 소속되어 있지 않고 책임을 지는 기관장이 없다는 의미에서 한때 '머리 없는 제4부'(a headless fourth branch)로서 '독립규제위원회'(In-

---

2) 오늘날 미국 獨立規制委員會 중 방송통신분야에서 큰 역할을 하고 있는 연방통신위원회(Federal Communications Commission; FCC)(이하 'FCC'라 함)는 그로부터 20여년 이후인 1934년에 출범이 되었다.

dependent Regulatory Commission)가 아니라 '무책임규제위원회'(Irres-
ponsible Regulatory Commission)라는 비판을 받기도 하였다.3) 그러나, 그
동안 효율성과 책임성을 제고하기 위해 많은 노력을 기울여 왔으며 전문
성을 바탕으로 현대자본주의 사회의 효율적인 관리를 위해 없어서는 아
니 될 기관으로 자리를 잡았다. 특히 미국 FTC라는 조직 및 그 법집행절
차는 세계 각국이 독점규제법을 도입할 때 모델이 되었다. 우리나라가
1980년에 도입한 공정거래위원회라는 기구와 법집행절차도 상당부분 일
본을 경유하여 FTC로부터 영향을 받은 것이다.

　하지만, 우리가 받아들인 독립규제위원회로서 FTC의 조직구성원리와
집행절차에 대하여는 미국 내에서도 많은 법률적인 쟁점이 있어 왔고 일
부는 지금도 논의가 진행 중이다. 또한 미국 내에서도 넓게는 독립규제위
원회, 좁게는 FTC에 대한 개혁의 논의가 오랫동안 있어 왔다. 핵심적인
논의는 어떻게 하면 사법절차의 공정성이라는 장점과 행정절차의 효율성
이라는 장점을 적절히 조화시키느냐 하는 것이었다. 이러한 고민은 우리
나라 공정거래위원회에 많은 시사점을 준다. 미국에서는 역사적인 이유로
DOJ도 독점규제법의 집행에 상당부분 관여하고 있다. 물론 관여의 범위
는 FTC보다 좁은 것이 사실이지만 DOJ가 커다란 역할을 하고 있다는 것
은 부인할 수 없다.

　우리보다 먼저 미국의 독점규제법을 받아들였고 우리나라 독점규제법
의 제정에 많은 영향을 준 일본의 獨占禁止法과 公正取引委員會는 지금
도 많은 면에서 우리와 유사하다. 지금은 우리나라의 독점규제법 집행이
일본을 추월하였다는 평가가 있는 것도 사실이지만 그 동안 우리나라 공
정거래위원회의 조직 및 절차를 설계하는데 있어서 일본의 公正取引委員

---

3) 1937년 President's Committee on Administrative Management(일명 'Brownlow 위원
　회')는 "그것들은 정부의 머리 없는 제4부 즉 무책임한 기관들과 조정되지 않은 권
　력들의 무분별한 집합소이다. 그것들은 정부에는 근간이 되는 3부 그리고 오로지 3
　부만 있어야 한다는 미국 헌법의 기본이론을 해하는 것이다."라고 비판한 바 있다.

會에서 많은 아이디어를 얻어온 것이 사실이다. 특히 법체계가 우리나라와 동일하기 때문에 일본 독점규제법 집행기관을 둘러싼 고민은 우리나라에 많은 시사점을 주고 있다. 따라서 우리나라 독점규제법 및 조직과 절차에 대한 정확한 이해를 위해서는 법 제정 및 개정과정에서 많은 영향을 준 일본 독점규제법 및 조직과 절차에 대한 이해가 선행되어야 한다.

유럽연합(EU)은 독점규제법 집행에 있어서 시기적으로는 다소 늦었지만 그 동안 세계 각국의 독점규제법 집행 경험과 유럽 각국의 법률시스템을 감안하여 독창적인 집행조직 및 집행절차를 마련하고 발전시켜 왔다. 집행절차는 당초 대륙법식의 직권주의적 요소가 강하였으나 이후 거듭되는 개혁과정에서 영국식의 대심주의적 요소가 대폭 강화되어 왔고 특히 2003년의 경쟁법집행 현대화(modernization)를 위한 각종의 조치들은 우리에게 시사하는 점이 적지 않다고 생각된다.

본서는 우리나라 독점규제법 집행기관인 공정거래위원회의 조직과 집행절차의 문제점을 살펴본다. 그리고, 그에 대한 개선방안을 강구해보기 위해 미국의 독점규제법 집행기관인 DOJ와 FTC의 조직과 집행절차에 대한 법률적 쟁점과 논의들을 살펴보고, 이를 수용한 일본 公正取引委員會의 조직과 집행절차 및 최근 독점규제법 집행이 활발한 EU의 경쟁당국과 절차를 분석하여 비교해 보고자 한다.

특히 합의제 독점규제법 집행기구인 미국 FTC나 일본 公正取引委員會 및 EU위원회(Commission)가 오랫동안 가져왔던 고민거리인, 효율성이 뛰어난 행정기관으로서의 성격을 잃지 않으면서도 최대한 공정한 사건처리를 도모할 수 있는 조직과 집행절차라는 측면에 초점을 맞추고자 한다. 또한, 판례법에 토대를 둔 영미법계 국가들과는 법률체계가 상이한 우리나라가 그러한 미국식의 법률적 쟁점과 결론들은 어떻게 수용하여야 하며 동시에 법체계가 유사한 일본의 논의는 우리나라에서 어떻게 수용될 수 있을지에 대하여 검토한다. 나아가 영미법계와 대륙법계가 적절히 조

화를 이루고 있는 EU위원회의 집행조직과 절차에 대해 검토해 보고자
한다.

제2절 기존 연구의 성과와 한계

　미국의 DOJ나 FTC를 대상으로 그 조직과 집행절차에 대하여 본격적으로 연구한 결과물은 미국 내에서는 많이 있어 왔다. 미국 내에서의 주요 저작물로는 일찍이 독립규제위원회에 대해 가장 비관적인 견해 중 하나를 피력한 R. Cushman(1939)의 연구가 있고, FTC 법집행절차의 세부적인 측면까지 파헤친 Stephanie W. Kanwit(1979), FTC를 실증적으로 연구한 Robert A. Katz(1980), 1970년 이후 FTC의 각종 쟁점을 편집한 Kenneth W. Clarkson과 Timothy J. Muris(1981), FTC의 법률적 쟁점을 정리한 미국변협 독점규제분과(ABA Section of Antitrust Law, 1981) 등의 연구가 있었고 비교적 근래의 연구로는 Robert V. Labaree(2000)의 연구가 있다. 그 외에도 다수의 독점규제법 관련 교과서나 논문들에서 단편적으로 FTC의 조직 및 법집행절차에 대해 논의를 하고 있다. 독점규제법 집행의 또 하나의 축으로서 DOJ의 독점규제법 집행에 관한 독자적인 연구는 그다지 많지 않은데 그것은 DOJ에 의한 법집행절차가 기본적으로는 민사소송규칙(Federal Rules of Civil Procedure) 및 형사소송규칙(Federal Rules of Criminal Procedure)의 절차에 따르기 때문으로 보인다.

　일본 내에서의 주요 연구로는 本間重紀(1973), 菊地元등 4인(1995), 後藤晃·鈴村興太郎平(2000),　丹宗曉信林·岸井大太郎(2002),　林英勝(2005),

村上政博·栗田誠(2006) 등의 연구가 있다. 일본의 관점에서 미국이나 EU
의 독점규제법이나 조직 혹은 절차에 관하여 연구한 것으로는 EU 독점규
제법에 관한 村上政博(1994)의 연구, 유럽 및 미국의 독점규제법에 관한
越知保見(2000)의 연구 등이 있다.

EU의 주요 저작물로는 EU 경쟁법에 관한 D. G. Goyder(1998), Ivo Van
Bael와 Jean-Francois Bellis(1994)의 연구와 경쟁법 집행절차에 관한 C.
S. Kerse(1994)의 선구적인 연구가 있고, 비교적 최근의 연구로는 A.
Jones와 B. Sufrin(2008)의 연구가 있다.

국내에서는 행정학 또는 행정법 분야에서 미국의 FTC 그 자체에 대한
연구보다는 일반 독립규제위원회를 대상으로 한 연구가 많이 있어 왔다.
국내의 연구 중 법률분야의 연구로서는 미국 독립규제위원회에 관한 논
의를 중심으로 김유한(1994), 차성웅(1987), 강승식(2002), 정하명(2003)
등의 연구가 있었다. 다만, 독립규제위원회 일반에 관한 논의이기 때문에
독점규제법을 집행하는 FTC 특유의 법률적 쟁점 및 그에 대한 논의들이
라고 보기는 어렵다.

미국 FTC에 관한 일반론적인 연구로는 조성국(2006)의 연구가 있고,
미국 FTC에 관한 정부의 연구용역보고서로는 정세훈(1999, 2000)의 연구
가 있다. 미국 FTC 세부집행절차에 관한 연구로는 同意命令에 관한 신영
수(2005), 조성국(2006), 김두진(2006), 홍준형·김정희(2007) 등의 연구가
있고, 행정법판사 제도에 관한 연구로는 박수헌(2005), 조성국(2006)의 연
구가 있다.

독일 연방카르텔청의 조직에 관한 연구로는 권오승(1987)의 연구가 있
고, 일본 독점규제법 또는 公正取引委員會에 관한 연구로는 신광식
(1994), 홍명수(2006) 등의 연구가 있으며 정부 내부의 일부 보고서들이
있다. 그 외 EU 경쟁법집행 조직에 관한 공정거래내부 자료들이 있다.

우리나라 공정거래위원회 조직 및 집행절차에 관한 비판적인 연구로는

조직의 독립성 및 전문성의 관점에서 분석한 권오승(2004)의 연구가 있고, 그 외에도 이봉의(2003), 박정훈(2004), 윤성운(2004), 홍대식(2006), 홍명수(2006), 임영철(2007) 등의 연구가 있다.

이러한 연구들은 미국 FTC나 일본 公正取引委員會, EU 위원회, 독일의 카르텔청 및 우리나라 공정거래위원회의 기본적인 운영원리에 대해 많은 시사점을 주고 있다. 그러나, 연구의 범위에 있어서 독점규제법 집행기구로서의 미국 DOJ와 FTC, 일본 公正取引委員會, EU 집행위원회 조직의 특성과 법집행절차 및 그와 관련된 전반적인 법률적 쟁점에 대하여 종합적인 관점에서 다루고 있지는 않다고 생각된다.

제3절 연구의 범위 및 방법

　본 연구는 주요 선진 독점규제법 집행기관인 미국 DOJ 특히 독점금지국(Antitrust Division; AD)(이하 'DOJ AD'라 함) 및 FTC와 일본 公正取引委員會 및 EU 위원회, 공정거래위원회의 조직과 집행절차에 대한 법률적 쟁점을 위주로 비교법적으로 살펴본다. 그리고, 공정거래위원회의 조직과 집행절차에 대한 개선방안을 강구해 본다. 각국 독점규제법 집행기구의 집행절차 중 일반행정절차가 아닌 사건처리절차에 초점을 맞추어 살펴본다. 다만, 당사자들의 신고에 의해 경쟁제한성 여부를 심사하는 합병사건은 각국별로 독특한 점이 많기 때문에 각 국 제도의 비교법적인 고찰을 위해 피해자의 신고나 직권인지에 의해 개시되는 비합병사건을 위주로 살펴본다. 검토대상이 되는 절차는 독점규제법 집행기구 내부의 절차에 초점을 맞추되 사법부에 의한 재심절차는 관련된 범위 내에서 제한적으로 검토한다. EU 경쟁법절차 연구의 권위자인 C.S. Kerse도 저서인 「E.C. Antitrust Procedure」에서 법집행절차 중에서도 사건처리절차를, 사건처리절차 중에서도 비합병사건의 처리절차를, 사법심사절차보다는 경쟁법집행 기관의 내부절차를 중심으로 다루고 있다.

　우선 제2장에서는 독점규제법 집행의 일반론에 대하여 살펴본다. 독점규제법이 추구해야 할 지도이념과 그것을 달성하기 위한 바람직한 독점규제법의 집행기구의 조직형태와 절차에 대해 살펴본다.

제3장에서는 우리나라의 독점규제법 집행기관인 공정거래위원회의 발족배경과 변천에 대해 살펴보고 조직의 특성과 위상, 세부적인 집행절차에 대해 법률적인 쟁점을 중심으로 살펴본 후 공정거래위원회의 조직과 집행절차에 대한 문제점을 분석한다.

제4장에서는 미국의 독점규제법을 집행하는 기구로서 DOJ AD와 독립규제위원회 형태의 FTC가 탄생하게 된 배경을 고찰해 본다. 법 제정 당시 독점규제법 집행기관의 조직과 절차가 어떠하여야 하는지에 대한 역사적인 논의는 향후 DOJ AD 및 FTC의 조직과 집행절차에 관한 법률적 논의에도 많은 영향을 미치게 된다. 다만, DOJ AD의 조직과 집행절차는 상당부분 행정조직에 관한 일반법 및 연방민사소송규칙(Federal Rules of Civil Procedure) 및 연방형사소송규칙(Federal Rules of Criminal Procedure)의 적용을 받긴 하지만 그것이 독점규제법 집행에서 차지하는 비중이 적지 않기 때문에 독점규제법집행에 특유한 조직과 사건처리절차를 위주로 살펴본다. 그리고, FTC의 구성 및 위원선임과 해임에 관한 헌법적·행정법적· FTC법상의 근거를 살펴보고 이를 둘러싼 법률적 쟁점을 살펴본다. FTC의 세부적인 법집행절차를 살펴보되 사건처리절차를 중심으로 살펴보고 행정기관으로서 준사법적 절차의 운영에 관한 법률적 쟁점을 위주로 살펴본다. 특히 미국 특유의 제도인 동의명령제도와 행정법판사제도에 대하여 검토한다.

제5장에서는 일본의 독점규제법을 집행하는 기구로서 公正取引委員會의 역사와 법적 지위에 대하여 살펴보고 조직의 법률적 쟁점에 대한 일본 내에서의 논의에 대하여 살펴본다. 또한 사건처리절차를 중심으로 집행절차에 대하여 검토하여 보고 그와 관련된 주요 법률쟁점에 대해 살펴본다. 미국의 FTC 조직 및 집행절차가 일본에서 어떻게 수용이 되고 변형되었는지도 아울러 살펴본다.

제6장에서는 세계 각국 독점규제법 집행의 장점들을 잘 수용하고 있는 EU 경쟁법집행의 조직 및 절차에 대해 살펴본다. 특히 2003년 경쟁법 현대화(modernization) 이후 변모된 법집행절차를 중심으로 검토한다. EU는 국가들의 연합이기 때문에 일부 절차는 개별국가의 절차에 비해 특색이 있지만 기본적인 법원칙은 대체로 동일하다고 볼 수 있다.

제7장에서는 주요 선진 독점규제법 집행기구 및 절차를 비교법적인 관점에서 분석하여 공정거래위원회의 조직 및 법집행절차 상의 문제점을 개선하기 위한 대안을 모색해 본다. 제8장에서는 이상의 논의를 정리한 후 결론을 도출한다.

연구의 방법은 기본적으로 국내외의 단행본과 논문 및 각종의 판례를 중심으로 고찰하되 주요 독점규제법 집행기관에 대한 관찰내용을 추가적으로 활용한다. 필요한 경우 인터넷 검색자료나 정부내부의 자료도 참고로 활용한다.

제2장

독점규제법 집행조직
및 절차 일반론

이 장에서는 독점규제법을 집행하기 위한 조직과
절차에 있어서 추구하여야 할 지도이념에 대해 살
펴보고, 이를 구체화하기 위한 조직 및 절차의 다
양한 유형들을 범주화시켜 분석한다.

제1절 조직·절차의 지도이념

　독점규제법 집행을 위한 조직 및 절차의 지도이념을 일의적으로 규정
하기는 쉽지 않다. 하지만, 다음과 같은 점들을 고려해 본다면 獨立性, 公
正性, 效率性, 專門性의 확보가 독점규제법 집행조직 및 집행절차에 있어
서 가장 중요한 가치들이라 할 수 있다. 이해관계가 상반되는 복잡한 경
제적 사안에 있어서 專門性을 바탕으로 외부의 압력이 없이 獨立的으로
판단하되 公正性과 效率性을 극대화 할 수 있도록 조직과 절차를 마련하
고자 한 것이 독점규제법 집행기관의 탄생배경이었다. 그리고 독점규제법
집행기관에 대한 많은 연구 및 비판·개혁의 주제도 이러한 연장선상에 있
어 왔다는 점이다. 다만, 이러한 지도이념 중에서 각국 경쟁당국의 형편에
따라 특정한 가치의 비중이 더 클 수가 있고[1] 또한 일부 가치들은 조직의
측면에 강하게 부각되는 반면 다른 가치들은 절차의 측면에서 더 강하게
부각될 수 있다.[2] 그리고, 각 개념들은 상호 중복되는 측면이 없지 아니

---

[1] 예컨대, 미국 FTC의 경우는 조직 및 절차의 非效率性이 수많은 비판의 대상이 되어
　온 반면 우리나라의 공정거래위원회는 效率性의 측면에서는 비판이 많지 않아 왔
　다.
[2] 예컨대, 獨立性은 절차적인 측면보다는 위원의 임기나 해임제한과 같은 조직적인
　측면에서 더 강하게 부각되는 반면 公正性은 피심인의 방어권보장 등 절차적인 측
　면에서 더 강하게 부각된다.

하다.

1. 獨立性(independence)

독점규제법은 경제에 관한 基本法 내지 經濟憲法(Wirtschaftsverfassung) 으로서 시장질서에 미치는 영향이 지대하다. 그래서, 정치적·경제적 압력 이나 정부의 정책 혹은 여론에 휘둘리기보다는 중립적으로 의사결정을 할 수 있어야 하고 이를 위한 전제조건이 독점규제법 집행기구의 독립성 이다. 또한, 독점규제법은 法과 經濟가 융합된 분야를 규제하기 때문에 독자적인 견지에서 전문적인 판단이 필요하다는 점과 독점규제법 위반 사건은 준사법적으로 처리되어야 하므로 그 전제로서 독립성이 필요하다 는 점 등이 논거로 제시되고 있다.[3] 이러한 독립성은 조직적인 측면에서 의 독립성과 직무수행에 있어서의 독립성을 모두 포함한다.

외국 경쟁당국의 사례를 살펴보면 미국 FTC는 역사적으로 정치 및 행 정부로부터의 독립성이 중요하였다. 그래서, FTC는 조직의 측면에서 제4 부(fourth branch)[4]라고 부를 정도로 立法·行政·司法의 三府로부터 철저하 게 독립되어 있다. 사건처리에 있어서도 외부의 간섭을 받지 않도록 설계 되어 있다. 하지만 이러한 FTC의 독립성에 대한 공격이 여러 곳에서 제 기되었다. 초기에는 Frankline Delano Roosevelt 대통령이 뉴딜 정책에 소 극적이던 William E. Humphrey 위원장을 해임하는 등 대통령에 의해 조

---

3) 越知保見, 日米歐 獨占禁止法, 商事法務, 2005, 1011면.
4) '제4부'라는 표현은 1937년 President's Committee on Administrative Management (일명 'Brownlow 위원회')에 참여하였던, Robert E. Cushman의 독립규제위원회에 대한 분석에서 유래된 것이다. Stephanie P. Newbold & Larry D. Terry, "The President's Committee on Administrative Management-The Untold Story and the Federalist Connection", Administration & Society, Vol.38, No.5, Nov. 2006, p.537.

직 및 위원의 독립성이 훼손되기도 하였다. 그러나, 해임처분의 부당성을 다툰 소송에서 William E. Humphrey측이 勝訴[5]한 후 FTC의 조직 및 위원의 독립성은 더욱 확고하게 되었다. 그 이후에도 독립성은 憲法上 權力 分立의 관점에서 도전을 받았다. 비교적 현대적인 도전으로는 1986년 American National Cellular 사가 제기한 것이다.[6] 피고는 제1심에서 FTC 법은 FTC에게 연방법을 집행하는 권한을 부여하였는데 이는 行政府에게 유보된 기능으로서 FTC는 行政府에 속해 있지 않는 독립기관이기 때문에 미국 헌법 제2조 제1항과 제3항을 위반한 것이라고 주장하였다. 그러나, 연방지방법원은 이러한 주장을 받아들이지 않았다. 이어서 항소심에서 피고는, 미국 헌법 제2조 제2항에 의거해 연방법을 집행하는 것은 行政府의 권한이고 行政權은 대통령이나 대통령이 임명하고 대통령의 뜻을 따르는 공무원들만이 집행할 수 있는 것인데, FTC 위원들은 정당한 사유가 없이는(without for cause) 대통령이 해임할 수도 없고 대통령의 감독을 받지도 아니하도록 독립성을 부여받은 것은 權力分立의 原則에 어긋난다고 주장하였다. 연방항소법원은 FTC 법에서는 대통령이 FTC 위원을 임명할 수 있도록 하되 단지 해임권만 제한한 것이기 때문에 대통령의 헌법적인 任命權限을 침해하는 것은 아니라고 판결하였다.[7]

EU는 개별 국가들로 구성되어 있고 위원회의 구성원은 개별 국가의 출신이기 때문에 EU 위원회는 회원국들로부터의 독립성이 중요하다. 그래

---

5) 295 U.S. 602 (1935), 사건의 세부 내용은 제4장 참조.
6) FCC에서 이동전화 인가를 부여하는데 있어서 공정성을 기하기 위해 자격이 있는 사업자 중에서 추첨(lottery) 방식으로 사업자를 선정하기로 하였는데, American National Cellular 사는 인가획득 가능성에 대해 허위와 기만적인 방식으로 투자자들을 오인시키고 투자손실가능성이 상당히 큰 것임에도 불구하고 투자자들에게 이를 알려주지 않았다. FTC는 이러한 행위가 FTC 법 제5조를 위반한 것이라고 판단하여 FTC 법 제13조에 따라 지방법원에 임시금지명령(temporary restraining order) 등을 구하는 소송을 제기하였다.
7) FTC v American Nat. Cellular, 810 F.2d at 1511, 1514 (1987).

서 EU 조약은 위원들이 출신 국가의 지시를 받아서는 아니 되며 각 회원
국도 위원의 독립성을 존중해 주어야 한다고 규정하고 있다.[8] 이에 반해
우리나라와 일본은 경쟁당국이 行政府에 소속되어 있기 때문에 대통령이
나 총리 혹은 內閣總理大臣으로부터의 독립이 중요하다.

  그 동안 우리나라 공정거래위원회는 대통령으로부터의 獨立性 부족이
란 측면에서 많은 비판받아 왔다. 그런데, 경쟁당국의 지나친 독립성은 부
작용이 없는 것은 아니다. 미국 FTC의 경우 독립성이 지나쳐 여론의 반
응에 무감각하거나 의회의 정치적 통제가 어렵다는 비판이 제기되기도
하였다. Timothy J. Moris의 비판은 대단히 신랄하다. 그에 의하면 FTC
건물 앞에 있는 銅像의 모습은 어떤 사람(FTC)이 날뛰는 말(기업)의 고삐
를 잡고 있는 것인데, 현실은 거꾸로 소비자가 FTC라는 날뛰는 말의 고
삐를 잡고 있는 형국이 되었다는 것이다.[9] 결국 독립성이란 것도 국민의
신뢰를 얻을 수 있을 때 그 가치가 발하는 것이라 할 수 있다.

2. 公正性(fairness)

  경제에 관한 基本法으로서 독점규제법의 집행은 공정성이 생명이며 불
공정한 법집행은 단지 개별사건에 대한 왜곡된 판단을 넘어서 시장경제
의 기본적인 질서조차 위협할 수 있다. 그래서, 1인에 의해서 의사결정이
이루어지는 獨任制는 상대적으로 외부의 정치적 혹은 경제적 압력에 취
약할 수 있고 로비에 노출되기도 쉽기 때문에 심판이나 판결 등 공정성이
중요시되는 업무를 담당하는 기관은 대부분 合議制를 채택하고 있다. 合

---

8) EU조약 제245조(TEC 213조)
9) Kenneth W. Clarkson & Timothy J. Muris, ed., The Federal Trade Commission
   since 1970, Cambridge University Press, 1981, p.315.

議制의 가장 큰 장점은 사회 각계의 이해관계를 대변할 수 있는 복수의 구성원들로 구성되기 때문에 정치적 혹은 경제적 외압에 저항(resistance to pressure)할 수 있고 집단적인 의사결정으로 인해 특정 개인의 자의적이고 독단적인 의사결정을 막을 수 있다는 점이다.[10] 이러한 이유에서 세계 주요 경쟁당국들도 合議制를 채택하고 있는 경우가 많지만, 과연 合議制가 公正性을 궁극적으로 보장해 줄 수 있는 것인가에 대해서는 많은 이견이 있는 것이 사실이다.

그 동안 비판의 중심에 있었던 쟁점은, 사건을 조사하여 訴追하는 기능(prosecutorial function)과 審判하는 기능(adjudicatory function)이 하나의 기관에 있다는 점이었다. 동일한 기관이 訴追하고 審判하게 되면 합의제 구성원들이 어떠한 형태로든 조사 및 소추과정에 관여하지 않을 수 없기 때문에 사건에 대한 豫斷(prejudgment) 형성의 가능성이 있다는 비판이 있어 왔다.[11] EU 위원회의 절차도 이러한 기능의 융합으로 인해 오랫동안 많은 비판을 받아 왔다.[12] 미국의 Philip Elman에 의하면 과거에 선례가 없었던 새로운 사건(test case)에서 특히 그러한 경향이 많은데, 위원들은 그러한 사건은 조사한 기관이 의도한 대로 진행되기를 바라는 '불가피한 성향'(inescapable predisposition)이 있다는 것이다.[13]

미국에서는 이러한 불공정성을 해소하기 위해서는 조직 내에서 심판기능을 폐지하고 법원의 판단을 받는 것이 좋다는 의견[14]과 行政府 내부에

---

10) The President's Advisory Council on Executive Organization, Report On Selected Independent Regulatory Agencies, 1971, pp.32-33.

11) ABA Antitrust Section, Monograph No. 5, The FTC as an Antitrust Enforcement Agency: The Role of Section 5 of the FTC Act in Antitrust Law, Vol. I, 1981, p.97.

12) Alison Jones & Brenda Sufrin, EC Competition Law, 3rd ed. Oxford University Press, 2008, p.1147.

13) Philip Elman, "The Regulatory Process : A Personal View", 39 Antitrust L.J. 1990, pp.907-908.

14) Kenneth W. Clarkson & Timothy J. Muris, ed., op. cit., p.314.

서 양자의 기능을 분리하자는 의견15)등이 제시되기도 하였다. 하지만, 이러한 제안이 받아들여 지지 않았으며 미국뿐만 아니라 오히려 세계 각국의 독점규제법 집행기구는 이러한 기능의 융합을 불가피한 것으로 인정하고 있다. 다만, 행정청 내부에서의 엄격한 분리는 1947년 Taft-Hartley법에 의하여 노동관계위원회(NLRB)의 조직이 개편됨으로써 최초로 채택되었다고 한다. 즉, 조사 및 소추의 권한은 4년 임기로 대통령이 임명하는 사무총장실(Office of General Council)에서 담당하고 5인의 위원회로 구성된 위원회(Board)는 청문을 주재하고 결정을 하는 기능만 담당하게 되었다.16) 예컨대, Alison Jones과 Brenda Sufrin은 EU 위원회가 2003년에 경쟁법 집행절차를 현대화(modernization)하기 위해 절차를 대폭 개선한 이후에도 기능의 융합이 불가피하다는 이러한 입장을 바꾸지 않은 것을 주목해야 한다고 주장한다.17) 다만, 각국은 기능의 융합으로 인한 불공정성을 최대한 줄여보고자 노력하고 있다. 일본의 경우 獨占禁止法에서는 위원장이나 위원 및 公正取引委員會의 직원으로 하여금 사건에 관한 사실이나 법령의 적용에 관한 의견을 외부에 발표하지 못하도록 하고 있는데 이러한 것도 豫斷의 형성으로 인한 절차적인 불공정성을 배제하기 위한 것이다.18)

---

15) 이에 관한 대표적인 논의로는 일찍이 1937년의 President's Committee on Administrative Management(일명 'Brownlow' 위원회)의 'The Report of the Committee with Studies of Administrative Management in the Federal Government'를 들 수 있다. 이 보고서는 조사 및 소추기능은 기존 부서 내의 국(bureau 또는 division)을 신설하여 국장이 책임지도록 하고, 심판기능은 기존 부서 내에 두되 대통령이나 장관으로부터 독립하여 직무를 수행하도록 하는 것이 바람직하다고 제안하였다.

16) 김이열·이상돈, 행정절차법 비교연구, 중앙대학교 법학연구소, 1986, 140-141면.

17) Alison Jones & Brenda Sufrin, op. cit., p.1147.

18) 일본 私的獨占の禁止及び公正取引の確保に關する法律(이하 '獨禁法'이라 함) 제38조(위원장·위원·직원의 의견공표의 금지)
    위원장, 위원 및 公正取引委員會의 직원은 사건에 관한 사실유무 또는 법령의 적용한편, 기능의 융합으로 인한 불공정성 여부에 대한 실증적인 연구의 결과는 일치하지는 않는다. Richard Posner의 연구에 의하면, 위원들이 소추에 관여하는 미국 FTC와 위원들이 소추에 관여하지 않고 법무담당관(General Council)이 소추에 관여하는 노동관계위원회(NLRB) 간에는 위법성 인정비율에 있어서 의미 있는 차이가 없다고 한다.[19] 반면, Malcom B. Coate와 Andrew N. Kleit의 미국 FTC에 대한 실증적인 연구에 따르면 사건의 소추에 관여한 위원의 숫자가 많으면 많을수록 법위반으로 결정되는 비율이 높다고 한다.[20]

미국 연방대법원에서도 기능의 융합이 적법절차 위반이 아닌지 여부가 문제가 되었었다. 연방대법원은 기존의 立法, 行政, 司法權의 分立體制에 대한 보완책으로 출발한 獨立規制委員會의 취지 상 효율성과 공정성의 조화를 위해 기능의 융합은 불가피한 측면이 있다고 보아 하나의 기관에 訴追機能과 審判機能이 융합되어 있다고 하여 그것이 적법절차(due process)를 부정할 만큼 불공정한 것은 아니라고 판결한 바 있다.[21] 일본 公正取引委員會 사건처리절차의 정체성 형성에 큰 기여를 한 東芝 케미칼 사건에서 원고는 公正取引委員會 사건처리절차 상의 하자를 문제 삼으면서도 조사 및 소추기능과 심판 및 결정기능이 조직상 통합되어 있는 그 자체로는 적법절차 보장에 반하는 것이라고 할 수 없다고 스스로 인정한 바 있다.[22]

에 대해서 의견을 외부에 발표하여서는 아니된다. 다만, 이 법률에 규정하는 경우 또는 이 법률에 관한 연구결과를 발표하는 경우에는 그러하지 아니하다.

19) Posner, "The Behavior of Administrative Agencies", I.J.Legal Stud., 1972, pp.305, 328, ABA Antitrust Section, op. cit., p.99에서 재인용.

20) Malcom B. Coate & Andrew N. Kleit, "Does it Matter that the Prosecutor is also the Judge? The Administrative Complaint Process at the Federal Trade Commission", Managerial and Decision Economics 19, 1998, pp.1-11.

21) Withrow v. Larkin, 421 U.S. 35 (1975).

22) 平成 6년2월25일 東京高裁 平4 (行 ウ) 208호. 이 판결의 자세한 내용은 제5장

이상의 논의를 종합해 본다면 公正性의 문제는 조직 및 법집행절차의 형태와 밀접히 관련이 되어 있고 일반적으로는 合議制가 獨任制보다 장점이 많은 것이 사실이다. 하지만 合議制의 경우라 하더라도 조사 및 소추기능과 심판기능이 융합되어 있는 경우에는 豫斷의 형성으로 인한 불공정성의 가능성을 배제할 수 없기 때문에 이러한 문제점을 보완할 수 있는 추가적인 장치가 필요하다는 점이다. 예컨대, 심의단계에서 조직 내부의 기능분리나 片面的 接觸(ex parte contacts)의 금지, 행정심판관 제도, 사전의견공표 금지 등을 들 수 있다.

3. 效率性(efficiency)

앞에서 살펴본 바대로 대부분의 독점규제법 집행기구는 獨立性과 公正性을 추구하기 위해 合議制 조직형태 및 準司法的 節次를 채택하고 있다. 그런데, 일찍이 Max Weber는 어떠한 이익이나 목적을 위해서도 효율적으로 기능할 수 있는 정교한 조직으로 官僚制(bureaucracy)를 제시하였고 官僚制의 특징으로 독임제 및 피라미드 형 조직구조와 일사불란한 지휘계통을 들었다. 일반적으로도 정치학자나 행정학자들은 效率性의 측면에서는 合議制보다는 獨任制가 더욱 우수하다고 지적한다.[23] 무엇보다 의사결정에 이르는 시간을 단축할 수 있기 때문이다. 1949년 미국의 Hoover 위원회는 FTC와 같은 獨立規制委員會를 비판하면서 일반적으로 합의제에 의한 행정(administration by a plural executive)은 非效率的이라고 지적하고 있다.[24]

참조.

23) Robert A. Katzmann, Regulatory Bureaucracy : The Federal Trade Commission and Antitrust Policy, The MIT Press, 1981, p.106.

24) The Hoover Commission report on organization of the Executive Branch of the

그러나, 독점규제법 집행을 위한 조직과 절차의 측면에서 合議制보다 獨任制가, 準司法的 節次보다 一絲不亂한 指揮系統이 반드시 더 효율적인지 여부는 일률적으로 말하기 어렵다. 미국에서 1890년에 Sherman 법이 제정되었을 당시 이 법의 집행은 獨任制 조직인 DOJ가 담당하였는데, 법집행이 활성화되지 못하였고 조직 내부의 법집행의지도 강하지 않았다. 또한 DOJ의 결정은 법원에 기소하는 것에 그치고 최종 결정은 법원이 내려야 하기 때문에 소송에 걸리는 시간을 감안한다면 DOJ에 의한 Sherman 법의 집행은 상당히 비효율적인 측면이 있었다. 반면에 1915년에 출발한 FTC는 평소에 시장과 산업에 대한 집중적인 감시와 분석을 통하여 상당한 專門性을 축적하고 있어서 적시에 조사에 착수하여 법원을 통하지 않고 자체에서 기소하고 심판을 내릴 수 있기 때문에 절차적으로 상당히 효율적인 측면이 있다는 평가를 받아 왔다.[25] 그런데, 이러한 점은 合議制 機關 혹은 準司法的 節次의 일반적인 장점이라기보다는 訴追와 審判의 기능을 함께 가지고 있는 合議制 機關이 법원과 유사한 절차와 권한을 가지고 신속히 사건을 처리할 수 있기 때문에 가능한 것이다.

그럼에도 불구하고, 경쟁당국의 사건처리에서 公正性을 강조하여 심의 절차를 사법절차에 가깝게 설계하면 할수록 效率性이 저해될 가능성이 많은 것은 부인하기 어렵다. 문제는 公正性의 요구와 이에 상반되는 效率性의 요구 모두를 감안하여 어디에서 접점을 찾느냐 하는 것이라 할 수 있다. 準司法的 節次가 일찍이 정비된 미국은 상대적으로 合議制 기관의 效率性을 보완하는데 초점이 두어져 왔다. 미국에서 초기의 위원회들은 일상적인 업무까지 合議制 구성원들이 집단적으로 결정하도록 함으로써 조직의 운영이 대단히 非效率的이었다. 그래서, Hoover 위원회는 미국 위원회들의 非效率性을 감소시키기 위해 행정적 업무는 위원장에게 전담시

Government(일명 'Hoover 위원회'), 1949, p.433.

25) ABA Antitrust Section, op. cit., p.96.

키고 위원장은 다시 사소한 업무들을 직원들에게 위임할 것은 권고하였다.[26] 절차적 정비가 느렸던 우리나라는 상대적으로 準司法的 節次의 보완에 더 강조점을 두지 않았나 생각된다. 실제로 공정거래위원회의 조직 및 절차개선을 위한 각종의 태스크 포스나 토론의 주제들은 대체로 피심인의 방어권 강화 혹은 대심구조 강화 등 사건처리의 공정성 제고를 위한 것들이 많았었다.

4. 專門性(expertise)

어느 법 분야든 전문성이 중요하지만 독점규제법 집행에서 특히 중요한 이유는 일반 민사소송의 경우 당사자인 원고와 피고간의 권리·의무관계만 파악하면 되지만 독점규제법 事件은 경쟁의 관점에서 당해 사안이 제3자 및 복잡한 시장구조와 행태에 어떠한 영향을 미치는지 분석하여야 하기 때문이다.[27] 이러한 전문성은 법적인 전문성과 함께 경제적 전문성이 중요하다. 독점규제법 탄생 당시 미국의 주류경제학은 자유방임을 선호하는 입장이었기 때문에 독점규제법의 탄생과정에서는 거의 기여를 하지 못한 것으로 평가되고 있다. 경제학자들은 트러스트에 대하여 경쟁의 "자연스런" 결과("natural" result of competition)이기 때문에 금지해봐야 소용없다고 생각하였다.[28] 어떤 경제학자들은 시장여건에 부합하지 않은 기업결합은 저절로 사라질 수밖에 없고 그렇지 않으면 잠재적 경쟁의 힘에 의해 통제될 것이라고 주장하기도 하였다.[29] 하지만, 오늘날은 독점규

---

26) The Hoover Commission report on organization of the Executive Branch of the Government, op. cit., pp.433-439.

27) 丹宗曉信·岸井大太郎 編, 獨占禁止手續法, 有斐閣, 2002, 39-41면.

28) Ernest Gellhorn, Antitrust Law and Economics, West Publishing Co., 1976, p.19.

29) Robert Pitofsky, Harvey J. Goldschmid & Diane P. Wood, Trade Regulation, 5th.,

제법의 분석과 판단에서 경제학이 많은 기여를 하고 있다.

일반적으로 독점규제법 집행기구는 合議制를 채택하고 있고 각 분야의 전문가들을 合議制의 구성원으로 충원하여 다방면에 관한 전문적인 판단을 바탕으로 최적의 결론을 이끌어 낼 수 있는 장점이 있다고 평가를 받고 있다. 즉, 다양한 배경과 전문지식을 가진 구성원들의 의견과 지식을 감안하여 결정을 내림으로써 의사결정의 질이 높아질 수 있다는 것이다. 특히 다루는 대상이 복잡하고 가변적인 경쟁당국의 경우 경제적인 쟁점에 대해 법률적인 판단을 하여야 하므로 경제적인 전문성이 있는 자와 법률적인 전문성이 있는 자를 합의제 구성원으로 충원함으로써 조직전체의 전문성을 극대화 할 수 있다는 장점이 있다. FTC v. Cement Institute 사건에서 미국 연방대법원은 FTC의 장점으로서 합의제 구성원들이 충분한 기간 동안 산업계에 대한 조사와 감시를 통하여 경험과 전문성을 축적하고 이를 바탕으로 정확한 판단을 내리도록 설계되었다고 판시한 바 있다.[30]

물론 獨任制의 경우도 전문성의 발휘가 가능한데, 미국의 DOJ도 경제전문가를 충원하여 경제적인 문제에 대한 전문성을 축적해 가고 있다. 하지만, M. Pertschuk에 의하면 DOJ라는 조직은 기본적으로 檢察權을 행사하는 조직이기 때문에 직원인 경제전문가들의 역할도 조직의 권한행사를 지원하는 성격이 강한 반면 FTC는 법률전문가와 경제전문가의 역할 면에서 균형이 잡혀있다고 한다.[31]

하지만, 이러한 긍정적인 평가에도 불구하고 합의제 기관의 전문성에 대한 비판론도 적지 않다. 우선 경험적으로 볼 때 합의제 기관의 구성원뿐만 아니라 직원들 조차도 전문성에 따라 선발되지 아니하고 정치적인

Foundation Press, 2003, p.40.

30) FTC v. Cement Institute, 333 U.S. 683, 702 (1948).

31) M. Pertschuk, "Personal Appraisal of Antitrust Enforcement by FTC", (BNA) Antitrust & Trade Reg., No.832 F-1 (Sep. 29, 1977). ABA Antitrust Section, op. cit., p.93.

고려나 정실에 따라 비전문가가 선발되는 경우가 적지 않다는 것이다.[32] 그리고, 구성원이나 직원들이 전문성이 있다하더라도 실제 심의과정에서 전문성이 발휘되기 어려울 수 있다고 한다. 즉, 심의과정에서 합의제 기관의 공정성 제고를 위해 片面的 接觸(ex parte contacts)을 금지하는 경우 이로 인해 위원회의 경제분석 전문가들과 위원들과의 접촉이 금지되어 정작 심의과정에서 전문성이 활용되기 어렵다는 것이다.[33]

그러나, 합의제 기구의 전문성에 대한 이러한 비판은 제도 그 자체의 문제라기보다는 운영상의 문제일 가능성이 크다. 합의제 구성원이나 직원의 선발에 있어서 전문성을 제고하기 위한 기준을 설정하여 엄격한 조건에 따라 선발할 수 있을 것이고, 합의제 구성원들의 보좌관들과 합의제구성원간에는 片面的 接觸禁止가 적용되지 않기 때문에 이들을 선임하면서 전문성이 있는 자들을 선택하게 되면 심의과정의 전문성도 보완이 될 수 있다.

---

32) ABA Antitrust Section, Ibid., p.94.
33) Markham, "The Federal Trade Commission's Use of Economics", 1964, 64 Colum. L. Rev. pp. 405, 408-410. ABA Antitrust Section, Ibid., 95에서 재인용.

제2절 독점규제법 집행조직

1. 개요

독점규제법 집행기관의 조직형태를 여러 가지 기준으로 나누어 볼 수 있지만 사건에 대한 최종 의사결정형태가 合議制인지 아니면 獨任制인지에 따라 분류해 볼 수 있다. 미국에서 세계 최초의 獨立規制委員會인 주간통상위원회(Interstate Commerce Commission; ICC)가 성공한 이래 FTC가 설립되었고 이후 세계의 많은 경쟁당국이 대체로 合議制 형태를 채택하고 있다. 하지만, 독점규제법 집행조직으로서의 合議制 조직형태가 반드시 우수한 것인지에 대해 수많은 비판이 있어왔는데 어떠한 기준을 중요시하느냐에 따라 그 평가는 달라 질 수 있다. 그리고, 제도적인 설계 못지않게 각 나라의 정치풍토나 행정문화에 따라 실제적인 운영은 달라 질 수 있다.

일반적으로 合議制의 장점으로는 집단적인 의사결정으로 인해 특정 개인의 자의적이고 독단적인 의사결정을 막을 수 있다는 점을 들 수 있다. 또한 한 사람의 의견보다는 다수의 합의에 의한 의견에 더 무게가 실리게 되기 때문에 실행에 있어서 유리하며 구성원들이 일시에 바뀌지 않도록 제도를 설계한다면 조직의 의사결정이 비교적 일관성 있고 계속성이 있다는 장점이 있다. 정치적으로 중립적이고 독립적인 의사결정이 요구되는 분야에서는 合議制가 전문성을 발휘하고 외부의 압력에 저항하는데 유리하다.

반면 合議制의 단점이라면 구성원의 無責任性(irresponsibility)이라 할 수 있다. 즉 "개별 위원들은 匿名性의 옷(a cloak of anonymity)을 입고 대중의 반응을 두려워할 필요가 없다"[1]는 것이다. 또한, 의사결정이 신속하지 못하고 비용이 많이 든다는 점이다. 집단이 의사결정에 책임을 진다는 것은 아무도 책임을 지지 않는다는 말과 동의어일 수 있으며 최선의 결정보다는 타협에 의한 미봉책이 최후의 결정이 될 가능성도 적지 않다. 그리고 집단적인 의사결정과정을 살펴보면 구성원 모두가 비슷한 비중으로 의사결정에 참여하기보다는 특정 구성원들이 의사결정을 주도하는 경향이 있고 그 결정의 명의가 집단으로 되어 버리는 경우 의사결정의 실질과 결과가 일치하지 않게 된다는 문제점이 있다.[2]

2. 合議制

세계 대부분의 경쟁당국은 합의제 조직형태를 지니고 있는데, 미국의 FTC 및 일본의 公正取引委員會, 우리나라의 공정거래위원회가 대표적이고, 영국의 경쟁당국은 종래 獨任制 조직형태를 지니고 있었으나 2003년부터 合議制 조직형태로 바뀌었다.

미국 내에서는 이러한 合議制 조직형태가 최선일 수 없다는 취지의 수많은 비판이 있어왔다. 그 중 주요한 논의들로는 1937년의 「행정관리에

---

1) "[C]ollegiality provides a cloak of anonymity that allows the commissioners to act without fear of public reaction." Robert A. Katzmann, Regulatory Bureaucracy : The Federal Trade Commission and Antitrust Policy, The MIT Press, 1981, p.107.
2) 유훈, 행정학원론, 법문사, 1983, 262-279면 참조.

관한 대통령 위원회」(President's Committee on Administrative Manage-
ment, 일명 'Brownlow 위원회'), 1949년의 「행정부 조직에 관한 위원회」
(Commission on Organization of the Executive Branch of the Government,
일명 'Hoover 위원회'), 1971년의 「행정조직에 관한 대통령 자문위원회」
(President's Advisory Council on Executive Organization, 일명 'Ash 위원
회')3) 등을 들 수 있다. 하지만, 그러한 비판들에도 불구하고 합의제 운영
방식을 개선하고 새로운 환경에 잘 대처하여 지금은 과거와 같이 조직의
폐지나 전면 개편 등의 주장은 드물고 주로 미시적인 차원에서 운영개선
에 대한 비판들이 주를 이루고 있다.

영국의 공정거래청(Office of Fair Trading; OFT)은 2002년 기업법
(Enterprise Act 2002) 제1조에 의해 창설된 독점규제법 집행기구인데, 통
상산업부(Department of Trade and Industry) 소속으로 이사회(board)가 의
사결정권을 가지고 있으며 이사의 임명이 주무장관(Secretary of State)인
통상산업부 장관에 의해 이루어진다는 점에서 미국의 FTC에 비해 상대적
으로 독립성이 높지 못하다고 볼 수 있다. 이전에는 1973년의 공정거래법
(Fair Trading Act 1973) 제1조에 의해 권한이 부여된 독임제기관의 청장
(Director General of Fair Trading)의 명의로 공정거래법이 집행되었다.4)
그러나, 독점규제법 집행이라는 막중한 권한을 개인에게 부여하는 것이
적절치 않다는 공감대가 형성되어 집단의사결정기구인 합의제 이사회
(board)를 만들어 그 권한을 넘기게 되었다.5)6) 공정거래청(OFT)은 이사회
의장(chairman)과 4인 이상(no fewer than 4)의 이사(director)로 이사회를

---

3) Ash 위원회는 소비자보호업무는 합의제 조직형태보다는 독임제 조직형태에 의해 처
  리하는 것이 더 적절하다고 제안하였다.
4) Richard Whish, Competition Law, Oxford University Press, 2005, p.65
5) Ibid.
6) 공정거래청이 독임제에서 합의제로 바뀐 것처럼 방송통신을 담당하던 'Director
  General of Telecommunications' 직위가 폐지되고 2003년 부터 OFCOM(Office of
  Communications)내에 이사회(board)가 설치되어 합의제에 의해 통신법을 집행한다.

구성하고 있으며 독점규제법의 집행에 있어서 독립적으로 직무를 수행한
다.

독일의 독점규제법 집행기구인 연방카르텔청(Bundeskartellamt)도 심판
에 있어서 합의제 형태를 띠고 있다. 연방카르텔청은 2차 세계대전 패전
후 미군정하에서 신경제정책의 일환으로 자유시장경제가 복귀하면서 경
쟁제한방지법(Gesetz gegen Wettbewerbsbeschrankungen; GWB) 집행을 위
해 창설되었다. 연방카르텔청은 연방경제과학부(Bundesministeriums für
Wirtschaft und Technologie) 소속의 기관으로 연방상급행정청인데, 청장을
정점으로 하고 있다. 하지만 실제적인 위법성의 판단은 11개의 합의제 형
태를 지닌 審判部에서 이루어진다. 11개의 審判部는 산업별로 나뉘어져
있는데, 審判部長 및 2인의 배석이 다수결에 의하여 결정을 하며 외부의
간섭을 받지 않고 독립적으로 결정을 한다.

일본의 公正取引委員會는 2차 대전 패전 후 미국의 FTC를 모델로 하
여 만들었는데, 內閣府 소속의 합의제 행정기관으로 總理大臣의 관할 하
에 있어 국무총리 소속의 합의제 기관인 우리나라의 공정거래위원회와
비슷하지만 위원의 임명이 양원의 동의를 받는다는 점에서 대통령에 의
해 위원이 임명되는 우리보다는 위원이 독립적으로 직무수행을 할 수 있
도록 배려하고 있다고 볼 수 있다.

이외에도 합의제를 채택하고 있는 독점규제법 집행기구로는 호주의 경
쟁소비자위원회(Australian Competition and Consumer Commission;
ACCC), 이탈리아의 경쟁청(Competition Authority), 프랑스의 경쟁위원회
(Competition Council), 멕시코의 연방경쟁위원회(Federal Competition
Commission) 등을 들 수 있다.

그런데, 이러한 합의제 형태의 독점규제법 집행기구들은 제4부라고 불
릴 정도로 독립성이 철저한 미국의 FTC부터 行政府 내의 하나의 부서로
서 합의제 구성원의 임명이나 조직운영 등에서 많은 통제를 받는 독점규

제법 집행기구까지 다양한 유형이 있다. 하지만 이들 독점규제법 집행기구의 공통점은 사건처리에 있어서는 상당한 독립성을 부여받고 있다는 점이다.

3. 獨任制

미국은 세계 최초의 독점규제법인 Sherman 법을 1890년 제정하면서 그 법의 집행을 기존의 DOJ에게 맡겼다. 1915년에 FTC가 출범한 이후에도 DOJ는 여전히 독점규제법 집행에서 중요한 역할을 맡고 있다. DOJ는 형사적인 집행과 민사적인 집행을 통해 Sherman 법, Clayton 법을 집행하고 있는데, DOJ와 FTC의 가장 큰 차이점 중의 하나는 FTC가 독자적인 처분권한이 있는데 반해 DOJ는 형사적인 방법이든 민사적인 방법이든 법원에 소송을 제기하여 판결에 따라 법률을 집행하여야 한다는 것이다. 즉 스스로 처분할 수 있는 권한이 없다는 점이다. DOJ 내에서 독점규제법을 실제로 담당하는 부서는 독점금지국(AD)이며 우리나라의 차관보급에 해당하는 'Aassiant Attorney General'가 관장한다. 조직체계상으로는 법무차관 밑에 있지만 독점금지 사건조사 및 기소에 있어서는 이들의 지휘를 받지 않는다. 미국의 DOJ이외에 독임제를 채택하고 있는 선진국의 독점규제법 집행기구로는 캐나다의 경쟁청(Competition Bureau)을 들 수 있다.

4. 小結

독점규제법을 집행하는 기구의 조직형태는 각 국의 역사적 상황과 정치적 여건에 따라 상이한데 결국 각 국의 여건을 감안한 선택의 문제라 할 수 있다. 하지만, 선진외국의 추세를 보면 미국과 같이 獨任制인 DOJ 와 合議制인 FTC의 二元的 法執行體制보다는 合議制 機關에 의한 一元 的 法執行體制가 더욱 더 선호되고 있다. 일본에서 합의제기관인 公正取 引委員會를 만들 당시 오히려 미국 점령군의 다수파는 미국식의 獨任制· 合議制 혼합형태의 二元的 法執行體制는 바람직하지 않다고 생각하여 위 원회 형태의 一元的인 法執行體制를 구축하도록 강하게 주장하였다고 한 다. 그 이유는 이원적인 체제는 법집행의 일관성에 문제가 있고, 경제적인 현상에 대해 고도의 전문적 판단을 요하는 업무를 獨任制인 검찰당국이 담당하는 것은 한계가 있기 때문에 전문성있는 위원회가 전담하는 것이 낫다는 것이었다.[7]

그런데, 이러한 合議制의 이론적인 장단점뿐만 아니라 합의제 기관들의 성공적인 운영경험이 合議制 형태의 독점규제법 집행조직의 확산에 많이 기여하였다. Robert A. Katzmann에 의하면 합의제 기구의 위원들이 無責 任하고 비공개적으로 행동한다는 비판론자들의 지적과는 달리 위원들은 투표가 기록에 남고 의회나 시민단체, 언론 등이 위원들의 활동을 끊임없 이 감시하고 있기 때문에 위원들이 책임감 없이 행동하지 않아왔으며 위 원회의 결정이 비교적 일관성이 있어왔고 행정적인 사무는 위원장의 주 도로 효율적으로 운영하여 왔다는 것이다.[8]

또 한 가지 유의할 점은 조직형태가 合議制냐 獨任制냐 하는 것 못지 않게 실질적인 운영이 合議制에 부응하는지 여부이다. 과거 우리나라의 많은 合議制 機構들이 合議制 機構의 長과 사무처를 중심으로 사실상 獨 任制와 유사하게 운영되어 왔으며 공정거래위원회도 예외는 아니었다고 생각된다.[9] 우리나라와 행정문화가 비슷한 일본에서도 公正取引委員會의

---

7) 谷原修身, 獨禁法の執行·實施をめぐる體系論, 獨禁法の理論と展開[2], 日本經濟 法學會 編, 三省堂, 2002, 230-231면.

8) Robert A. Katzmann, op. cit.,, pp.107-108.

9) 권오승, "公正去來委員會의 독립성과 전문성",「공정거래와 법치」, 권오승 편, 법문

의사결정이 위원장-사무총장 라인에서 獨任制와 비슷하게 이루어져 왔다고 한다.[10] 따라서, 조직과 절차에 관한 연구는 법적·제도적 측면에서의 접근뿐만 아니라 정치환경, 행정문화, 개인의 리더쉽 등 종합적인 측면에서의 접근이 요구되지만 본서에서는 연구의 목적에 부합되게 법적·제도적 측면을 중심으로 살펴본다.

사, 2004, 993-994면.

10) 村上政博, "公正取引委員會の組織と權限", 「獨禁法の理論と展開[2]」, 日本經濟法學會 編, 三省堂, 2002, 254-255면.

제3절 독점규제법 집행절차

1. 개요

독점규제법 집행절차는 크게 심사[1]와 심의로 나눌 수 있다. 일반 행정절차와 비교해 보면 가장 차이가 나는 점은 심의절차가 準司法的이라는 점이다. 준사법적이라는 의미는 법위반혐의가 있다고 판단하여 심사관이 소추한 사건에 대해 피심인이 방어권을 행사하고 위원들은 판사와 같은 입장에서 사실을 판단하고 법률을 적용하여 결정한다는 의미이다. 이러한 권한의 행사는 공정하여야 할 뿐만 아니라 효율적이어야 하기 때문에 전형적인 사법절차와 비교할 때 증거채택의 방법이나 피심인의 절차적 권리의 보장 등이 상당부분 수정되어 있고, 그래서 사법적 절차(judicial procedure)라는 표현대신에 준사법적 절차(quasi-judicial procedure)라는 표현을 사용한다.[2] 일본의 村上政博·栗田 誠 교수에 의하면 외국 독점규제

---

1) 일본 公正取引委員會에서 '조사'는 참고인 조서를 작성하거나 현장에 나가서 자료를 찾는 등 증거를 확보하기 위한 절차를 의미하는데 반해 '심사'는 조사를 포함하여 사실관계 및 법률검토 등을 포함하여 심판을 준비하는 절차를 의미한다. '심판'은 위원이나 행정심판관 앞에서 심사관과 피심인이 증거자료를 주고 받으며 공방을 하는 것을 의미한다. 우리나라 공정거래위원회도 유사하다고 할 수 있지만 '심판'이라는 표현과 함께 '심의'라는 표현도 많이 사용한다.

법 집행기구의 사례에서 準司法的인 절차라고 하더라도 미국과 같이 법원의 절차에 가까운 경우도 있고, EU의 와 같이 행정절차와 유사한 경우도 있어 일률적으로 말하기는 어렵다고 한다.

2. 審議構造 : 對審構造 對 糾問主義的 構造

준사법적 절차를 준수하기 위한 각국 법집행절차의 구조는 독점규제법 집행기구마다 상이한데 어느 경쟁당국도 순수한 대심구조를 채택하고 있지는 않다. 對審構造란 소송의 양 당사자가 맞서 대립하는 구조를 의미하는데, 경쟁당국의 심의절차에서는 심사관과 피심인이 심의의 주재자 앞에서 맞서 대립하는 구조를 의미한다. 이러한 대심구조는 심사관, 피심인, 심리의 주재자라는 3면 구조를 지니게 된다. 반면 糾問主義的 구조는 심사관이 피심인을 대면하여 의견을 듣고 결정을 내리는 2面 구조이다.[3] 이 구조에서는 행정절차법에 따라 일반 행정기관도 처분을 내리기 전에 사전고지(notice) 및 청문기회의 부여라는 절차를 거치는 경우가 많지만 행정기관이 처분을 내리기 전에 의견을 들어서 참고할 뿐이지 심사관과 피심인이 심리의 주재자 앞에서 대립하는 구조는 아니다. 이러한 2면 구조 하에서는 행정청이 조사를 통해 위법성을 확인한 뒤 사전절차인 고지와 청문을 거쳐 특단의 사정이 없으면 조사결과대로 처분을 하게 된다.[4]

---

2) 일본의 동경고등재판소는 1995년의 東芝 케미칼 사건에서 公正取引委員會의 절차와 민사소송절차와의 차이점에 대해 그 취지가 상이하고 간접심리를 허용하고 있으며 변론갱신의 절차도 마련되어 있지 않다는 사실 등을 든 바 있다. 平成 7년9월25일 東京高裁 平6 (行 ケ) 144호.

3) 村上政博, "公正取引委員會の 事件處理手續のの 性格(1)", 「公正取引」 No.555, 97.1, 54면.

4) 상게논문, 57면.

일본의 村上政博·栗田 誠 교수가 평가하기로는, 미국의 FTC의 심의절차는 사법부의 대심구조와 유사하고 또한 기본적으로 미국 FTC의 사건처리절차를 채용한 일본 公正取引委員會의 심의절차[5]도 대심구조 즉 3면구조를 이루고 있는 반면 EU 위원회의 심의구조는 기본적으로는 행정처분 전에 비공개적으로 상대방의 의견을 청취하는 수준의 2면 구조를 채택하고 있지만 최근에 절차적 개선을 통해 對審構造쪽으로 많이 이동하였다고 한다.

미국의 경우 연방대법원이 FTC v. Sperry & Hutchinson Co. 판결에서 FTC를 형평법상의 법원(a court of equity)과 같은 광범위한 권한이 있다고 판시한 바 있듯이[6] 미국의 FTC는 발족 당시 연방지방법원을 모델로 하여 만들어 졌다. 역사적으로 본다면, 미국 FTC의 출발자체가 사법절차에 의한 독점규제법 집행의 비효율성 및 전문성 부족에 대한 문제의식에서 비롯되었고 DOJ 기소 및 제1심 법원의 판단을 하나로 묶은 절차가 FTC의 준사법적 절차라 할 수 있다. 과거에 이러한 심판권한은 법원의 전속적인 권한이기 때문에 이를 행정기관에 위임하는 것은 위헌성이 있다는 논의가 무성하였고[7] 경쟁당국인 FTC에 지방법원(a district court)과 유사한 권한들을 부여한 것에 대해 많은 비판이 가해지기도 하였지만[8]

---

5) 일본의 동경고등재판소는 1953년의 新聞販路協定事件에서는 公正取引委員會의 구조는 원고와 피고의 분쟁을 위원회가 판단하는 형태가 아니라 위원회가 심판청구자이자 심판자인 동시에 사업자는 방어자라고 하는 糾問訴訟的 構造라고 판시하였으나[昭和 28년3월9일 東京高裁 (行 ナ)　10호], 1994년 東芝 케미칼 사건에서 公正取引委員會의 사건처리구조는 대심구조인 것으로 입장을 수정하였다[平成 6년2월25일 東京高判裁平4 (行 ケ)　208호].

6) 405 U.S. 233 (1972).

7) 미국 연방항소법원에서 FTC의 심판기능(adjudicatory function)에 대해서도 합헌성의 문제가 제기된 적이 있었지만 다른 절차적인 이유로 판단은 이루어 지지 않았다. Ticor Title Insurance Co. v. FTC, 814 F.2d 731 (D.C.Cir. 1987).

8) ABA Antitrust Section, Monograph No. 5, The FTC as an Antitrust Enforcement Agency: Its Structure, Powers and Procedures,　1981, p.11.

지금은 경쟁당국뿐만 아니라 타 독립규제위원회들의 준사법적 권한에 대해서도 合憲性 및 現實的인 不可避性을 대부분 인정하고 있으며 오히려 법원에 준하는 절차적 보장이 철저히 이루어지도록 요구하고 있다.

EU의 심판구조가 기본적으로 2면 구조라고 하지만 청문주재관 제도의 도입, 증거개시 제도의 도입 등 최근의 절차적 개선을 본다면 대심구조를 채택하고 있다고 평가를 해도 무리가 아니라고 생각된다. 공정거래위원회는 과거에는 糾問主義的 성격이 강하여 심판정 구조부터 위원석과 피심인석이 마주보고 심사관은 위원석 좌측에서 소추하는 입장에 서 있었지만 지금은 피심인과 심사관이 위원 앞에서 맞서는 대심구조를 채택하고 있다. 하지만, 동일한 對審構造라 하더라도 실제적인 운영방식에 따라 準司法節次로서의 對審構造는 많은 차이를 나타낼 수 있는데 한동안 對審構造의 형식에도 불구하고 실제로는 심의절차가 일종의 통과의례 정도의 중요성밖에 지니지 못한 측면이 있지 않았나 생각된다.

3. 심의의 주재

준사법적 사건처리절차에서 심의의 주재자가 심사관과 피심인에게 치우치지 않고 공정하게 심의를 진행한다는 것은 필수불가결의 요소이다. 그래서 미국, 일본, EU 등 합의제를 채택하고 있는 많은 선진 경쟁당국은 行政審判官[9]이라는 독립적인 지위를 가진 자가 심의를 주재하도록 하고 있다. 사건조사에 대해 이미 관여를 한 위원들보다는 더 객관적인 위치에 있을 수 있기 때문이다.

---

9) 심의를 주재하는 자의 명칭이 미국은 'Administrative Law Judge(ALJ)', 일본은 '審判官', EU는 'Hearing Officer'로 각 경쟁당국마다 상이하므로 이들을 총칭하여 '행정심판관'이라는 용어를 사용한다.

행정심판관 제도는 미국에서 일찍이 행정법판사(Administrative Law Judge; ALJ)제도로 도입된 이래 많은 나라에 전파되었다. EU 위원회도 처음에는 행정심판관 제도의 일환인 'Hearing Officer'의 직위를 두고 있지 않았다. 1982년에 비로소 이 제도를 도입하게 되었는데 그 이유는 소추기능과 심판기능의 융합에 따른 불공정성 問題와 의사결정과정에서 중립성의 부족이라는 비판에 직면하여 공정하게 심리를 주재하기 위한 직위의 필요성을 인식하였기 때문이다.[10] 물론 행정심판관 제도를 공정성 제고의 측면에서만 볼 수 있는 것은 아니고 합의제 조직의 경우 효율성의 관점도 많이 작용하였다. 왜냐하면 복수의 위원들이 처음부터 심의를 직접 주재하는 것은 비효율적이기 때문이다.

이러한 심리주재관의 구체적인 형태는 각 국의 형편에 따라 상이한데, 미국 FTC의 행정법판사처럼 거의 1심 법원 판사에 준하는 자격 및 권한을 갖는 경우도 있고, EU 경쟁총국의 聽聞主宰官(Hearing Officer)처럼 단지 피심인의 방어권보호를 위해 청문만 주재하고 결정문 작성은 하지 않는 경우도 있어 행정심판관의 역할과 권한을 일률적으로 말하기는 어렵다. 또한 독립적인 행정심판관 제도를 두지 않고 내부적인 절차를 통해 사건처리의 공정성을 기하고자 하는 경쟁당국들도 있다. 독일은 다수의 審判部를 두어 3인의 합의에 의하여 심판한다. 우리나라는 행정심판관 제도를 두지 않고 위원들이 처음부터 끝까지 직접 심판을 관장하고 의결서를 작성한다. 중요한 점은 공정한 자가 심리를 주재하거나 심판하여야 한다는 것이지 그것을 담보하기 위한 수단이 반드시 行政審判官 제도로 나타날 필요는 없기 때문에 각국의 선택에 따라 行政審判官 제도를 택하지 않고서도 다른 수단을 통해 공정성을 담보할 수도 있다고 생각된다.

---

10) Alison Jones & Brenda Sufrin, EC Competition Law, 3rd ed. Oxford University Press, 2008, p.1190.

4. 시정조치 및 과징금

1) 형식적 측면

사법절차에서 최종판단이 판결문으로 나타나듯이 준사법적인 절차를 채택하고 있는 경쟁당국도 법위반행위에 대한 최종판단은 의결서의 형태로 공표된다. 의결서의 구성은 판결문과 거의 동일한데, 사실관계를 확정한 후 법률적인 판단근거를 제시하여 결론을 내린다. 각국 경쟁당국의 심의구조 및 심의 주재자의 형태는 상이하지만 최종결정으로서의 의결서의 모습은 대단히 유사하다.

2) 내용적 측면

독점규제법 집행기관의 결정은 내용에 있어서도 사법기관과 대단히 유사하게 행태적 혹은 구조적 명령을 하는데 특정행위를 금지시키거나 적극적 작위의무를 부과하며, 자연인이 아닌 기업의 입장에서 가장 부담스러워 할 수 있는 금전적인 면에서 제재를 가하기도 한다. 그러나, 각국의 법체계나 전통에 따라 독점규제법 집행기관의 시정조치나 금전적 제재 방식은 다소 상이하다.

(1) 시정명령

시정명령은 법위반행위를 중지시키고 향후 유사한 법위반이 발생하는 것을 막기 위해 독점규제법 집행기관이 법위반사업자에 대해 부과하는 행정명령이다. 이러한 시정명령은 기업으로 하여금 특정한 행위를 금지하거나 법위반과 관련된 일정한 행위의무를 부과하는 것과 사업자의 사업구조 자체에 대한 것으로 나누어 볼 수 있다. 또한 소극적인 부작위명령과 적극적인 작위명령으로 나누어 볼 수 있다.

① 행태적 시정명령과 구조적 시정명령

시정명령의 유형에 따라 이분법적으로 분류하는 것은 쉽지가 않다. 대체로 본다면 미국[11], 캐나다, EU 등은 독과점의 형성 그 자체를 광범위하게 규제하는데 이를 原因禁止主義(Verbotsprinzip)라고 한다. 반면, 독일, 영국, 프랑스 등은 일단 형성된 독과점 그 자체는 문제 삼지 않고 그것이 일정한 폐해를 초래하는 경우만 규제하는 이를 弊害規制主義(Miβbrauchsprinzip)라고 한다.[12] 어느 독점규제법 집행기관든 기업결합 심사에 있어서는 경쟁제한적인 기업결합에 대하여 행태적 시정명령만으로는 목적을 달성할 수 없기 때문에 일정부분 구조적인 시정명령을 할 수 있도록 하고 있다는 점에서 이러한 시정명령에 의한 분류는 주로 기업결합이 아닌 독과점의 규제에 대한 독점규제법 집행기관의 입장에 따른 분류이다.

시장에 악영향을 주는 행태에 대한 규제 즉 행태적 시정명령은 폐해규제주의를 채택하든 원인금지주의를 채택하든 어느 나라의 독점규제법 집행기관이나 일반적으로 활용하는 수단임에 비해 구조적 시정명령은 원인금지주의를 채택하고 있는 나라에서도 행태적 시정명령으로는 효과를 거두기 어려울 정도로 독과점이 심하거나 사회적 폐해가 막대하지 않은 이

---

11) 미국 DOJ가 법원에 기소를 하여 구조적 조치에 대한 판결을 받아 집행하는 것은 오래 전부터 가능하다고 보아 왔으나, FTC가 직접 구조적인 시정명령을 하는 것이 가능한지에 대해 논란이 있었다. 연방대법원은 L.G. Balfour Co. v. FTC 사건에서 제7순회법원은 "FTC는 경쟁을 회복하기 위하여 기업분할을 명할 수 있는 권한이 있다"(The Commission has the power to order divestiture to restore competition)고 판결하였다. 442 F.2d 1, at 23(7th Cir. 1971).

12) 권오승, 경제법(제6판), 법문사, 2008, 79-80면.

상 많이 활용되고 있지는 않다. EU 위원회는 이러한 입장을 규칙에서 명시하고 있는데, 행태적 시정조치만으로는 효과를 달성할 수 없거나 그것이 오히려 기업에게 더 많은 부담이 되는 경우에 구조적 시정조치를 할 수 있다고 규정하고 있다.[13]

우리나라는 전반적으로 弊害主義의 입장을 따르고 있으나[14] 기업결합 규제에서는 주식처분이나 영업양도 등의 구조적인 시정조치를 병행하고 있다. 일본은 법률상으로는 독점적 상태에 대해 구조적인 시정명령을 할 수 있도록 되어 있으나[15] 실제 법운용을 본다면 기업결합 규제가 아닌 한 행태적인 시정명령 위주로 운용되고 있다.

② 不作爲命令과 積極的 作爲命令

시정명령 중 부작위명령 즉 법위반중지명령에 대해서는 어느 독점규제법 집행기관든 별다른 법률적 쟁점이 없다. 하지만, 작금의 법위반행위 중지뿐만 아니라 이를 적극적으로 시정하기 위한 명령의 가부에 대하여는 법률적으로 논란이 있어 왔다. 미국의 FTC와 EU의 집행위원회는 폭 넓은 시정명령을 부과할 수 있다.

미국 FTC 법에 의하면 FTC는 불공정한 경쟁수단 또는 불공정하거나 기만적인 행위를 하는 자에 대하여 그러한 행위를 중지('cease and desist') 할 것을 명할 수 있다[16]고 규정하고 있어, 미국 연방대법원은 초기에는 FTC가 취할 수 있는 시정명령의 범위를 좁게 해석하여 특정 법위반행위

---

13) 이사회 규칙(Regulation) No. 1/2003, 제7조 제1항.
14) 권오승, 전게서, 80면.
15) 일본 獨禁法 제8조의4
   독점적 상태가 있는 경우, 공정취인위원회는 제8장 제2절에서 규정하는 절차에 따라 사업자에 대하여 사업의 일부의 양도 기타 상품 또는 용역에 있어서의 경쟁을 회복시키는데 필요한 조치를 명할 수 있다.
16) 15. U.S.C. §45(b).

만 금지할 수 있는 조치명령만 가능하다고 보았다.[17] 그러나, 이후에는 독립규제위원회에 의한 시정명령의 범위를 점차 넓혀 왔는데 지금은 FTC 의 시정명령 권한은 형평법원(court of equity)[18]의 권한과 유사하다고 보고 있다. 형평법원은 보통법상의 법원(court of law)와 비교할 때, 후자는 금전적인 손해배상(damage)를 구제수단으로 삼지만 전자는 작위나 부작위명령을 구제수단으로 삼는다는 점에서 차이가 있다. 지금은 미국 대부분의 주에서 양 법원이 통합되어 있으나 역사적인 의미에서 형평법원에 의한 구제수단은 지금도 의미가 있다. FTC가 형평법원으로 유추된다는 의미는 당해 불법행위를 시정할 수 있는 다양한 조치를 행할 재량권이 있다는 의미이다. Jacob Siegal Co. v. FTC 사건에서 연방대법원은, 기본적으로 FTC는 불법행위에 대처하기 위해 적절하다고 판단하는 시정조치의 선택에 있어서 광범위한 재량(wide discretion)을 갖고 있으며 선택한 시정조치가 불법행위와 합리적인 관련성을 결하지 않는 한 법원은 관여하지 않는다고 판시하였다.[19] EU 위원회도 시정명령의 선택범위가 대단히 넓은데, 행해진 법위반행위에 비례하고 이를 효과적으로 종료시키기 위한 어떠한 형태의 시정조치도 가능하다.[20]

그러나, 우리나라와 일본과 같이 대륙법계의 성문법적 전통이 강한 나라에서는 시정조치의 내용이 사전에 법률에서 명확하게 정해져 있어야 한다는 인식이 강하여 미국이나 EU 만큼의 적극적인 작위적 시정명령은

---

17) FTC v. Beech-Nut Packing Co., 257 U.S. 441 (1922).
18) 형평법원은 보통법상의 법원(court of law)와 비교할 때, 후자는 금전적인 손해배상(damage)를 구제수단으로 삼지만 전자는 작위나 부작위명령을 구제수단으로 삼는다는 점에서 차이가 있다. 지금은 미국 대부분의 주에서 양 법원이 통합되어 있으나 역사적인 의미에서 형평법원에 의한 구제수단은 지금도 의미가 있다. FTC가 형평법원으로 유추된다는 의미는 당해 불법행위를 시정할 수 있는 다양한 조치를 행할 재량권이 있다는 의미이다.
19) 327 U.S. 608, 611-613 (1946).
20) 이사회 규칙(Regulation) No. 1/2003, 제7조 제1항.

하지 않고 있다. 사안마다 약간씩 다르기는 하지만 중지명령 및 신문공표 명령, 합의파기 명령 등 비교적 제한된 범위 내에서 작위적 시정명령을 하고 있다.

(2) 금전적 제재

사업을 하는 기업의 법위반행위에 대해 가장 효과적인 조치는 법위반 사업자에게 부당이득을 환수하고 경제적인 제재를 가하는 것이다. 이러한 경제적인 제재를 가하는 방법은 각국의 법제에 따라 약간씩 상이하지만 어느 나라를 막론하고 금전적인 제재를 활용하지 않는 나라는 없다. 미국의 FTC는 법위반행위에 대해 직접 금전적 제재를 부과하지는 않고 시정명령의 불이행에 대해 이행강제금적 성격의 금전적인 제재를 부과하기 위해 법원에 소송을 제기하는 방법을 활용한다. 프랑스나 독일, 일본, EU 등은 법위반행위에 대해 독점규제법 집행기관이 직접 우리나라의 과징금에 해당하는 금전적인 제재를 가한다.

5. 소결 - 일반 행정절차와의 차이점

이상에서 살펴본 것과 같이 독점규제법 집행기관의 특징은 준사법적 권한을 가지고 준사법적 절차에 따라 법을 집행하는 것이다. 하지만, 獨任制를 채택하고 있는 일반 행정기관도 처분을 하기 전에 事前告知 및 청문을 행하고 있는 등 일정한 사전절차를 마련해 두고 있는 경우가 적지 않다. 예컨대, 국토해양부나 식품의약품안전청과 같은 獨任制 행정기관도 처분 이전에 청문을 개최하거나 의견제출의 기회를 부여하는 등 일정 수준의 사전절차를 마련해 놓고 있다. 그렇다면 독점규제법 집행절차는 일반 행정부처의 이러한 節次들과는 어떠한 차이가 있는지 문제가 될 수 있다.

村上政博 교수는 FTC와 같은 독립규제위원회의 절차적인 특징을 '意思決定의 司法化'라고 표현한다.[21] 일반 행정기관이 청문회 등 사전절차를 보장하고 있다 하더라도 그것은 행정절차의 적정성확보와 시민의 권익보호를 위해 처분 전에 상대방에게 의견진술의 기회를 부여한다는 측면이 강하다.[22] 하지만 독점규제법 집행기관의 준사법적 절차는 독점규제법이 경제에 관한 기본법으로서 그에 따른 결정이 한 사회의 경제활동 전반에 커다란 영향을 미치기 때문에 피심인의 방어권보장만을 위한 것이 아니다. 그보다는 외부의 정치적·경제적 압력이나 수시로 변하는 여론에 영향 받지 않은 채 중립적이고 전문적인 판단을 보장하기 위한 것이라는 측면에서 차이가 있다는 것이다. 그래서, 일반 행정절차는 행정청과 私人이 비공개적으로 대면하는 구조인데 반하여, 독점규제법 집행절차는 對審構造에 따라 독립적인 심판관 앞에서 조사관과 사인이 공개적으로 대면하는 구조이다. 일본의 東芝 케미컬 사건에서 동경고등재판소는 公正取引委員會의 절차는 위반행위의 존부 등을 심리할 목적으로 청문을 행하고 이것에 근거해 행정처분인 審決을 행하는 행정절차로서 일반적인 행정절차와는 달리 對審構造型의 爭訟的 聽聞節次라고 판시하였다.[23] 이러한 차이가 있기 때문에 일반 행정처분과 달리 독점규제법 집행절차에 의한 처분은 제1심 법원의 판결에 준하는 효력을 인정하여 이에 대한 불복은 제2심 법원에 제기하도록 하는 것이 일반적이다. 또한, 일반 행정처분과 달리 實質的 證據의 法則에 따라 FTC나 公正取引委員會가 인정한 사실에 대하여는 법원이 구속당하도록 함으로써 독점규제법 집행기관의 전문적인 판단을 존중해 주고 있다.

---

21) 村上政博, 公正取引委員會の 事件處理手續のの 性格(1), 公正取引 No.555, 97.1, 59면.
22) Akira Inoue, Japanese Antitrust Law Manual, KLUWER LAW, 2007, p.105.
23) 平成 6년2월25일 東京高裁 平4 (行 ケ) 208호.

그래서, 독점규제법 집행기관은 기본적으로 행정기관으로서 일반 行政
節次法의 적용을 받으면서도 準司法的 절차를 보장하기 위해 이를 보완
하거나 대체하는 특별한 규정들의 적용을 받고 있다.24) 예컨대, FTC의 경
우 미국 행정절차에 관한 일반법인 연방행정절차법(Federal Administrative
Procedure Act; APA)의 적용을 받지만, FTC법 및 연방규정집(CFR) 제16
편 등 이를 보완하거나 대체하는 많은 규정들의 적용을 받고 있다. 우리
나라의 공정거래위원회의 절차도 행정절차에 관한 일반법인 行政節次法
의 적용을 받다. 하지만, 行政節次法 제3조에서는 다른 법률에 특별한 규
정이 있는 경우에는 그 법률의 적용을 우선적으로 받고 있도록 하고 있기
때문에 공정거래위원회의 절차는 공정거래법 등에서 정한 특별한 절차의
적용을 우선적으로 받는다. 예컨대, 行政節次法에서는 대리인을 배우자나
형제자매, 변호사 등 폭넓게 규정하고 있지만 공정거래법 및 이의 위임을
받은 「공정거래위원회 회의운영 및 사건절차등에 관한 규칙」(이하 '절차
규칙'이라 함)에서는 법의 전문성과 파급효과를 감안하여 변호사나 피심
인인 법인의 임원 등 기타 각 회의의 허가를 얻은 자로 상당히 좁게 규정
하고 있다.25) 나아가, 공정거래법 및 「하도급거래 공정화에 관한 법률」,
「약관의 규제에 관한 법률」에 따라 공정거래위원회의 의결·결정을 거쳐
행하는 사항은 行政節次法 제3조 제2항 제9호 및 동시행령 제2조 제6호
에 의하여 포괄적으로 行政節次法의 적용이 제외된다.26) 또한, 공정거래
위원회의 異議申請制度는 行政審判의 일종으로 분류되고 있다.27) 따라서

---

24) Stephen G. Breyer, Richard B. Stewart, Cass R. Sunstein & Mattew L. Spitzer,
    Administrative Law and Regulatory Policy, 5th., Aspen, 2002, p.652.
25) 「公正去來委員會 회의운영 및 사건절차 등에 관한 규칙」 제36조 제1항.
26) 대법원도 2001.5.8.선고 2000두10212판결에서 공정거래위원회의 의결·결정을 거쳐
    행하는 사항에는 행정절차법의 적용이 제외되게 되어 있기 때문에 당해 사건의 시
    정조치 및 과징금납부명령에서 行政節次法이 아닌 공정거래법의 절차를 따라야 한
    다고 판시한 바 있다.
27) 김동희, 행정법 I, 박영사, 2008, 573-574면; 박정훈, "公正去來法의 공적 집행", 「공

이에 관한 일반법인 行政審判法의 적용을 받지만, 行政審判法 제43조에
서는 타 법의 특례가 있으면 적용제외를 하도록 규정하고 있기 때문에 공
정거래법 및 그 하위법령 등에서 정한 특별한 규정의 적용을 우선적으로
받게 된다.

정거래와 법치」, 권오승 편, 법문사, 2004, 1035면.

제3장

우리나라 독점규제법
집행조직 및 절차

제1절 공정거래위원회의 역사와 권한

우리나라의 독점규제법인 공정거래법의 제정은 정부주도에 의한 경제개발의 한계가 드러나면서 민간이 주도하는 시장경제체제로 경제운용방식을 전환시키고자 한 것이 주요한 동기였다. 그런데, 이를 위한 독점규제법의 제정 및 집행이 미국이나 일본 등의 선진국과는 달리 대통령과 정부의 주도로 이루어지면서 비교적 짧은 기간에 독점규제법이 우리사회에 정착될 수 있었다고 볼 수 있다.

1. 공정거래법의 제정 및 변천

우리나라에서 공정거래법의 제정이 추진된 최초의 시기는 이른바 '三粉事件'이 일어난 1963년이라고 한다. '三粉事件'은 시멘트, 밀가루, 설탕을 생산하는 과점사업자들이 담합을 통해 공동으로 가격과 시장을 조작한 사건으로 당시 물가가 심하게 앙등하던 사회분위기와 맞물리면서 독과점을 규제하여 공정거래제도를 보장하기 위한 방안들이 강구되기 시작하였다. 드디어 1964년에 전문 29개조로 된 공정거래법 초안이 작성되어 발표되었으나 당시만 하더라도 경제개발이 가장 중요하였고 업계의 반발

이 심하여 閣議에 상정되지도 못한 채 무산되었다.[1]

이후 경제개발이 본격화되면서 가장 문제가 된 것은 물가관리였다. 정부로서는 독과점품목에 대한 가격규제를 강화하였고 민간에서는 자율적인 윤리강령을 만들어 과도한 가격인상을 자제하고자 하였지만 곧 한계가 드러나게 되었고 결국 시장의 가격기구를 통한 물가형성이 최선이라는 인식하에 1966년에 다시 공정거래법을 작성하였고 이번에는 국회에까지 제출이 되었다. 그러나, 논의도 되지 못한 채 국회 회기 만료로 폐기되었고 그 직후 다시 제출이 되었으나 업계의 강력한 반발로 좌절이 되었다.[2]

2차 경제개발계획이 시작되면서 독과점문제와 물가상승이 다시 문제가 되었고 특히 신진자동차공업(주)의 '코로나' 승용차를 둘러싼 독과점횡포 문제가 대두되면서 1969 공정거래법안이 다시 국회에 제출되었으나 시기상조라는 여론에 밀려 심의도 못한 채 다시 폐기되기에 이른다. 1971년에도 비슷한 과정을 거쳐 공정거래법 제정시도가 좌절되고 말았다.[3]

1973년 중동전쟁을 계기로 제1차 석유파동을 겪게 되면서 우리나라 경제는 생산의 위축, 물가의 앙등, 국제수지의 악화라는 3중고를 겪게 되었고 1975년에 들어서는 독과점기업들의 동조적인 제품가격인상에 대하여 사회여론이 악화되어 갔다. 그래서 물가당국은 당시 시행되고 있었던 「物價安定에 관한 法律」과 그 동안 여러 차례 시도되었던 공정거래 관련 법안 등을 참고하여 「物價安定 및 公正去來에 관한 法律」을 마련하여 국회에 제출하였고 1975.12.18에 국회본회의에서 통과되어 1976.3.15부터 시행되게 되었다.[4]

---

1) 공정거래위원회·한국개발연구원, 공정거래10년(경쟁정책의 운용성과와 과제), 1991, 18-19면.
2) 상게서, 19-20면.
3) 상게서, 20-21면.
4) 상게서, 22-25면.

그러나, 「物價安定 및 公正去來에 관한 法律」은 하나의 法 안에 물가 관리와 경쟁촉진이라는 이질적인 목적을 담고 있었고 법집행을 위한 효과적인 집행체제가 결여되어 있었기 때문에 제정 당시부터 근본적인 한계를 지니고 있었다. 결국 법운용상에 많은 문제점이 노출되었고 이제 우리나라의 경제운용이 더 이상 정부주도에 의존하는 것은 한계가 있다는 인식이 확산되었다. 1980년 제5공화국의 개정헌법에서 새로운 경제질서 창조를 위한 이념이 천명되기로 하면서 새로운 공정거래 관련 법제정 작업에 착수하여 결국 1980.12.23에 「獨占規制 및 公正去來에 관한 法律」이 국회 본회의에서 의결되었고 그 해 12.31에 법률 제3320호로서 공포되어 다음 해 4.1부터 시행되게 되었다.5)

이후 공정거래법은 수차례 개정되었는데 본 논문의 주제와 관련하여 주요한 것으로는 공정거래위원회가 경제기획원 장관을 거치지 않고 독자적인 처분을 할 수 있는 권한을 부여한 1990년 개정, 공정거래위원회가 경제기획원 장관 소속에서 벗어나 독립적인 중앙행정기관으로서의 위상을 갖게 한 1994년 개정, 비상임위원 4인을 포함하여 위원의 숫자를 9인으로 늘린 1996년 개정 등을 들 수 있다.

2. 공정거래위원회의 발족 및 변천

우리나라의 독점규제법 집행기구인 공정거래위원회가 법 제정 당시부터 오늘날과 같이 독자적인 의사결정권을 가진 독립성 있는 기구로서 발족된 것은 아니었다. 발족 당시의 공정거래위원회는 經濟企劃院 소속의 심의·의결기관에 불과하였고 결정 및 처분권한은 經濟企劃院 장관에게 있었다.6) 즉 공정거래위원회는 의사의 대외표시권한이 있는 행정청이 아

5) 상게서, 30-46면.

니라 經濟企劃院 장관의 필수적인 자문기관에 불과하였다. 그래서, 심사
관의 조사 및 피심인의 의견을 청취한 후 위원회가 재적위원 3人이상의
찬성으로 의결하면7) 실제 처분은 經濟企劃院 장관이 행하였다.8) 만약 공
정거래위원회의 판단과 經濟企劃院 장관의 판단이 상이한 경우 문제가
발생할 소지를 안고 있었으나 다행히 실제로 그러한 일이 발생한 적은 없
었다.9) 공정거래위원회와 經濟企劃院 장관의 판단이 상이한 경우에 대비
한 논의들은 있었다. 經濟企劃院 장관이 공정거래위원회의 결정에도 불
구하고 그 내용과 다른 처분을 할 수 있다고 보는 견해와 經濟企劃院 장
관은 공정거래위원회의 결정에 구속되며 대외적인 표시행위의 편의상 경
제기획원 장관이 명의를 빌려 줄 뿐이라는 견해가 있었다.

　1990년의 법 개정으로 인해 공정거래위원회는 독자적인 처분권한이 있
는 기관으로 발전하게 되었다. 동 개정은 공정거래위원회의 독립성과 전
문성을 확충하기 위한 것이었는데 이 개정으로 인해 경제기획원 장관이
아니라 공정거래위원회가 독립적으로 법운용을 할 수 있게 되었다. 즉 공
정거래위원회는 여전히 經濟企劃院 장관 소속으로 되어 있었으나 심의·
의결뿐만 아니라 독자적으로 처분을 하고 법집행을 할 수 있게 되었다.10)

　공정거래위원회가 경제기획원 장관 소속에서 벗어나 獨立的인 중앙행
정기관으로서의 위상을 갖게 된 것은 1994년 법 개정을 통하여서이다.11)
종래 經濟企劃院 장관 소속의 기관에서 국무총리 소속의 독립적인 중앙
행정기관으로 1995년 재출발하게 되었다.12) 무엇보다도 개정법에서는

---

6) 공정거래법(1980.12.31 제정, 법률 제3320호), 제26조.

7) 공정거래법(1980.12.31 제정, 법률 제3320호), 제32조.

8) 공정거래법(1980.12.31 제정, 법률 제3320호), 제5조, 제6조, 제16조 등.

9) 공정거래위원회·한국개발연구원, 전게서, 69면.

10) 공정거래법(1990.1.13 개정, 법률 제4198호), 제5조, 제6조, 제16조 등 참조.

11) 공정거래법(1994.12.23 개정, 법률 제4831호) 제35조(공정거래위원회의설치).

12) 정부조직의 개편으로 1995년에는 그 동안 경제개발계획을 추진해 오던 經濟企劃院
　　이 해체되었다.

"이 法에 의한 사무를 독립적으로 수행하기 위하여 국무총리 소속하에 공정거래위원회를 둔다"라고 규정함으로써 공정거래위원회 업무의 독립성을 강화하였다.[13] 이후 지금까지 이러한 체제가 유지되고 있다.

그래서, 오늘날의 공정거래위원회의 위상을 살펴본다면, 우선 공정거래위원회는 행정부 내의 국무총리 소속기관이다.[14] 미국과 같이 행정부 밖의 이른바 "제4부"는 분명히 아니다. 하지만 사무의 집행에 있어서는 독립성을 인정받는다. 여기서 독립성이란 기본적으로 정치적 독립성 특히 대통령으로부터의 독립성을 의미한다. 미국의 FTC와는 달리 국무총리 소속기관으로 되어 있기 때문에 일반적인 행정이나 정책업무에서 감독을 받을 수는 있지만 구체적인 사건처리와 관련하여 국무총리나 대통령의 지시를 받지 않는다. 그 밖에도 법에 정한 면직사유[15]가 아니고서는 위원들이 임기동안 임의로 면직될 수 없다. 이러한 취지로 독립성을 이해할 수 있을 것이다.[16] 그래서, 공정거래위원회를 독립규제위원회(independent regulatory commission)라고 부르는 경우에도 그 의미가 미국과 같지 아니하다.

3. 공정거래위원회의 권한

공정거래위원회는 행정기관으로서 행정권 이외에 공정거래법 집행을 위해 필요한 기준이나 절차를 제정할 수 있다는 의미에서 準立法權, 법위

---

13) 공정거래법(1994.12.23 개정, 법률 제4831호), 제37조 제1항
14) 이에 반해 방송통신위원회는 대통령 소속이다(「방송통신위원회의 설치 및 운영에 관한 법률」제3조 제1항).
15) 공정거래법 제40조(위원의 신분보장)
16) 박정훈, "公正去來法의 공적 집행", 「공정거래와 법치」, 권오승 편, 법문사, 2004, 1004면.

반행위에 대해 시정조치나 과징금을 부과할 수 있다는 의미에서 準司法權이 있다고 설명되고 있다.[17]

그러나, 準立法權에 대하여 살펴보면, 과거 엄격한 三權分立制를 채택하고 있었던 미국에서 원래 의회의 소관사항이던 입법권한의 일부가 현대행정의 대두와 함께 주로 독립규제위원회들에 부여되어 그들 기관이 입법기능의 일부를 수행하였던 것과는 사정이 다르다. 우리나라는 처음부터 내각책임제의 요소가 강하였고 특히 경제개발과정에서 행정부가 입법부를 압도하던 전통 하에 공정거래위원회뿐만 아니라 타 행정기관도 상당한 입법기능을 수행하여 왔다. 그러한 점에서 "미국에서 두 번째로 막강한 입법기관"(the second most powerful legislative body in the United States)[18]이라는 평가받기도 하였던 FTC에 비해서 공정거래위원회의 準立法權은 상대적으로 그 의미가 약하다고 생각된다.

그에 반해 準司法的 權限은 미국뿐만 아니라 우리나라에서도 의미 있는 권한이라 생각된다. 미국 FTC가 담당하는 시정조치 권한(remedial power)은 당사자 간 분쟁해결의 성격을 띠고 있고 그러한 기능은 전통적으로는 法院이 담당하던 기능으로 인식되었었다. 현대행정의 필요성에 따라 FTC를 비롯한 독립규제위원회가 주로 그러한 기능을 부여받았고 따라서 시정조치를 위한 절차도 法院의 절차를 준용하게 되었다. 이러한 권한은 전통적인 행정기관들에게는 여전히 예외적인 것이었다. 우리나라 공정거래위원회가 다루는 대상도 일반 행정기관의 것에 비해 그 내용이 복잡

---

17) 권오승, 경제법(제6판), 법문사, 2008, 371면; 정호열, 경제법(제2판), 박영사, 2008, 438면. 이에 대해 이러한 準立法權은 법률의 위임에 의거한 행정입법 권한이고 準司法權은 행정행위 권한으로 이해할 수 있기 때문에 결국 이러한 권한들은 거의 모든 일반 행정기관들도 갖고 있는 것으로서 공정거래위원회만의 특수성으로 보기 어렵다는 지적이 있다(박정훈, 상게논문, 1007면).

18) Kenneth. W. Clarkson & Timothy. J. Muris, ed., The Federal Trade Commission since 1970, Cambridge University Press, 1981, p.1.

하고 전문적인 경제현상으로서 공익적인 성격과 함께 당사자들 간 분쟁
의 성격이 강하다. 또한 공정거래위원회의 시정명령이나 과징금 부과권한
은 일반 행정기관의 처분권에 비해 재량의 범위가 넓고 분쟁해결의 성격
이 강하며 오히려 법원의 권한과 유사한 측면이 강하다. 그래서 이를 위
한 절차도 법원의 재판절차와 유사하다. 그러한 점에서 본다면 準司法的
인 권한은 공정거래위원회를 다른 행정기관과 차이 나게 하는 중요한 징
표라고 할 수 있다.

제2절 공정거래위원회의 조직

1. 위 원

1) 위원의 선임

공정거래법 제정 당시 공정거래위원회는 위원 5인으로 구성하도록 되어 있었고 그 중 3인은 상임위원, 2인은 비상임위원으로 구성되도록 하였다.[1] 위원의 임명은 일정한 요건을 갖춘 자 중에서 경제기획원장관의 제청으로 대통령이 행하였다.[2] 1990년에 공정거래위원회가 심의·의결권뿐만 아니라 독자적인 처분권을 가지게 되면서 위원의 숫자가 5명에서 7명으로 늘어나게 되었고 이 중 2인은 비상임위원으로 하였다.[3] 위원장과 부위원장은 경제기획원장관의 제청으로 대통령이 임명하고 기타 위원은 위원장의 제청으로 대통령이 임명하도록 하였다.[4] 1994년 법개정으로 공정

---

1) 공정거래법(1980.12.31 제정, 법률 제3320호), 제27조(위원회의 구성등)
2) 공정거래법(1980.12.31 제정, 법률 제3320호), 제28조 제1항
3) 공정거래법(1990.1.13 개정, 법률 제4198호), 제37조 제1항. 하지만 동 개정에서는 공정거래위원회 업무의 독립성에 대한 명시 없이 "이 法의 목적을 달성하기 위하여 經濟企劃院長官 소속하에 공정거래위원회를 둔다."라고만 규정하고 있었다. 공정거래위원회 업무의 독립성이 법에서 명시된 것은 1994년 개정에서이다.
4) 공정거래법(1990.1.13 개정, 법률 제4198호), 제37조 제2항

거래위원회가 독립적인 중앙행정기관으로 발전하면서 위원장과 부위원장
은 국무총리의 제청으로 대통령이 임명하고 기타 위원은 위원장의 제청
으로 대통령이 임명하도록 하였다.[5]

1996년 법 개정으로 위원의 숫자가 9명으로 늘어났고 이 중 5인은 상
임위원, 4인은 비상임위원으로 하였는데[6] 지금까지 이 체제가 유지되고
있다. 공정거래위원회 위원장의 직급이 이전에는 차관급이었는데 동 개정
으로 인해 장관급으로 격상됨으로써 다른 행정부처와 외형상 동급의 기
관으로 발전하게 되었다.

현행의 공정거래법 제37조 제1항 및 제2항에서는 위원의 자격을 규정
한 후 대통령이 임명하도록 하고 있다. 이렇게 자격요건을 규정하는 것은
공정거래위원회가 미국과 달리 제도의 설계상 행정부 소속 즉 국무총리
소속으로 되어 있어[7] 중립적인 업무를 수행하여야 하는 공정거래위원회
위원이 오로지 정치적인 이유로만 임명되지 않도록 일정한 자격을 규정
한 후 그 범위 안에서 대통령이 임명하도록 한 것으로 이해할 수 있다.

이상의 제도변천과정을 살펴본다면, 법제정 당시부터 위원의 자격요건
을 규정하고 있었다는 점, 위원들이 직접적인 처분권한을 부여받게 되었
다는 점, 위원의 임명을 당초 경제기획원장관의 제청으로 대통령이 하던
것을 국무총리의 제청으로 대통령이 하도록 개정한 점, 위원장의 직급을
장관급으로 격상한 점 등이 공정거래위원회의 독립성 제고에 많은 도움
을 주었다. 다만, 비상임위원 제도가 위원의 독립성제고에 도움이 되는지
는 일의적으로 평가하기는 어렵다. 비상임위원은 상임위원에 비해 대통령
으로부터의 영향을 받을 가능성은 오히려 낮을 수 있는 반면 피조사인이
나 경제단체 등으로부터 영향을 받을 가능성은 상대적으로 높다고 볼 수
있다.

---

5) 공정거래법(1994.12.23 개정, 법률 제4831호), 제37조 제2항
6) 공정거래법(1996.12.30 개정, 법률 제5235호), 제37조 제1항
7) 공정거래법 제35조(공정거래위원회의 설치) 제1항

2) 위원의 임기 및 해임·결격사유

제정법에서 위원의 임기는 3년으로 하되 1차에 한하여 연임할 수 있다고 규정이 되어 있었기 때문에 위원은 최대한 6년까지만 재임할 수 있었다. 현행의 공정거래법 제39조에서는 공정거래위원회 위원의 임기에 대해 "공정거래위원회의 위원장, 부위원장 및 다른 위원의 임기는 3년으로 하고, 1차에 한하여 연임할 수 있다"고 규정하고 있다. 이 규정에 의하면 미국 FTC의 위원은 임기가 있으나 위원장의 임기가 없는 것과는 달리 위원장, 부위원장, 위원의 임기가 각각 3년인 것으로 해석될 수 있다.[8] 그래서 미국과 달리 대통령이 교체되었다 하더라도 위원장이나 부위원장을 3년 임기 이전에 교체할 수는 없다.

원래 이 규정은 2001.1.16 법률 제6371호로 개정된 것이다. 개정 전 법률 제29조에 의하면 "위원의 임기는 3년으로 하고, 1차에 한하여 연임할 수 있다."고 되어 있었다. 즉 당해 개정 전 법률에서는 위원장, 부위원장, 기타 위원 구분 없이 그냥 위원의 임기는 3년이라고 되어 있어 만약 일반 위원이 부위원장이나 위원장이 되는 경우 임기가 문제될 수 있었다. 개정 법률은 이러한 문제를 입법적으로 해결한 것이라 할 수 있다.

법에서는 위원의 해임 및 결격사유에 대해 규정하고 있는데, 공정거래법 제44조에서는 사건의 공정한 처리를 위하여 위원의 제척, 기피, 회피 사유에 대하여 명시하고 있다. 이 규정은 법에 정한 일정한 사유가 없이는 위원으로 하여금 사건을 담당하는 것을 막을 수 없다는 견지에서는 위원들의 독립성 보장을 위한 규정으로 이해할 수도 있다.

---

8) 해석에 따라서는 위원 3년, 부위원장 3년, 위원장 3년 및 각각 연임이 가능하므로 총 18년까지 근무할 수 있는 것으로 된다.

2. 사무처

합의제 기구라고 하여 모든 일을 집단적인 의사결정에 따라 하게 되면 조직 운영이 비효율적으로 될 수 있다. 미국에서 1950년에 제정된 Organization 법의 취지도 합의제 조직운영의 효율성을 제고하기 위해 위원장의 권한을 강화하고 행정적인 업무는 사무조직에 대폭 위임하는 것을 목표로 한 바 있다. 우리나라에서는 공정거래법이 제정될 당시 이미 법에서 공정거래법의 규정에 위반된 사항의 조사 및 사전심사등을 전담하기 위하여 경제기획원에 심사관을 두도록 하고, 심사관은 독점규제 및 공정거래에 관한 실무경험이 있는 일반직 국가공무원으로 보하도록 하여 합의제 기구를 보좌할 수 있도록 제도적인 기틀을 마련해 두었다.[9] 이들 심사관은 경제기획원 직제에 의해 공정거래실 소속으로 되어 있었는데,[10] 1990년 법 개정으로 인해 공정거래위원회의 기구와 기능이 확대되면서 기존의 공정거래실이 공정거래위원회 사무처로 확대개편 되었고 사무처장 직제가 신설되었으며 사무처에는 총괄정책국, 독점관리국, 거래국 등 3개의 局을 두게 되었다.[11] 이후에도 사무처 조직은 계속 확대되어 오늘에 이르게 되었다.

현행 공정거래법 제47조에서는 공정거래위원회의 사무를 처리하기 위하여 위원회에 사무처를 둔다고 규정하고 있고 사무처를 총괄하는 사무처장직을 두고 있다. 2008.3.7자 조직개편으로 사무처 소속으로 5局, 3官, 1대변인을 두고 있으며 5개의 지방사무소를 추가로 두고 있다. 사무처는 일반 행정업무와 정책업무뿐만 아니라 위원회의 지시를 받아 사건을 조

---

9) 공정거래법(1980.12.31 제정, 법률 제3320호), 제38조
10) 공정거래위원회·한국개발연구원, 공정거래10년(경쟁정책의 운용성과와 과제), 1991, 70면.
11) 상게서, 72면.

사하고 심판절차에서 원고의 역할을 수행하는 등 조직 내에서 소추자의
역할을 수행한다.

3. 심의회의

법 제정 당시에는 사건 심의를 위한 회의가 위원 전원이 참석하는 전원
회의 하나밖에 없었다. 그러나, 사건의 숫자가 늘어나면서 모든 사건을 전
원회의가 담당할 수 없다는 현실적인 문제와 함께 선례가 있거나 사실관
계나 법률관계가 분명하여 심의과정에서 별다른 쟁점이 없는 사건까지
전원회의가 모두 담당하는 것은 비효율적이라는 정책적 판단을 하게 되
었다. 이에 따라 1996년 법 개정 때 小會議를 추가로 설치하여 회의를 두
개로 분화시켰다. 1996.11.19 국회에 제출된 정부제안문(의안번호 150310)
에서는 "공정거래위원회의 회의를 효율적으로 운영하기 위하여 법령등의
해석적용에 관한 종전의 의견을 변경할 필요가 있거나 異議申請에 대한
裁決을 하는 경우 등은 위원전원으로 구성하는 전원회의에서 심의·의결하
도록 하고, 그 외에 일상적으로 발생하는 경미한 사건에 대하여는 위원 3
인으로 구성하는 소회의에서 심의·의결하도록 함"이라고 하여 소회의 신
설의 필요성을 밝히고 있다. 한편으로는 미국식의 행정법판사(ALJ) 제도
의 취지를 우리 식으로 수용한 측면도 없지 아니하다.

그래서, 공정거래위원회의 위원들이 모여 사건을 심의하는 회의는 全員
會議와 小會議 두 종류가 있다(공정거래법 제37조의2).[12] 전원회의의 소
관사항은 비교적 사안이 중요하여 위원 전원의 심의가 필요한 사항인데,

---

12) 이러한 구조는 대법원과 유사한데, 헌법 제102조 제1항에서 대법원에 部를 둘 수
    있다고 규정하고 있고, 法源組織法 제7조 제1항에서 全員合議體이외에 3인 이상
    의 대법관으로 구성되는 部를 둘 수 있다고 규정하고 있다. 공정거래위원회의 小會
    議는 대법원의 指定裁判部에 상응한다.

법에서는 (i)공정거래위원회 소관의 법령이나 규칙·고시 등의 해석적용에 관한 사항, (ii)이의신청의 규정에 의한 이의신청, (iii)小會議에서 의결되지 아니하거나 小會議가 全員會議에서 처리하도록 결정한 사항, (iv)規則 또는 告示의 제정 또는 변경, (v)경제적 파급효과가 중대한 사항 기타 全員會議에서 스스로 처리하는 것이 필요하다고 인정하는 사항을 전원회의 소관사항으로 규정하고 있다(동법 제37조의3 제1항)[13]. 기타 비교적 경미한 사안은 소회의 소관사항이다.

전원회의의 議事는 위원장이 주재하며 재적위원 과반수의 찬성으로 의결하는 반면, 소회의의 議事는 상임위원이 주재하며 구성위원 전원의 출석과 출석위원 전원의 찬성으로 의결한다(동법 제42조). 소회의에서 다수결이 아닌 전원출석, 전원찬성을 요구하는 것은 3인의 위원 중 2인 위원의 찬성으로 위원회 전체의 의사를 대변한다고 보는 것은 무리이기 때문이다.[14]

---

13) 法院組織法 제7조 제1항에 의하면 대법원 전원합의체의 관장사항은 다음과 같다.
  1. 명령 또는 규칙이 헌법에 위반함을 인정하는 경우
  2. 명령 또는 규칙이 법률에 위반함을 인정하는 경우
  3. 종전에 대법원에서 판시한 헌법·법률·명령 또는 규칙의 해석적용에 관한 의견을 변경할 필요가 있음을 인정하는 경우
  4. 삭제 <1988.8.5>
  5. 部에서 재판함이 적당하지 아니함을 인정하는 경우
14) 대법원의 指定裁判部는 4인의 대법관으로 구성이 되는데 만약 大法官 4인 전원의 의견이 일치하지 않으면 판결이 성립될 수 없는 것과 같은 취지이다.

제3절 공정거래위원회의 법집행절차

1. 개요

공정거래위원회의 법집행절차에 대하여는 공정거래법 제10장 및 동 시행령 제10장에서 규정하고 있다. 동법 제55조의2에서 "이 법의 규정에 위반하는 사건의 처리절차등에 관하여 필요한 사항은 공정거래위원회가 정하여 告示한다."라고 규정하고 있다. 이 규정에 근거하여 제정된 「공정거래위원회 회의운영 및 사건절차등에 관한 규칙」(이하 '절차규칙'이라 함)에 세부적인 절차가 규정되어 있다.[1] 헌법상 법규명령 형식에 속하지 않는 규칙의 제정을 법률이 위임하는 것의 합헌성 여부에 대하여[2] 대법원은 동 규칙이 합헌이라는 전제하에 규칙이나 고시 그 자체로는 법규명령은 아니지만 상위 법령과 결합하여 법규적 효력을 갖는다고 판시한 바 있

---

[1] 공정거래위원회는 '部'가 아니기 때문에 '部令'을 제정할 수 없고 '告示'를 제정하여 법률에서 위임된 세부사항을 규정하고 있다.

[2] 헌법 제75조는 대통령은 "법률에서 구체적으로 범위를 정하여 위임받은 사항과 법률을 집행하기 위하여 필요한 사항에 대하여 대통령령을 발할 수 있다고 규정하고 있다"고 규정하고 있다. 제95조에서는 "국무총리 또는 행정각부의 長은 소관사무에 관하여 법률이나 대통령령의 위임 또는 직권으로 총리령 또는 부령을 발할 수 있다"고 규정하고 있다. 그런데, 규칙제정형식은 헌법에서 예정하고 있는 형식이 아니다.

다.3) 그러한 규칙제정형식이 인정된다 하더라도 위임의 범위를 넘는 것이 아닌지 문제가 될 수 있다. 구 공정거래법(1996.12.30, 법률 제5235호로 개정되기 전의 것) 제23조 제3항은 "공정거래위원회가 불공정거래행위를 예방하기 위하여 필요한 경우 사업자가 준수하여야 할 지침을 제정·고시할 수 있다."고 규정하고 있으므로 위 위임규정에 근거하여 공정거래위원회는 「표시·광고에 관한 공정거래지침」을 제정하였다. 위 지침 Ⅲ(규제대상 및 법 운용방침) 2(법운용방침) (나)호에서 정하고 있는 '문제되는 표시·광고내용에 대한 사실 여부 또는 진위 여부에 관한 입증책임은 당해 사업자가 진다'는 규정에 대하여 대법원은 입증책임전환과 같은 위 법의 운용방침까지 정할 수 있도록 위임하였다고는 볼 수 없으므로 위 입증책임규정은 법령의 위임 한계를 벗어난 규정이어서 법규적 효력이 없다고 판시하였다(대법원 2000.09.29 선고 98두12772 판결).

미국의 FTC나 일본의 公正取引委員會의 경우 중요한 절차규정들이 대부분 법률이나 시행령에 규정되어 있는데 반하여 거기에 상응하는 공정거래위원회의 절차는 법률이 아니라 법률에 의하여 위임을 받은 告示에 규정되어 있다. 한편, 불공정거래행위의 심사기준을 제시하고 있는「불공정거래행위 심사지침」(개정 2005.5.11. 공정거래위원회 예규 제26호)은 법률의 위임조차 없다는 점에서 法規性 不在의 문제가 제기 될 수 있다.

---

3) 대법원은 행정규칙, 규정은 당해 법령의 위임한계를 벗어나지 아니하는 한 그것들과 결합하여 대외적인 구속력이 있는 법규명령으로서의 효력을 갖게 된다고 판시한 바 있다(대법원 1987.9.29. 선고 86누484 판결). 또한, 대통령령에서 告示로 위임하는 것은 새로운 법규형식의 창설로서 위헌이라는 견해도 있지만(박정훈, "公正去來法의 공적 집행",「공정거래와 법치」, 권오승 편, 법문사, 2004, 1009-1010면), 대법원은 시행령에서 위임한 신문고시의 위헌성에 대한 사건에서 합헌성을 인정하고 있다. 헌법재판소는 이 사건 조항인 신문고시 제3조 제1항 제2호는 동법 시행령에서 불공정거래행위의 유형과 기준을 상세히 구체화하였고 다시 특정행위나 특정분야의 불공정거래행위의 유형과 기준을 정하기 위한 세부기준만을 공정거래위원회 고시에 위임하고 있어 위임입법의 헌법적 한계를 초과하지 아니한다고 결정하였다(헌법재판소 2002.7.18. 선고 2001헌마605 결정).

공동행위에 대하여는 법률에서 고시로 정하도록 위임을 하고 있기는 하지만(공정거래법 제19조 제8항) 현행의 「공동행위 심사기준」(개정 2007. 12. 21. 공정거래위원회 예규 제49호)은 예규의 형태로 제정이 되어 있어 법률의 위임에 의한 것인지에 대하여 문제의 소지가 있다. 입법론적으로는 대외적인 효력을 갖는 중요한 절차는 법률이나 시행령에 규정하는 것이 바람직하다.

2. 사건의 단서

공정거래위원회가 사건심사를 개시하게 되는 중요한 두 가지의 단서는 직권인지와 신고이다. 공정거래법 제49조 제1항에서는 공정거래법에 위반하는 사실이 있다고 인정되는 경우에 공정거래위원회는 직권으로 조사를 할 수 있다고 규정하고 있고, 동조 제2항에서는 누구든지 동법의 규정에 위반하는 사실이 있다고 인정할 때에는 그 사실을 공정거래위원회에 신고할 수 있다고 규정하고 있다. 절차규칙에서는 일정한 신고양식을 규정하고 있으나(절차규칙 제10조 제2항) 실제로는 신고양식에 상관없이 신고를 접수하고 있다.

그런데, 신고와 관련하여 신고인에게 일정한 조치를 청구할 수 있는 구체적인 청구권이 있는지 문제가 될 수 있다. 대법원은 신고는 법위반사실에 관한 직권발동을 촉구하는 단서의 제공에 불과하다며 구체적인 청구권이 인정되는 것은 아니라고 판시하였다.[4] 그런데, 「약관의 규제에 관한 법률」제19조에서는 법률상 이익이 있는 자나 기타 일정한 소비자단체 등에 대하여는 동법 위반에 관한 심사를 청구할 수 있다고 규정하고 있다.[5]

---

4) 대법원 1989.5.9. 선고 88누4515 판결.
5) 「약관의 규제에 관한 법률」 제19조(약관의 심사청구등)

「약관의 규제에 관한 법률」의 규정형식이나 법의 취지에 비추어 볼 때 공정거래법 상의 신고와 달리 약관의 위반에 대하여는 심사청구권을 인정한 것으로 볼 수 있을 것이다. 다만, 공정거래법상 신고가 사건조사권의 발동을 촉구하는 단서에 불과하다고 하더라도 신고인에게 아무런 절차적 보장이 없는 것은 아니다. 절차규칙에서는 심사절차를 개시하지 않거나 심사착수보고 등 일정한 사실들에 대하여 신고인에게 통지하도록 규정하고 있다.

3. 사건의 심사

1) 심사관의 지정 및 사전심사

공정거래위원회가 법위반사실을 인지하거나 신고를 받게 되면 사무처장은 그 사건을 담당하게 될 심사관을 지정하게 되는데 대부분 당해 업무를 담당하는 국장 또는 지방사무소장이 지정된다. 지정된 심사관은 정식으로 심사절차를 개시하기에 앞서 사실조사와 사전심사를 하게 된다(절차규칙 제10조 제1항). 실제로는 담당 심사관은 부하직원인 조사공무원을 통하여 사실조사 또는 사전심사를 한 후 보고를 받아 정식사건으로 처리할 것인지 아니면 審査不開始 決定(절차규칙 제12조 제1항)을 할 것인지 판단한다. 審査不開始 사유는 대부분 법적용대상이 아닌 경우이다.

약관조항과 관련하여 법률상의 이익이 있는 자, 「소비자기본법」에 의하여 등록된 소비자단체, 한국소비자원 및 사업자단체는 이 법 위반여부에 관한 심사를 공정거래위원회에 청구할 수 있다.

2) 정식심사

(1) 사건심사의 착수보고

사전심사를 마친 후 정식으로 사건심사에 착수하게 되는데 이를 위해서는 우선 사건심사 착수보고를 하여야 한다. 사건심사 착수보고는 절차규칙 상의 심사불개시 사유가 아닌 한 거의 자동적으로 이루어진다. 절차규칙 제11조에 심사착수 보고의 방식이 규정되어 있는데, 사건명과 사건의 단서 및 개요, 관계법조 등을 명시하여 중요한 사건이 아닌 한 전산망을 통하여 이루어진다. 하도급 서면조사를 통한 직권인지를 제외하면 직권인지를 통한 사건착수보다는 신고를 통한 사건착수건수가 훨씬 더 많고 연간 2,000여건에 가까운 착수보고가 이루어진다.

(2) 조사권한

공정거래법 제50조 제1항에서는 공정거래법 위반행위의 조사를 위한 권한에 관해 규정하고 있다. 공정거래위원회의 조사권한으로는 당사자나 이해관계인을 출석시켜 의견을 청취할 수 있는 권한, 감정인을 지정하여 감정을 위촉할 수 있는 권한, 사업자나 사업자단체 또는 이들의 임직원에 대하여 원가 및 경영상황에 관한 보고나 기타 필요한 자료나 물건의 제출을 명하거나 제출된 자료나 물건을 領置할 수 있는 권한, 소속공무원으로 하여금 사업자 또는 사업자단체의 사무소 또는 사업장에 출입하여 업무 및 경영상황, 장부·서류, 전산자료·음성녹음자료·화상자료 그 밖에 대통령령이 정하는 자료나 물건을 조사하거나 대통령령이 정하는 바에 의하여 지정된 장소에서 당사자나 이해관계인의 진술을 들을 수 있는 권한, 사업자나 사업자단체 또는 이들의 임직원에 대하여 조사에 필요한 자료나 물건의 제출을 명하거나 제출된 자료나 물건의 領置를 할 수 있는 권한 등

이 있다.[6]

그리고, 이러한 조사권에 대해 불응하는 자에 대하여는 과태료부과의 처분을 할 수 있다.[7] 즉 검찰과 같이 법원으로부터 압수·수색영장을 발부 받아 강제로 조사하는 것이 아니라 조사에 불응하는 경우 과태료를 통해 간접적으로 강제할 수 있다는 점에서 공정거래위원회는 간접 强制調査權이 있다고 할 수 있다.[8] 최근의 주요 사례들로는 조사가 벌어지는 사무실 안에 있는 직원들이 중요정보가 담긴 노트북을 소지한 채 사무실을 이탈 하거나, 온라인을 통해 PC에 저장된 자료 폐기 또는 조사공무원이 조사증 표를 제시할 때 방문증 발급을 지연시키면서 관련자료 폐기 또는 변개한 사례 등이 있었다.[9]

문제는 이러한 조사방해가 발생하는 경우 과태료 부과처분이외에 압수· 수색영장없이 공정거래위원회가 실력행사를 통해 조사를 관철할 수 있느 냐 하는 점이다. 조사공무원은 비례원칙의 범위 안에서 피조사자 측의 신 체나 재산에 실력을 가할 수 있다는 견해[10]가 있으나, 다수의견은 직접적 강제수단을 규정하지 않고 별도의 벌칙규정을 두고 있다는 것은 실력행

---

6) 그 외에도 부당지원행위의 조사를 위한 한시적인 금융거래정보제출요구권이 있다 (공정거래법 제50조 제5항).

7) 공정거래법 제69조의2. 이 외에도 조사거부나 방해를 하는 경우 과징금부과 세부기 준 등에 관한 고시(개정 2007.12. 31. 공정거래위원회 고시 제2007-15호) VI.3.나.(4) 에서는 20%의 범위에서 과징금을 가중할 수 있게 규정하고 있다. 단, 이미 과태료 처분이 내려진 경우에는 이 금액을 차감한다.

8) 공정거래위원회 조사권한의 수명자 중 사업자·사업자단체·임직원은 공정거래법 위반 의 규제와 밀접한 관련이 있다는 점에서 미국의 '치밀하게 규제되는 사업'(closely or pervasively regulated industries)의 법리에 따라 합헌성이 인정될 수 있지만, 이해 관계인이나 참고인 등에 대하여도 간접적인 강제조사권이 적용되도록 하는 것은 위 헌의 소지가 없지 않다는 지적이 있다(박정훈, 전게논문, 1013면).

9) 박종흔 등, "사건조사 착수기준 및 조사방식 개선연구"(용역보고서), 공정거래위원 회, 2008, 139면.

10) 홍정선, 행정법원론(상), 박영사, 2008, 614면.

사를 허용하지 않는다는 의미로 해석되어야 한다고 본다.[11]

(3) 조사권한의 행사방법

공정거래법 제50조 제4항에서는 조사를 하는 공무원[12]은 그 권한을 표시하는 증표를 관계인에게 제시하여야 한다고 규정하고 있고, 제50조의2에서는 조사공무원은 이 법의 시행을 위하여 필요한 최소한의 범위 안에서 조사를 행하여야 하며, 다른 목적 등을 위하여 조사권을 남용하여서는 아니 된다고 규정하고 있다. 그리고 동 시행령 제55조에서는 당사자등을 출석하게 하여 의견을 듣고자 하는 경우에는 사건명, 상대방의 성명, 출석일시 및 장소 등의 사항을 기재한 출석요구서를 발부하도록 규정하고[13], 감정인의 지정은 사건명, 감정인의 성명, 감정기간, 감정의 목적 및 내용 등의 사항을 기재한 서면으로 하며[14] 자료의 제출명령은 사건명, 제출일시, 보고 또는 제출자료등을 기재한 서면으로 하도록 규정하고 있다.

현장조사를 하는 경우 사전에 통지해 주어야 할 의무가 있느냐에 대하여는 부당한 공동행위와 같이 은밀하고 교묘하게 이루어지고 증거인멸의 가능성이 높은 사안이 아닌 한 원칙적으로 조사일시 및 조사의 내용에 대해 사전에 통지해주는 것이 바람직하다고 할 수 있을 것이다.[15]

---

11) 박정훈, 전게논문, 1011-1012면; 김동희, 행정법 I, 박영사, 2008, 436면; 김남진, 행정법(I), 법문사, 2007, 411면 등.
12) 조사공무원뿐만 아니라 심사관도 포함된다고 보아야 한다(권오승, 경제법(제6판), 법문사, 2008, 378면).
13) 절차규칙 제14조에서는 불응하는 경우의 법률상의 제재내용도 조사요구서에 포함하도록 하고 있다.
14) 절차규칙 제18조에서는 허위감정시의 법률상의 제재내용도 서면에 포함하도록 하고 있다.
15) 박정훈, 전게논문, 1034면.

4. 심의

심사관이 심사를 마친 후 소회의 소관인 사건인 경우 사전에 심사보고서를 피심인에게 송부를 해 주고 의견을 조회하는데 만약 피심인이 심사보고서의 조치내용을 수락하게 되면 위원회는 서면으로 심사보고서를 심사한 후 심사관이 초안을 작성하여 제출한 의결서(안)을 참고하여 의결서를 작성한다. 이것을 약식절차라고 한다.[16] 이러한 약식절차는 미국 FTC의 同意命令(consent order)과 유사한 것으로서 피심인이 심사관의 사실조사 및 시정조치 의견까지 모두 인정하는 경우 정식의 절차를 개최하여 심의하는 것이 큰 의미가 없기 때문에 도입된 것이다. 정식의 심판절차는 기본적으로 對審構造로 진행이 되며 일정부분 직권주의적 요소가 가미되어 있다.[17] 아래에서는 이러한 정식의 심판절차에 관하여 살펴 본다.

1) 심사보고서 제출 및 심의부의

심사관은 심사를 마친 후 소관사항에 따라 심사보고서를 전원회의 또는 소회의에 제출한다. 동시에 피심인에게 심사보고서를 송부하면서 원칙적으로 2주 이내에 심사보고서에 대한 의견을 심판관리관에게 제출할 것을 요구하는 통지를 하여야 한다(절차규칙 제29조 제10항). 소회의는 3인으로 구성되고 의장이 중심이 되어 사건을 중점적으로 검토하지만, 전원회의는 9인으로 구성되는데 모든 위원이 동일한 비중을 사건을 검토하기

---

16) 세부적인 절차는 절차규칙 제59조-제63조에 나와 있다. 그리고, 고발과 과징금 납부명령 및 피심인이 수락하지 않을 것이 명백한 경우는 이러한 절차를 생략할 수 있다.

17) 대심구조의 요소 및 직권주의적 요소에 대하여는, 권오승, 「경제법(제6판)」, 법문사, 2008, 307-308면 참조.

보다는 전원회의 의장이 상임위원 1인을 주심위원으로 지정하여 사건을 중점적으로 검토하도록 한다(절차규칙 제30조).

2) 심의준비 절차

심의준비절차는 심의개최 이전에 복잡한 사실관계와 법률관계를 정리하여 심의를 효율화하기 위해 2006년에 도입되었다.[18] 공정거래위원회의 심의준비절차 제도는 외국 독점규제법 집행기관의 절차와 함께 우리나라 민사소송절차에서의 변론준비절차[19]를 참고로 한 것이다. 2007년에는 형사소송 절차에도 이와 유사한 공판준비절차 제도[20]가 도입 되었다. 심의준비 절차는 전원회의 안건인 경우 주심위원, 소회의 안건인 경우 소회의 의장이 주재하며 심판관리관은 심의준비기일의 경과를 정리한 조서를 작성한다.

3) 심의절차

의장은 피심인 의견서 제출일 내지 제출기한일, 심의준비절차 종료일부터 30일 이내에 심의에 부의하여야 한다(절차규칙 제31조). 의장은 원칙적으로 회의개최 5일 전까지 위원 및 피심인에게 회의개최통지를 하여야 한다(절차규칙 제33조 제1항). 신고인에게도 심의개최에 대하여 통지해 주어야 하며 의장이 필요하다고 인정할 때에는 심사보고서도 송부해 줄 수 있다(절차규칙 제33조 제5항). 피심인이 출석하지 않은 경우 개의가 가능한지 문제가 될 수 있는데, 절차규칙 제34조 제2항에서는 정당한 이유 없이 피심인이 출석하지 않은 경우 개의할 수 있다고 규정하고 있다. 피

---

18) 권오승, 상게서, 381면; 公正去來委員會 2005.10.28자 보도자료.
19) 민사소송법 제280조(변론준비절차의 진행)
20) 형사소송법 제266조의5(공판준비절차)

심인의 절차적 권익보호를 위해서는 불출석 開議가 가능한 경우를 보다 구체적으로 규정할 필요가 있다.21) 심의절차는 본인임을 확인하기 위한 인정신문(절차규칙 제35조) → 심사관과 피심인이 의견의 요지를 진술하는 모두절차(동 제38조) → 증거조사(동 제41조) → 심의 → 최후의견진술(동 제43조)의 순으로 진행된다.

5. 의결

전원회의 또는 소회의는 심의를 마친 후 비공개로 合議22)를 한 후 전원회의는 재적위원 과반수의 찬성, 소회의는 재적위원 전원의 찬성으로 의결을 한다. 각 회의는 의결 또는 결정을 한 후 형식적 요건으로서 의결서 또는 결정서를 작성하여야 한다. 의결의 종류는 심의절차의 종료(절차규칙 제46조), 무혐의 또는 주의촉구(절차규칙 제47조), 종결처리(절차규칙 제48조), 조사 등 중지(절차규칙 제49조), 경고(절차규칙 제50조), 시정권고(절차규칙 제51조), 시정명령(절차규칙 제52조), 과징금 납부명령(절차규칙 제52조), 과태료 납부명령 등이 있다. 이러한 의결이 있게 되면 공통적으로 절차가 종결되는 효과와 함께 준사법적인 결정이라는 점에서 不可變力을 갖게 된다. 구체적으로는 각각의 의결의 내용에 따른 구속력을 갖게 된다.23)

1) 시정명령의 범위 및 명확성

공정거래법상 시정명령에서 문제가 되는 것은 그 규율대상이 복잡다기

---

21) 권오승, 전게서, 382면.
22) 공정거래법 제43조(심리·의결의 공개 및 合議의 비공개)
23) 권오승, 전게서, 389면.

한 경제적 현상이기 때문에 그의 시정을 위한 방법을 사전에 예측하여 일일이 법률에 규정해 둘 수 없다는 점이다. 그래서, 시정명령의 내용으로 '기타 시정을 위한 필요한 조치'가 규정되어 있는데 어느 정도의 범위까지 시정명령이 행하여 질 수 있는지 문제가 된다. 「표시광고의 공정화에 관한 법률」에서도 동일한 규정이 있는데, 표시광고사건에서 원고는 '기타 시정을 위한 필요한 조치'란 시정명령의 이행을 위한 절차적 조치를 규정한 것으로서 별개의 독립적인 시정명령을 할 수 있는 근거규정은 아니라고 주장하였으나 서울고등법원은 공정거래위원회가 별개의 독자적인 시정조치를 할 수 있는 재량권을 부여한 것이라고 판시한 바 있다.24) 그러나, 구체적으로 어느 정도까지 시정명령을 할 수 있을지는 비례의 원칙, 最少侵益의 원칙, 이익형량의 원칙에 비추어 판단하여야 할 것이다.25)

시정명령의 명확성 및 구체성에 대하여 대법원은 공정거래사건의 본질적인 속성상 시정명령이 다소간의 포괄성·추상성을 띨 수밖에 없다는 전제하에 시정명령이 그 행위유형, 상대방, 품목 등에 있어서 관계인들이 인식할 수 있을 정도로 명확하면 그 시정명령은 법위반이 아니라고 판시하였다.26)

---

24) 서울고등법원 2003.6.5 선고 2002아115판결.
25) '기타 시정을 위하여 필요한 조치'라는 규정은 경찰행정 등 질서행정영역에서는 몰라도 경제행정영역에서는 법적 안정성이 절실히 필요하다는 점에서 위헌성이 짙다는 전제하에 설사 합헌성이 인정된다 하더라도 개별적인 사안에서 그 시정조치가 필요최소한의 것인지, 그 시정조치의 내용이 명확한 것인지 엄격히 검토되어야 한다는 견해가 있다(박정훈, 전게논문, 1018면).
26) 대법원 2003.2.20. 선고 2001두5347 판결. 또한 이 판결은 시정명령의 내용이 과거의 위반행위에 대한 중지는 물론 가까운 장래에 반복될 우려가 있는 동일한 유형의 행위의 반복금지까지 명할 수는 있는 것으로 해석된다고 판시하였다.

2) 少數意見의 附記

전원회의는 재적위원 과반수의 찬성으로 의결하는데 만약 소수의견을 가진 위원들이 의견을 밝히고자 하는 경우 소수의견 부기가 가능한지에 대해 공정거래법에서는 이에 대해 언급하고 있지 아니하지만 사건절차규칙 제54조 제3항에서는 소수의견을 부기할 수 있다고 규정하고 있다. 법리적으로만 본다면 법규적 효력이 있는 절차규칙에서 소수의견 부기의 가능성을 열어놓고 있기 때문에 소수의견 부기가 불가능한 것은 아니다. 공정거래법에서 合議를 비공개로 하고 있는 것은 법원조직법 제65조를 원용한 것이고 법원에서는 명시적인 규정이 있는 대법관의 경우를 제외하고는 소수의견을 부기하지 않고 있다는 점은 들어 공정거래위원회도 소수의견을 부기할 수 없다는 견해가 있으나, 법률은 아니지만 법률의 위임을 받은 절차규칙에서 소수의견부기의 가능성을 열어 놓고 있기 때문에 법리적으로는 문제가 없다고 본다.

3) 告發

공정거래법 제66조 및 제67조의 죄 즉 실체법적인 위반행위로 인한 죄는 공정거래위원회의 고발이 있어야 검찰은 공소를 제기할 수 있다(동법 제71조 제1항). 공정거래위원회의 전속고발권은 직접적으로는 일본 獨占禁止法[27]의 영향을 받은 것이다. 일본에서와 마찬가지로 전속고발권 제도의 의의는 자유로운 기업활동을 보장하고 법위반이 있다 하더라도 시장의 상황에 비추어 시정조치나 과징금과 같은 행정제재로서 시정이 가능하다면 굳이 형벌을 부과할 필요가 없다는 것과 그러한 판단의 전문성은 공정거래위원회가 가지고 있다는 점을 들 수 있다. 헌법재판소도

---

27) 일본 獨禁法 제74조 제1항.

1995.7.21 선고 94헌마136 결정에서 "공정거래법위반죄를 親告罪로 하고 공정거래위원회만이 고발을 할 수 있도록 한 전속고발제도는 이와 같은 제사정을 고려하여 독립적으로 구성된 공정거래위원회로 하여금 거래행위의 당사자가 아닌 제3자의 지위에 있는 법집행기관으로서 상세한 시장분석을 통하여 위반행위의 경중을 판단하고 그때 그때의 시장경제상황의 실상에 따라 시정조치나 과징금 등의 행정조치만으로 이를 규제함이 상당할 것인지 아니면 더 나아가 형벌까지 적용하여야 할 것인지의 여부를 결정하도록 함으로써 공정거래법의 목적을 달성하고자 하는 데 그 취지가 있다고 할 것이다."라고 판시한 바 있다. 법에서는 이러한 고발권이 자의적으로 행사되지 않도록 하기 위해서 법위반의 정도가 객관적으로 명백하고 중대하여 경쟁질서를 현저히 저해한다고 인정되는 경우에는 검찰총장에서 고발하도록 의무화하고 있다(동법 제71조 제2항). 또한 검찰총장은 법위반정도가 심대한 경우 공정거래위원회에 고발을 요청할 수 있다. 실무적으로는 공정거래위원회 지침28)에 의해 고발요건을 구체화하고 있다.

공정위의 專屬告發權에 대하여는 그 동안 여러 가지 논거에서 비판이 제기되어 왔는데 주요한 것들로는 검찰의 起訴獨占主義를 저해한다는 점, 소비자보호에 위배된다는 점, 공정거래위원회의 자의적인 법집행의 우려가 높다는 점이 지적되어왔다.29) 그러나, 기소의 전제요건인 고발권을 공정위가 갖는다고 하여 起訴獨占權이 부정되는 것은 아니고 형법에서도 여러 유형의 친고죄가 규정되어 있다. 형사처벌 없이 법위반행위가 시정될 수 있다면 소비자의 보호도 특별한 문제가 되지 아니한다. 또한,

---

28) 「독점규제 및 공정거래에 관한 법률등의 위반행위의 고발에 관한 공정거래위원회의 지침」(개정 2007. 1. 15. 공정거래위원회 예규 제40호). 이 지침의 특징은 법위반점수를 매겨 고발요건을 계량화하고 있어 공정거래위원회의 재량권을 대폭 축소하고 있다는 점이다.

29) 임영철, 공정거래법(제2판), 법문사, 2008, 533-534면.

공정거래위원회의 자의적 집행을 막기 위해 의무적 고발조항이나 검찰의
고발요청 조항이 마련되어 있고 현행의 고발지침은 고발요건을 계량화하
고 있다.[30) 이러한 점 등을 종합적으로 감안한다면 전속고발권을 효율적
으로 잘 활용하기 위한 논의는 필요하겠지만 그것을 폐지하자는 주장은
설득력이 적어 보인다.

한편, 헌법재판소 1995.7.21 선고 94헌마191 사건에서 청구인은 다음과
같은 점들을 들어 전속고발권 조항이 형사피해자의 재판절차진술권[31)을
비롯한 청구인의 기본권 침해 등을 이유로 위헌임을 주장하였다. 그 외에
도 일반 범죄자와 공정거래법 위반자를 차별하여 헌법상 평등권을 침해
한다는 점, 검사가 공정거래위원회의 결정에 의존하게 됨에 따라 권력분
립의 원칙에 반한다는 점, 소비자의 기본권을 침해한다는 점 등을 위헌성
의 근거로 주장하였다. 헌법재판소는 본안인 당해 조항의 합헌성 여부에
대하여는 판단을 하지 아니하고 단지 청구의 직접관련성이 없어 부적법
한 것으로서 각하한다고 결정하였다. 헌법재판소에 따르면 법률조항 자체
가 헌법소원의 대상이 되기 위해서는 그 법률 또는 법률조항에 의하여 구
체적인 집행행위를 기다리지 아니하고 직접, 현재, 자기의 기본권을 침해
받아야 하는 것을 요건으로 하는데 전속고발권 조항 그 자체가 기본권을
직접적으로 침해하는 것은 아니라는 것이다.

다만, 고발의 전제가 되는 공정거래법의 형사벌조항에 대하여는 비판도
적지 않다. 특히 형사벌이 벌금 위주로 집행이 되고 형사벌 대상행위와
과징금 대상행위가 거의 일치하며 법위반억제력도 크지 않다는 점에서
개선필요성이 제기되고 있다.[32)

---

30) 상게서, 539-542면.
31) 대한민국 헌법 제27조 제5항
32) 이봉의, "공정거래법의 실효적 집행", 경쟁법연구, 한국경쟁법학회, 2004, 8-10면.

6. 불복절차

1) 이의신청

공정거래위원회의 처분에 대하여 불복이 있는 자는 그 처분의 통지를 받은 날부터 30일 이내에 공정거래위원회에 이의신청을 할 수 있다.[33] 이 의신청제도는 강학상 특별행정심판으로서 행정심판법에 의한 행정심판의 특례를 정한 것으로 본다.[34] 행정심판법에서는 行政審判에 관하여 다른 법률에서 특례를 정한 경우에도 그 법률에서 규정하지 아니한 사항에 관 하여는 행정심판법이 정하는 바에 의한다고 규정하고 있다.[35] 그래서, 공 정거래법에서 특례를 정하고 있는 사항에 대하여는 행정심판법이 적용되 지 않고 공정거래법이 적용된다. 행정심판청구에 기간의 제한을 둔 것은 행정법관계의 조속한 안정을 기하려는데에 그 취지가 있는데 심판청구기 간은 불변기간으로 보고 있다.[36] 공정거래법상 이의신청기간에 대하여도 동일하게 해석하여야 할 것이며 이 기간이 도과한 경우는 부적법 却下하 여야 한다.[37] 공정거래위원회는 이러한 이의신청이 있으면 60일 이내에 의결하여야 한다.[38] 이의신청의 대상은 공정거래위원회의 처분인데, 위원 회의 의결 중 시정명령과 과징금납부명령, 과태료납부명령이 이에 해당한 다. 시정권고 자체는 당사자의 수락을 전제로 하여 일정한 효력이 발생할 뿐이기 때문에 시정권고 그 자체를 다툴 법률상의 이익이 있는 것은 아니

---

33) 공정거래법 제53조 제1항.
34) 박정훈, 전게논문, 1035면.
35) 행정심판법 제43조 제2항.
36) 김동희, 전게서, 595면.
37) 임영철, 전게서, 504-505면.
38) 공정거래법 제53조 제2항.

다.39) 이에 대해 시정권고는 형식논리로 본다면 수락한 경우 이의신청의 대상이 되는 처분이 존재하기 때문에 이의신청을 허용하여야 한다는 결론에 이르게 되지만 시정조치를 수락한 자가 사후에 이를 번복하여 이의신청을 제기하는 것은 금반언의 원칙에 반하기 때문에 시정권고를 수락한 자가 다시 이의신청을 하는 것은 원칙적으로 허용되지 않는 것으로 해석하여야 한다는 견해가 있다.40)

이의신청에 대한 심의와 재결은 일반행정심판과 달리 원처분을 한 공정거래위원회에서 이루어진다.41) 만약 원처분을 공정거래위원회의 전원회에서 하였다면, 동일한 의결주체가 이의신청을 담당하게 되는 구조이다. 다만, 내부적으로 공정한 재검토를 위해 심사관은 원래의 심사관이 아닌 심판관리관이 맡도록 하고 있다. 통계적으로 살펴본다면 2006년도에 처리된 총 61건 중 일부인용을 포함한 異議申請 認容率이 40.1%나 되어 상당히 높은 인용율을 보였다. 행정심판위원회의 행정심판인용율이 통상 20%선 내외임을 감안한다면 2006년의 인용율은 상당히 높은 수준이라 할 수 있다.

2) 行政訴訟

공정거래위원회의 처분과 이의신청 재결에 대하여는 그 통지를 받은 날부터 30일 이내에 서울고등법원에 소송을 제기할 수 있다.42) 종래에는 이의신청 前置主義를 규정하여 이의신청을 거치지 않고는 소송을 제기할

---

39) 권오승, 전게서, 391면.
40) 임영철, 전게서, 504면
41) 공정거래법 제37조의3 제1항 제2호. 단, 과태료납부명령에 대하여는 이의신청은 공정거래위원회에 제기하여야 하지만 그 결정은 관할법원이 非訟事件節次法에 의한 과태료의 재판을 한다(공정거래법 제69조의2 제4항 및 제5항).
42) 공정거래법 제54조 및 제55조

수 없었으나 행정소송법의 개정에 따라 이의신청 前置主義를 폐지하였
다.43) 일반 행정소송이 3심제44)인데 반하여 공정거래위원회의 처분에 대
하여는 2심제로 하고 있는 것은 공정거래위원회의 사건처리절차가 준사
법적으로 이루어지고 있기 때문에 선진외국의 예에 따른 것이다. 따라서
이러한 준사법적 절차에 따르지 않은 처분에 대하여는 2심제를 적용하기
어려울 것이다.45)

행정소송의 대상에 대하여 법에서는 공정거래위원회의 처분에 대하여
소송을 제기할 수 있도록 하고 있는데, 공정거래위원회의 고발이나 무혐
의 결정에 대하여 항고소송을 제기할 수 있는지 문제가 될 수 있다. 우선
고발에 대하여 대법원은 처분성을 인정하지 않는다.46) 즉, 사단법인 대한
약사회 사건에서 대법원은 "고발은 수사의 단서에 불과할 뿐 그 자체 국
민의 권리의무에 어떤 영향을 미치는 것이 아니고, 특히 법 제71조는 공
정거래위원회의 고발을 위 법률위반죄의 소추요건으로 규정하고 있어 공
정거래위원회의 고발조치는 사직 당국에 대하여 형벌권 행사를 요구하는
행정기관 상호간의 행위에 불과하여 항고소송의 대상이 되는 행정처분이
라 할 수 없으며"라고 판시하였다. 대법원은 나아가 고발하기로 하는 공
정거래위원회의 의결은 행정청 내부의 의사결정에 불과할 뿐 최종적인
처분은 아닌 것이므로 이 역시 항고소송의 대상이 되는 행정처분이 되지
못한다고 판시하였다. 반면 헌법재판소는 1995.7.21, 94헌마136결정에서
공정거래위원회가 심사의 결과 인정되는 공정거래법 위반행위에 대하여
일응 告發을 할 것인가의 여부를 결정할 裁量權을 인정하면서도, 행위의
違法性과 可罰性이 중대하고 피해의 정도가 현저하여 형벌을 적용하여야

---

43) 권오승, 전게서, 393면
44) 행정소송법 제9조 제1항
45) 박정훈, 전게논문, 1038면; 임영철, "공정거래위원회의 사건처리절차", 「자유경쟁과
    공정거래」, 권오승 편, 법문사, 589면.
46) 대법원 1995.5.12. 선고 94누13794 판결.

할 것이 객관적으로 상당한 사안에 있어서는 告發權을 행사하지 않은 것은 명백히 자의적인 것으로서 당해 위반행위로 인한 피해자의 平等權과 裁判節次陳述權을 침해하는 것이라고 판단하였다. 다만, 헌법재판소는 당해 사안에서의 고발권 불행사는 자의적인 것이 아니라고 결정하였다. 당해 사안은 대리점계약 거래거절사건인데 헌법재판소는 개별적이고 구체적인 거래관계를 대상으로 한 단 1회성 거래거절행위는 경쟁질서에 끼친 해악의 정도가 중대하지 않고 경제적 손실은 손해배상청구를 통해 전보될 수 있다고 보았다.

무혐의 결정에 대하여는 대법원은 공정거래위원회에 대한 신고는 법위반사실에 관한 조사의 직권발동을 촉구하는 단서제공에 불과하다는 전제하에서 무혐의 결정은 항고소송의 대상이 되는 행정처분에 해당하지 않는다고 판시한 바 있다.[47] 그러나, 신고인 중에서도 불공정거래행위나 시장지배적 지위 남용행위 등으로 피해를 입은 사업자나 소비자 등 일정한 법적 지위가 인정되는 자에 대한 무혐의 결정은 거부처분이 되어 취소소송의 대상이 되어야 한다는 견해가 있다.[48] 또한, 헌법재판소는 2002.6.27, 2001헌마381 결정에서, 공정거래위원회의 無嫌疑 措置는 시정조치에 대응되는 조치로서 공권력행사의 한 태양에 속하여 헌법재판소법 제68조 제1항 소정의 공권력의 행사에 해당하고 자의적인 판단에 의한 무혐의 결정은 평등권을 침해하기 때문에 헌법소원의 대상이 될 수 있다고 판단하였다. 그러나, 실제로 헌법재판소가 공정거래위원회의 無嫌疑 措置에 대해 헌법소원을 인용한 경우는 단 1건 뿐이다.[49]

---

47) 대법원 2000.4.11. 선고 98두5682 판결.
48) 박정훈, 전게논문, 1042-1043면.
49) 헌법재판소 2004.6.24. 선고 2002헌마496 결정.

제4절 공정거래위원회의 조직 및 법집행절차의 문제점

정부주도의 계획경제에서 민간주도의 시장경제로의 전환이라는 목적을 위해 대통령과 정부 주도로 공정거래법이 제정 및 집행되었고 그 결과로서 나타난 현재의 공정거래위원회 조직 및 법집행절차에 대해서는 앞에서 살펴본 바와 같다. 그런데, 이렇게 비교적 짧은 기간에 국가의 중요한 기관으로 발전한 공정거래위원회는 지금도 많은 문제점을 안고 있다. 그 이유는 여러 가지 측면에서 찾아볼 수 있겠지만, 여기서는 제2장에서 제시된 지도이념들에 비추어 조직적인 측면과 절차적인 측면으로 나누어 세부적으로 살펴본다.

1. 조직적인 측면

1) 獨立性

경쟁당국의 독립성은 정치권이나 경제계와 같은 외부로부터의 독립성이 핵심이지만 우리나라 독점규제법 집행기관인 공정거래위원회는 조직 내부에서 위원들 각자가 전문성을 바탕으로 독자적인 지위에서 판단을 내릴 수 있는 내부에서의 독립성도 문제가 되어 왔다.

(1) 외적인 독립성

외부로부터의 독립성은 여러 가지 측면에서 살펴볼 수 있겠지만 우리 나라의 현실에서 가장 문제가 되는 것은 경제계나 이익집단보다는 정치 권으로부터의 독립성 특히 대통령으로부터의 독립성이라 할 수 있다.[1]

① 위원장·부위원장 및 위원의 임명절차 및 임기

우선 위원의 임명절차 면에서 살펴보면, 대통령은 위원장·부위원장·일 반위원의 임명권을 가지고 있다. 공정거래법에 의하면 공정거래위원회 위 원장과 부위원장은 국무총리의 제청으로 대통령이 임명하고 기타 위원은 위원장의 제청으로 대통령이 임명하도록 되어있는데, 위원장 및 부위원장 의 임명에서 국무총리의 제청이 형식적이기 때문에 사실상 대통령의 의 중이 절대적으로 중요하다. 위원의 임명에서도 위원장은 대통령의 의향을 무시할 수 없다. 선진외국 경쟁당국의 경우를 보면 모두 위원임명시에 의 회의 동의를 받도록 하고 있어 대통령이나 내각총리대신 등의 영향력이 상대적으로 축소된다. 공정거래위원회는 국회의 관여 없이 대통령이 그 구성원의 임명에 절대적인 영향력을 행사할 수 있기 때문에 구조적으로 임명절차에서 대통령의 역할이 크고 그렇게 되면 대통령으로부터의 독립 성이 문제가 될 수 있다.

그리고, 위원장, 부위원장, 일반 위원들의 임기가 대통령의 임기인 5년 보다 짧은 3년으로 되어 있어 임기 면에서도 대통령으로부터 독립성을 확 보하기가 어렵게 되어 있다.

---

1) 미국에서 FTC를 비롯한 독립규제위원회의 독립성도 무엇보다도 대통령으로부터의 독립성을 의미한다. William F. Funk & Richard H. Seamon, Administrative Law, 2nd ed., Aspen, 2006, p.8.

② 공정거래위원장의 國務會議 참석

공정거래법에 의하면 공정거래위원장은 국무회의에 참석하여 발언할 수 있다.2) 고정적으로 국무회의에 참석하는 공정거래위원장과 달리 방송통신위원장은 필요한 경우에만 국무회의에 참석한다. 「방송통신위원회의 설치 및 운영에 관한 법률」 제6조 제2항에서는 위원장은 '필요한 경우' 국무회의에 출석하여 발언할 수 있다고 규정하고 있다. 공정거래위원장의 국무회의 참석은 경쟁제한적 법령의 제정 및 개정에 대한 협의권을 행사하기 위한 것이다. 공정거래법 제63조에 의하면, 관계행정기관의 장은 사업자의 가격·거래조건의 결정, 시장진입 또는 사업활동의 제한, 부당한 공동행위 또는 사업자단체의 금지행위 등 경쟁제한적인 사항을 내용으로 하는 법령을 제정 또는 개정하거나, 사업자 또는 사업자단체에 대하여 경쟁제한적인 사항을 내용으로 하는 승인 기타의 처분을 하고자 하는 때에는 미리 공정거래위원회와 협의하여야 한다. 또한, 관계행정기관의 장은 경쟁제한적인 사항을 내용으로 하는 例規·告示 등을 제정 또는 개정하고자 하는 때에는 미리 공정거래위원회에 통보하여야 한다.

우리나라는 정부주도의 경제개발과정에서 행정부가 주도적으로 경쟁제한적인 법령이나 고시 등을 만들어 경쟁을 저해해 온 측면이 있었고 심지어는 행정지도라는 명목으로 법적 근거도 없이 경쟁제한적인 지시 등을 남발하여 온 것을 부인할 수 없다. 따라서 우리나라 현실에서 공정거래위원회의 경쟁제한적 법령 등의 제·개정에 대한 협의권은 상당히 의미가 있다. 그럼에도 불구하고, 공정거래위원장이 국무회의에 참석한다는 것 그 자체가 독립성 저해의 우려가 있다고 지적이 되어 왔다. 국무회의에 참석하여 국가정책을 듣고 논하는 과정에서 대통령의 의도가 전달될 수 있고 그렇게 되면 사건처리에 있어서도 대통령의 영향에서 벗어나기 어려울 우려가 있다.3)

---

2) 공정거래법 제38조 제2항

③ 위원의 독립성에 대한 법률규정

공정거래위원회의 위원과 법원의 법관을 비교해 본다면, 法官에 대해서는 헌법 제103조[4])에서 헌법과 법률에 의하여 양심에 따라 독립하여 심판하도록 규정하고 있는데, 이러한 법관의 독립성에 대한 규정과 달리 공정거래법에서는 독립성에 대한 규정을 두고 있지 않다.

(2) 내적인 독립성

① 위원간 직급의 차이

위원의 외적 독립성은 전반적으로 법 제정 이후 강화되어 온 것으로 평가할 수 있는 반면 내적인 독립성은 오히려 저해되어 온 것으로 평가할 수 있다. 즉, 제정법 제27조 제1항에서는 "위원장 1인을 포함한 위원 5인" 이라는 표현을 쓰고 있는데서 알 수 있듯이 위원장은 위원 중 1인의 지위를 지니고 있었고 부위원장제도는 두지 않았다. 원래 위원회 제도라는 것은 위원들 간의 평등을 전제로 한다. 위원장도 위원 중의 한 명일 뿐 조직 대표로서의 기능을 제외한다면 대부분의 점에서 다른 위원들과 대등하다.

그런데, 1990년 법 개정에서 공정거래위원회의 기능이 확대되면서 부위원장직과 사무처장직이 신설됨으로써 공정거래위원회의 조직구조가 일반 행정조직과 유사하게 피라미드형으로 변했다는 점이다. 부위원장 직제는 필요시 위원장 직무대행이라는 측면과 더불어 공정거래위원회가 행정부 소속으로 되어 있어 타 부처와의 업무협조가 필요하기 때문에 생긴 것이다.[5]) 하지만, 미국이나 일본의 독점규제법 집행기관과 달리 부위원장

---

3) 권오승, "공정거래위원회의 독립성과 전문성", 「공정거래와 법치」, 권오승 편, 법문사, 2004, 992면; 임영철, 公正去來法(제2판), 법문사, 2008, 474면.

4) 헌법 제103조. 법관은 헌법과 법률에 의하여 그 양심에 따라 독립하여 심판한다.

5) 대법원에는 副大法官 제도가 없기 때문에 법원장이 궐위되거나 사고로 인하여 직무를 수행할 수 없을 때에는 선임대법관이 그 권한을 대행한다(법원조직법 제13조

제도가 생기게 됨으로써 위원 간에도 직급구분이 분명하게 되었다.

현행법에 의하면 위원장과 부위원장은 국무총리가 제청권자인 반면 일반 위원들은 제청권자가 위원장인데, 하나의 조직 속에서 제청권자와 피제청권자가 대등하다는 것은 기대하기 어렵다. 그 동안 공정거래위원회의 상임위원은 관례적으로 주로 공정거래위원회 내부에서 임명이 되어 왔고 위원들은 오랜 공직생활의 상하직급관계에서 일하여 왔다는 점을 감안한다면 법적인 측면을 떠나 이러한 인간관계 속에서 위원의 대등성을 논하기가 쉽지 않은 게 현실이다. 그래서, 위원들 간의 대등한 협의보다는 위원장-부위원장-사무처장으로 이어지는 결재라인을 통해 일반 행정 및 사건처리가 만연하게 되었다는 것이다.

그럼에도 불구하고, 최근에는 위원장과 위원간의 직급차이에도 불구하고 사건에 관한 위원 간 실제 합의 시에는 상당히 독립적인 판단이 이루어지는 것을 볼 수 있다. 과거와 달리 공정거래위원장의 독립성이 제고되면서 위원들의 독립성이 동반 제고된 것으로 볼 수 있다. 서양과 같이 정치분야에서 타협과 협상의 문화가 정착되지 않은 우리나라 현실에서 위원들을 정당의 추천으로 선임하고 위원직급을 모두 정무직으로 하는 경우 정치분야에서의 극한적인 여야 대립이 공정거래위원회 내부로 전이될 우려조차 있다. 이러한 점들을 감안한다면 현행 공정거래위원회 위원을 1급으로 하는 것도 상당한 이유가 있다고 볼 수 있다.

② 사무처 위주의 조직운영

위에서 살펴본 것과 같은 연장선 상에서 우리나라의 공정거래위원회는 合議制를 채택하고 있으면서도 실제로는 사무처를 중심으로 獨任制와 유사하게 운영이 되어 왔다. 즉 공정거래위원회의 운영이 일반 부처의 장관-차관-기획관리실장-국장으로 이어지는 지휘라인처럼 위원장-부위원장-사

제3항).

무처장-국장으로 이어지는 결재라인을 통해 獨任制 조직과 유사하게 운영이 되고 의사결정 과정에서 일반 위원들의 역할이 크지 않았던 것이 사실이다. 그러다 보니 위원들 간의 合議보다는 위원장 및 부위원장의 지시를 받는 사무처가 조직의 핵심이 되어 왔고 학계에서도 그 동안 공정거래위원회의 무게 중심이 위원회보다는 사무처에 놓여 있는 듯하다는 지적이 있어 왔다.[6]

우리나라의 공정거래위원회는 FTC와 달리 사건조사 및 소추를 사무처장[7]이 총 지휘를 하고 강제권이 있는 조사의 개시 권한도 위원이 아닌 사무처장이 갖고 있기 때문에 제도적으로 조사 및 소추에서 위원장 및 부위원장을 제외한 일반 위원들의 의사가 합의제 조직운영에 반영되는 경우는 상대적으로 좁다고 볼 수 있다. 위원회에 심사보고서의 상정 시에도 사무처장이 결재를 한다는 점에서 위원회에 안건을 상정할 때 위원회 또는 경쟁담당 위원이 직접 결정을 하는 FTC나 公正取引委員會 혹은 EU의 사무처 조직에 비해 공정거래위원회 사무처장의 권한이 크다고 볼 수 있다. 최근에 이러한 경향이 많이 개선된 것은 사실이다. 하지만 지금도 그러한 전통이 깊게 남아 있으며 이러한 조직운영에서 위원들은 독자적인 의사결정권을 행사하기보다는 부위원장 및 위원장에게 보고한 사무처의 안건을 사후적으로 추인해 주는 역할에 머무를 가능성이 적지 않으며 특히 중요한 사건일수록 그러한 경향이 있을 수 있다고 생각된다.

2) 公正性

우리나라 공정거래위원회뿐만 아니라 대부분의 독점규제법 집행기관은

---

6) 권오승, 전게논문, 993면.
7) 방송통신위원회는 위원회를 보좌하는 사무조직은 있지만 事務處長이라는 직위는 없다. 위원회가 직접 사무조직을 총괄하든지 아니면 사무처장직을 신설하든지 해야 한다는 지적이 제기되고 있다.

서로 이질적이라 할 수 있는 심사권 및 심판권을 동시에 가지고 있어 태생적으로 적법절차의 문제점을 안고 있다. 합의체로서의 위원회는 사건의 착수 및 조사과정에 어떠한 형태로든 관여하게 되고 사건의 사전지식을 얻게 되므로 그러한 상태에서 심판에 관여하는 것은 사건처리의 공정성과 관련하여 문제의 소지가 있다는 것이다. 미국 FTC의 경우에도 일단 심의한 사건을 무혐의로 결정하기 쉽지 않은 데 그 이유는 무혐의 결정은 위원회의 조사 및 소추결정의 잘못을 인정하게 되는 것이고 위원들은 그 것을 꺼리기 때문이다. 사건의 소추에 관여한 위원이 많을 수록 무혐의 결정은 더 어려운 경향이 있다고 한다.[8]

헌법재판소의 2003년 과징금위헌제청사건의 결정에서 소수의견은 "공정거래법상 조사권과 심판관이 모두 공정거래위원회에 귀속되어 있을 뿐, 그 분리가 전혀 이루어져 있지 않다"고 지적한 바 있다.[9] 소수의견이 '전혀'라는 수식어를 사용한 것은 지나친 면이 있다고 생각된다. 공정거래위원회 심의과정에서는 위원들은 조사관과는 상당부분 거리를 두고 사건을 조사한 조직이 아닌 심판관리관실의 보좌를 받아 사건을 검토하며 합의과정에서는 조사관이 배제되도록 하고 있다. 공정거래위원회는 미국의 FTC의 행정법판사 제도나 일본의 심판관제도 등이 없어 처음부터 위원들이 직접 심의 및 의결을 하고 있기 때문에 피심인의 입장에서는 처음부터 불리한 입장에 놓일 수 있다는 것이다. 상기의 헌재결정문에서 소수의견은 미국의 경우 조사절차에 관여하지 않은 객관적 인사를 행정법판사로 임명하여 청문절차를 주재하게 하는 데 반하여 공정거래위원회는 그러한 절차가 없어 적법절차 보장이 더욱 미흡하다고 지적한 바 있다.[10]

---

8) Malcom B. Coate & Andrew N. Kleit, "Does it Matter that the Prosecutor is also the Judge? The Administrative Complaint Process at the Federal Trade Commission", Managerial and Decision Economics 19, 1998, p.2.

9) 헌법재판소 2003.7.24. 선고 2001헌가25 결정, 판례집 제15권 2집 상, 28면.

10) 상게서, 29-30면.

3) 效率性

합의제 조직의 최대 단점은 집단적 의사결정시스템으로 인한 효율성 부족이라고 지적되어 왔다. 그러나, 합의제 기구의 비효율성에 관한 일반적인 논의를 공정거래위원회에 그대로 적용시키는 것은 무리이다. 예컨대, 설립 초기 순수한 합의제모델을 추구했던 미국의 FTC를 비롯한 독립규제위원회들은 대통령 자문기구인 Hoover 위원회로부터 비효율적 조직운영에 대한 집중적인 비판을 받은 바 있지만 우리나라의 공정거래위원회는 사실상 독임제와 비슷하게 운영되는 바람에 최소한 효율성의 측면에서는 그다지 심각한 문제제기가 많지 않았다고 생각된다. 물론 지금도 일부 보완해야 할 사항이 있는 것은 사실이다. 예컨대, 위임전결권을 전반적으로 하향하여 결재단계를 축소하거나 소비자 관련법에서의 기계적인 과태료 부과임무를 국·과장 소관으로 하여 조직운영을 효율화할 필요가 있다. 하지만, 최소한 조직적인 측면에서는 효율성 문제가 그다지 심각하지 않다고 보여 진다.

4) 專門性

(1) 위원의 전문성

위원의 전문성에 대하여는 일단 공정거래법에서 위원의 자격요건을 정하고 있기 때문에 위원의 선임단계에서는 어느 정도의 전문성이 확보되고 있다고 할 수 있다. 그러나, 이러한 자격요건은 상당히 포괄적이기 때문에 실제 임명과정에서 전문가가 선임될 수 있느냐 하는 것은 별개의 문제일 수 있다. 공정거래법에서는 "독점규제 및 공정거래 또는 소비자분야에 경험 또는 전문지식이 있는 자" 중에서 일정한 요건을 충족하는 자를 선임하도록 하고 있기 때문에[11] 일정 직급이상의 공무원이나 일정기간

이상 법조계에 있었던 자 혹은 법률이나 경제학을 전공하거나 기업경영에 관여하였다 하더라도 독점규제법의 전문성이 있는지 실질적으로 검증해 보아야 한다. 그런데, 이러한 검증절차가 제도화되어 있지 않고 임명권자 차원에서 독자적으로 판단할 수 있게 되어 있다. 미국에서는 위원의 자격요건이 법에 명시되어 있지 않지만 위원선임과정에서 의회의 검증을 받도록 하고 있어 상당한 수준의 전문성을 갖춘 자가 임명되는 것이 일반적이다.

그리고, 전문성이 뛰어난 위원이 선임된다 하더라도 전문적인 보좌진의 도움을 받을 수 있어야 한다. 위원들의 지시를 받아 국내외 사례검토, 사실관계 확인, 법률검토, 의결서 초안 작성 등 위원들을 보좌할 수 있는 조직을 마련하여 위원들의 역량을 극대화할 수 있어야 한다. 현재는 전속 보좌관이 없이 심판관리관실의 직원들이 타 업무를 수행하면서 위원들을 보좌하고 있는 수준이다.

비상임위원의 경우는 선발시에는 어느 정도 전문성이 담보되고 있으나 실제 업무수행과정에서 전문성이 문제될 수 있다. 즉, 선임 시 법률에서 정한 자격을 충족하고 있지만 상시적으로 위원회의 사건을 다루는 것이 아니고 사건이 있을 때마다 시간을 할애하여 심의에 임하기 때문에 물리적으로 전문성을 발휘하는데 한계가 있을 수 있다는 점이다. 그래서 비교의 대상이 되는 외국의 독점규제법 집행기관들도 비상임위원제도를 두고 있지 않다.

(2) 직원의 전문성

직원의 전문성도 충원과 근무과정으로 나누어 살펴볼 수 있다. 우선, 직원의 충원에 있어서 5급 이상의 경우 행정고시 재경직 출신들이 우선적으

---

11) 공정거래법 제37조 제2항

로 배치가 되고 있지만 행정고시 과목을 두고 본다면 경제학, 재정학, 통계학 등 기본적인 경제적 지식을 테스트 하는 것이지 독점규제법 집행을 위한 전문성의 테스트로 보기는 어렵다. 그리고 행정고시는 기본적으로 법적 전문성을 테스트 하는 시험이 아니기 때문에 행정고시 출신 중 법률 전문가를 충원하기는 어렵다.12) 법적 전문성 제고를 위해서는 변호사출신을 많이 선발할 수 있어야 하는데 내부 승진기회의 축소로 인해 직원사기에 영향을 줄 수 있기 때문에 그나마도 쉽지가 않고, 일단 충원된 변호사들도 장기근무보다는 법조계로 진출하기 위한 통로로 활용되는 경우가 많다.

한편 직원들의 전문성제고에 문제가 되는 것은 순환보직 인사제도이다. 일단 충원된 직원들은 순환보직 인사제도에 의해 정기적으로 인사이동을 하게 된다. 하나의 부서에 근무하는 기간이 길어야 2-3년에 불과하다면 장기적인 관점에서 전문성을 축적하는 것은 쉽지가 않다. 다만, 공정거래위원회의 조직이 과거에는 기능별도 되어 있었으나 최근에는 산업별로 편제가 되었고, 경제분석을 전담하는 부서의 신설로 인해 각 산업에 대한 직원들의 전문성이 높아지고 있는 것은 사실이다. 하지만 이러한 조직개편의 효과도 순환보직에 의한 인사로 인해 상쇄되고 있다.

---

12) 법무행정직렬이 있으나 선발인원이 너무 적다.

2. 절차적인 측면

1) 公正性

(1) 신고인의 지위

① 심판절차 참가권 부인

신고는 법위반사실에 관한 직권발동을 촉구하는 단서의 제공에 불과하다는 이유로 구체적인 청구권이 인정되는 것은 아니라는 것이 대법원의 입장[13]이기 때문에 절차규칙에서도 신고인이 심의절차에 능동적으로 참여할 수 있는 규정을 두고 있지 않다. 다만, 심사절차를 개시하지 않거나 심사착수보고 등 일정한 사실들에 대하여 신고인에게 통지하도록 규정하고 있을 뿐이다. 그런데, 신고인들의 지위를 이렇게 획일적으로 규정하는 것은 문제가 있다고 생각된다. 신고인들 중에는 당해 사건과 전혀 직접적인 이해관계가 없이 일반 시민의 입장에서 신고하는 자들도 있고, 신고포상금을 위해서 신고하는 자들도 있으며 당해 사건의 피해자이거나 잠재적인 피해의 가능성이 있는 경쟁사업자들도 있다. 이렇게 다양한 신고인들을 모두 동일하게 취급하는 것은 지나치게 행정편의주의적인 측면이 있다고 생각된다.

② 무혐의 조치에 대한 재신고 처리절차의 문제점

공정거래위원회의 절차규칙에 의하면 심사관은 이미 처리한 사건과 동일한 위반사실에 대한 신고에 대하여는 당초 신고를 처리한 조사공무원과 다른 조사공무원으로 하여금 조사 및 사전심사를 행하게 할 수 있다고

---

13) 대법원 1989.5.9. 선고 88누4515 판결.

규정하고 있다.[14] 그리고, 다음과 같은 사유가 있으면 심사관은 재심사를 명할 수 있다고 규정하고 있다.[15] ① 사실의 오인이 있는 경우 ② 법령의 해석 또는 적용에 착오가 있는 경우 ③ 심사관의 심사종결이 있은 후 심사종결 사유와 관련이 있는 새로운 사실 또는 증거가 발견된 경우 ④ 기타 제1호 내지 제3호에 준하는 사유가 있는 경우 등이다.

　그런데, 재신고의 대상이 되는 사건을 무혐의 조치한 심사관은 그대로인 상태에서 부하직원인 조사관만 바뀐다고 하여 새로운 시각에서 공정하게 사안을 검토하는 것은 현실적으로 쉽지가 않다. 대법원에 의하면 무혐의 결정은 항고소송의 대상이 되는 행정처분에 해당하지 않기 때문에 소송으로 다툴 수도 없다.[16] 헌법재판소에 의하면 헌법소원의 대상은 될 수 있지만 현실적으로 무혐의 조치에 대해 헌법소원을 제기하는 것도 어렵다.

(2) 조사권 행사

　조사권행사와 관련하여서는 주로 다음의 두 가지가 문제가 되고 있다. 첫째, 공정거래위원회의 조사를 받는 당사자의 입장에서는 조사의 정확한 내용을 사전에 통지해 주지 않아서 방어권 행사에 장애요인이 되고 있다. 예컨대, 당사자등을 출석하게 하여 의견을 듣고자 하는 경우에는 사건명, 상대방의 성명, 출석일시 및 장소 등의 사항을 기재한 출석요구서를 발부하도록 규정하고 있다(동 시행령 제55조)[17]. 하지만, 피심인의 방어권 행사와 관련하여 문제가 되는 것은 피심인이 어떤 유형의 법위반으로 인해

---

14) 절차규칙 제13조
15) 절차규칙 제45조
16) 대법원 2000.4.11. 선고 98두5682 판결.
17) 절차규칙 제14조에서는 불응하는 경우의 법률상의 제재내용도 조사요구서에 포함하도록 하고 있다.

조사를 받게 되는지에 대한 통지가 없다는 점이다.

둘째, 공정거래위원회의 처분에 대하여 불복이 있는 자는 그 처분의 통지를 받은 날부터 30일 이내에 공정거래위원회에 이의신청을 제기할 수 있고(공정거래법 제53조 제1항), 시정명령이나 과징금 납부명령이 전형적인 이의신청의 대상이 될 수 있겠지만 조사권 행사와 관련한 명령이 이의신청의 대상이 될 수 있는지 문제가 될 수 있다. 행정조사권과 관련된 공정거래위원회의 명령은 강학상 下命에 해당하는 것으로서 당연히 처분에 해당하고[18] 따라서 이의신청의 대상이 되어야 한다고 볼 수 있다. 그래서, 공정거래법상으로는 준사법적 절차를 거친 처분이든 그렇지 않은 처분이든 구분하지 않고 획일적인 이의신청 절차를 규정하고 있다고 볼 수 있다.

그런데, 이의신청과 관련한 공정거래법령 및 절차규칙을 검토해 보면 공정거래법 상 이의신청제도는 다분히 시정명령이나 과징금 납부명령 등 준사법적인 절차를 경유한 처분을 전제로 하고 있음을 알 수 있다. 즉 이의신청 제기기간이 30일이고 이의신청의 처리를 전원회의에서 담당하게 하며 심판관리관이 심사보고서를 작성하게 하고 재결서를 작성하도록 하고 있다. 그러나, 조사권 행사에 대한 이의신청제기에 30일이나 되는 다소 긴 기간을 둘 필요성이 많지 않고 심사관의 처분에 대해 반드시 전원회의를 거칠 필요가 없으며 심사보고서나 재결서의 작성이 필요하지도 않다. 조사권 행사에 대한 이의제기는 입법적인 불비사항이라 생각된다.

---

18) 박정훈, "公正去來法의 공적 집행", 「공정거래와 법치」, 권오승 편, 법문사, 2004, 1039면.

(3) 피심인의 방어권

① 심의단계

심의과정에서 피심인의 방어권 행사와 관련하여 크게 문제가 되는 것은 다음과 같다. 우선, 심의의 관행과 관련이 된 것으로서 심의과정에서 위원과 심사관의 片面的인 접촉 즉 피심인이 없는 장소에서 片面的인 접촉이 이루어지고 있다는 점이다. 제도적으로 위원은 심판관리관실의 보좌를 받도록 되어 있지만 복잡한 사실관계의 확인을 위해 심사관의 보고를 받는 경우가 종종 있고 이러한 것은 피심인에게 불리하게 작용할 수 있다.

사실의 인정에 있어서는, 심판정에서 제시되지 않은 증거자료나 심지어는 심사관의 일방적인 주장에 의하여 사실이 인정되는 경우가 있다는 점이다. 예컨대, 위원들 간 합의 과정에서 심사관으로부터 제출받은 증거자료나 새로운 주장들에 의해 사실이 인정되는 경우 등이다. 이렇게 되면 피심인은 방어할 기회조차 갖지 못하게 될 수 있다. 다음은 짧은 심의기간의 문제이다. 공정거래위원회의 심의는 대부분 1회로 종료되는데, 법원이나 외국의 독점규제법 집행기관과 비교할 때 대단히 짧은 기간이다. 공정거래법 사건의 복잡성과 전문성을 고려할 때 1번의 심의로는 사실관계나 법률관계의 공방이 충분히 이루어지기 어려울 가능성이 있고 특히 피심인의 입장에서는 심사관에 비해 준비하는 기간이 짧기 때문에 방어권 행사가 제대로 되기 어려울 수 있다. 그 동안 공정거래위원회의 심의가 형식적이었다는 비판 중에는 심의가 단 한 번에 종료되는 바람에 피심인 측에서 충분한 의견개진을 하지 못하였다는 주장이 많았다. 심지어 일부에서는 공정거래위원회가 이미 결론을 내려놓고 형식적인 절차만 거치는 것이 아니냐는 비판이 있었다.

그리고, 공정거래위원회의 심의절차는 법률이나 시행령이 아닌 告示 형태의 절차규칙에 규정되어 있다. 법을 잘 모르는 사업자가 심의를 받게 되는 경우 그 절차를 알기 위해서는 법률과 시행령을 거쳐 고시까지 확인을 해야 하므로 그러한 것들이 피심인의 방어권을 저해할 수 있다는 것이다.

② 이의신청 단계

현행 이의신청제도의 가장 큰 문제점은 原審決을 한 동일한 주체가 이의신청까지 담당하는 것이라 할 수 있다. 원심결이 소회의에서 이루어진 경우는 3인의 위원이 중복되고 전원회의에서 이루어진 경우는 9인 전원이 중복된다. 이렇게 된 요인은 공정거래 사건의 전문성을 감안할 때 이를 재심할 수 있는 기관이 행정부 내에 존재하지 않고 외국의 사례도 독점규제법 집행기관 스스로 재심의 기회를 갖는다는 점이 반영된 것이다. 또한, 공정거래위원회 심의절차가 진정한 對審主義에 입각한 것이라면 이의신청의 제기를 피심인에게만 국한시키지 말고 미국 FTC와 마찬가지로 심사관에게도 부여하여야 한다는 지적이 있을 수 있다.

2) 效率性

(1) 사건조사의 착수

현재 공정거래위원회는 신고사건처리에 있어서 비용과 효과를 비교해 본다면 대단히 비효율적인 측면이 많다. 아마 이렇게 된 배경은 공정거래위원회의 잘못뿐만 아니라 우리나라 특유의 법률 및 행정풍토에서 불가피한 측면이 있었던 것으로 보인다. 그런데, 물리적으로 보더라도 연간 2,000여건에 가까운 사건에 대하여 정식으로 심사에 착수하는 현실에서 제대로 된 심사를 기대하기 어려운 게 사실이다. 가장 잘못된 관행이라고 할 수 있는 것은 일단 신고가 접수되면 명백히 법적용대상이 아닌 이상 일단 사건으로 분류하여 착수보고를 하고 중요한 사건이나 경미한 사건 즉 사회에 파급효과가 큰 사건과 단순분쟁해결에 불과한 사건을 구분하지 않고 대부분 동일한 절차에 의해 처리하고 있다는 점이다.

사건처리의 효율화를 위해서는 수많은 신고를 선별하여 착수보고 이전에 사적 분쟁의 성격이 강한 사건들을 걸러 낼 수 있어야 하는데 현실은 그렇지 못하다. 이렇게 된 이유는 여러 가지가 있지만 무엇보다도 공정거래위원회가 독립규제기관임에도 불구하고 사건착수에 있어서 가능한 한 재량을 인정하지 않으려는 외부의 분위기 탓이 크다고 생각된다. 헌법재판소는 공정거래위원회가 무혐의 조치한 사건에 대하여 헌법소원을 받아들여 공정거래위원회의 무혐의 결정은 청구인의 평등권과 재판절차에서의 진술권을 침해한다는 이유로 취소결정을 내린 바 있다.[19] 그리고, 행정부 내부에서 조직과 예산을 담당하는 행정안전부나 기획재정부는 공정거래위원회의 조직이나 예산에 있어서 사건에 투입된 실질적인 인력이나 시간, 사회에 미치는 파급효과가 아니라 단순히 시정명령 등의 형식적인 건수를 기준으로 판단하는 경향이 강하다.

물론 현행의 공정거래위원회의 사건처리절차상으로도 사건을 선별하여 다원적으로 처리할 수 있는 시스템이 어느 정도 마련이 되어 있다. 공정거래위원회의 절차규칙에 의하면 심사절차를 개시하지 않을 수 있는 경우가 나열되어 있지만 주로 법요건이 아니거나 적용제외사항이거나 기간이 경과한 사항인 경우 등인데 대단히 제한적이다.[20] 나아가, 현행의 신고사건처리방식은 법령과 절차규칙 등에서 기본적으로 다원적인 절차를 규정하고 있음에도 불구하고 이러한 절차들이 종합적인 마스트플랜에 따라 마련된 것이 아니고 수시로 개별적인 상황에 대처하기 위해서 마련된 것이어서 신고사건처리방식이 체계화되어 있지 않다.

---

19) 헌법재판소 2004.6.24. 선고 2002헌마496 결정.
20) 절차규칙 제12조 제1항

(2) 일방적 시정명령

현행 공정거래위원회의 시정명령은 공정거래위원회 스스로 판단하여 심판절차를 종료한 후 사업자의 의사와는 상관없이 일방적으로 내리는 것을 상정하고 있다. 이러한 방식의 시정명령은 심판절차를 끝까지 거쳐야 하므로 물리적으로 시간이 많이 소요되고 행정력의 낭비가 많다는 점과 아울러 다양한 유형의 구제방안을 만들어 내기 어렵다는 문제점이 있다. 소비자 피해구제의 측면에 있어서도 현재의 是正命令은 사업자에 대한 제재만 가능할 뿐 손해배상을 명할 수는 없기 때문에 소비자는 별도로 민사소송을 제기하여야 한다. 하지만, 사업자가 소비자피해방안을 제시하고 공정거래위원회가 수용하여 그러한 내용으로 명령을 내릴 수 있다면 소비자구제에도 크게 도움이 된다.

그런데, 사실은 그 동안 사업자가 시정에 필요한 조치를 강구해서 정부와 해결할 수 있는 미국식의 합의해결방식이 공식적으로 도입되어 있지 않았지만 비공식적으로 공정위가 기업의 협조를 받아 구체적인 시정조치방안을 만들어 내는 경우가 많았다. 특히, 기업결합 사건에서 영업양도나 시설매각과 같은 구조적 시정조치(structural remedies)가 필요한 경우 정부는 기업에 대해 충분한 정보를 갖고 있지 않기 때문에 기업의 조력 없이 적절한 시정조치방안을 만들어 낸다는 것은 현실적으로 대단히 어려운 일이다. 첨단하이테크 산업의 경우도 당해 공정위가 전문기술적인 지식을 충분히 갖고 있지 않기 때문에 사업자의 조력 없이 정부가 단독으로 적절한 시정조치를 강구해낸다는 것은 대단히 어렵다. 그래서 어떤 측면에서 보면 이미 비공식적으로는 사업자와 협의를 거쳐 시정명령을 하고 있으면서도 이것이 제도화되어 있지 않아 법적 효과가 분명하지 않은 채 관행처럼 행해져 왔다.

이제 합의에 의한 사건의 종결은 同意命令制度가 미국에서 성공한 이후 법체계가 상이한 EU와 유럽 각국들도 그 효용성을 인정하여 도입하면

서 글로벌 스탠더드가 되어 가고 있다.[21] 공정거래위원회는 이러한 필요
성을 인식하여 同意命令 制度를 도입하기로 하고 2007년 중에 立法豫告
를 하였고 2008년 정기국회에 同意命令制度 도입을 포함한 공정거래법
개정안을 상정하였으나 통과되지는 않았다. 주요 내용을 살펴보면, 적용
범위에 있어서 위법성의 정도가 높은 경성카르텔과 과징금은 同意命令의
대상에서 제외하고 있다. 그리고, 민간의견수렴을 우해 同意命令案에 대
해 1개월 이상의 기간을 정하여 의견을 진술하거나 필요한 자료를 제출
할 수 있는 기회를 제공해 주도록 하고 있고 합의의 과정에 신고인에게
의견을 제시할 기회를 주도록 하고 있다. 동의명령의 내용은 "당해 행위
의 중지 등 공정하고 자유로운 경쟁 또는 거래질서를 회복하기 위한 방
안"과 "거래상대방, 소비자 등에 대한 피해를 구제 또는 예방하기 위하여
필요한 시정방안"을 규정하고 있다.

(3) 기타

① 조사거부 및 방해

법위반을 적발해야 하는 공정거래위원회 조사관의 입장에서는 강제적
인 조사권한이 없다는 점에서 장애요인이 있고 나아가 조사거부나 방해
에 대한 제재가 법위반적발로 인해 받게 될 제재보다 약하다면 조사권에
순응해야 할 동기가 약해질 수 있다는 문제가 있다.

② 不作爲爲主의 시정명령 방식

공정거래법 위반행위는 대단히 다양하게 발생하고 있음에도 불구하고

---

21) 다만, 일본의 경우는 일찍이 1959년에 도입한 후 크게 활용되지 못하던 중 2005년의
    법개정으로 오히려 적용범위가 축소되었다. 그런데 일본은 그 동안 전반적으로 독점
    규제법 적용이 활발하지 않았으며 최근의 개정법에 대해서도 비판이 가해지고 있는
    실정이다.

이의 시정을 위한 공정거래위원회의 시정명령은 공표명령과 과징금 납부
명령을 제외하면 법률조문과 유사하게 "~을 하여서는 아니된다"는 식의
不作爲命令이 대종을 이루고 있다. 기업결합이나 경제력집중 억제 분야
에 주식처분, 영업양도, 임원해임, 채무보증취소 등의 작위적 시정조치를
명할 수 있는 근거가 있고, 시장지배적 지위남용행위에 대하여는 가격인
하, 불공정거래행위에 대하여는 계약조항의 삭제를 명할 수 있는 근거가
있다. 하지만 실제 시정조치 사례를 분석해 보면 기업결합을 제외하고는
不作爲 中心의 시정명령에 지나치게 의존하고 있는 형편이다.

  이러한 식의 시정명령의 문제점은 추상적인 법문상의 의무를 재확인해
줄 뿐 향후 유사한 사안의 재발방지를 위한 구체적인 시정방안을 제시하
고 있지 못하여 시정조치의 효율성이 크게 저하되어 왔다는 점이다. 또한
不作爲命令에 대한 불이행이 있는 경우 시정명령 불이행으로 규율해야
할지 아니면 새로운 법위반으로 규율해야 할 지 판단하기 어려운 경우가
많았다.

3) 獨立性과 專門性 측면

(1) 獨立性

  삼권분립제에 의해 권한행사에서 보호를 받고 있는 법원의 경우 개별
사건처리에 있어서 독립성이 저해되는 경우를 상정하기란 쉽지 않다. 그
러나, 행정기관인 공정거래위원회의 개별사건처리에 있어서는 외부의 압
력이나 간섭이 있을 수 있다고 생각하는 경향이 일부 있는 것이 사실이
다. 그리고, 전원일치제적인 내부 의사결정과정에서 위원 개개인의 독립
성이 저해될 가능성은 여전히 높다고 생각된다. 전원회의는 재적위원 과
반수의 찬성으로 의결하는데 관례적으로 전원일치에 의한 의사결정을 하
는 경우가 대부분이었다. 공정거래법에서는 少數意見 附記에 대해 언급

하고 있지 아니하지만 절차규칙 제54조 제3항에서는 소수의견을 부기할
수 있다고 규정하고 있다. 공정거래위원회는 그 동안 관례적으로 소수의
견을 부기하지 않아 왔다. 이러한 관행에 대하여 소수의견을 부기하지 않
는 것은 대내적으로는 위원의 독립성과 자율성을 제약하여 동의하지 않
는 의견에 서명을 하도록 강요하는 측면이 있다는 지적이 있어 왔다. 대
외적으로도 위원회 의사를 정확히 알 수 없어 위원회 운영의 투명성이 문
제될 수 있다.

(2) 專門性

공정거래위원회의 사건처리절차에서 전문성이 문제가 되는 경우는 주
로 법률적인 측면과 경제분석에 관련된 것이다. 법률전문가인 검사와 법
관에 비해 공정거래위원회의 조사관 및 위원들이 조사과정이나 심의의
진행에 있어서 전문성이 상대적으로 부족할 수 있는 것이 사실이다. 심의
의 진행에 있어서는, 행정심판관 제도를 도입하여 법률전문가를 채용하고
심의의 진행 및 증거채택 등을 맡긴다면 심의의 전문성이 제고될 수도 있
을 것이다. 하지만, 법률전문가가 아닌 위원이 심의를 진행하고 있는 지금
도 심의진행의 전문성이 크게 문제는 되지는 않는다고 생각된다. 또한 경
제분석 절차가 정식 제도에 반영이 되어 있지 않아 공정거래위원회 결정
의 수준이 떨어진다는 지적도 있어 왔다.

제4장

미국 독점규제법
집행조직 및 절차

제1절 독점규제법의 이원적 집행(Dual Enforcement)

1. 미국의 독점규제법 집행기관

미국에서는 독점규제법의 집행이 단일의 집행기관이 아닌 복수의 집행 기관에 의해 이원적으로 이루어지고 있다. 즉 DOJ와 FTC는 일정한 협조 관계를 유지하면서 각자의 수권법률에 이해 독자적으로 법집행을 하고 있다. 이러한 二元的인 법집행은 미국 독점규제법 집행의 역사적인 이유 에 기인한 바 크지만 이러한 집행방식이 타당성이 있다는 점도 일정 부분 인정되고 있다. 1971년 대통령 자문위원회인 Ash 위원회가 검토를 한 바 있는데, 이 위원회는 이원적인 법집행은 각 기관의 전문성(special exper-tise)에 따라 업무를 분담할 수 있게 해준다는 장점이 있기 때문에 기본적 으로 이원적인 법집행의 현체제를 유지할 것을 권고하였다.[1] 하지만 두 기관 간 업무영역의 중복 및 일관성 결여 등을 이유로 미국식의 이중적인 법집행방식은 미국 내에서조차도 비판이 있어 왔다. 실제로 미국이 2차 대전 후 일본에 獨占禁止法을 제정하도록 하면서도 미국식의 二元的 집

---

[1] The President's Advisory Council on Executive Organization,Report On Selected Independent Regulatory Agencies, 1971, p.94. 다만, 이 위원회는 FTC와 DOJ 간에 불필요한 업무의 중복(needless confusion)이 없는지 여부를 검토해 보아야 한다고 권고하였다.

행구조가 아니라 公正取引委員會 단독모델을 권장했다. 일본에서는 이를 '公取委中心主義'라고 부른다.

사실은 연방차원에서도 FCC와 같은 독립규제위원회가 독점규제법 집행에 일정 부분 관여하고 있고, 주 차원에서도 연방의 독점규제법과 유사한 법률들이 제정되어 있어 주 차원에서도 독자적인 독점규제법 집행이 이루어지고 있기 때문에 독점규제법의 다원적인 執行이라는 표현이 더 적합할른지도 모른다. 주의 독점규제법 집행은 연방보다 더 일찍 시작되었는데, 1890년 Sherman 법이 제정될 당시 이미 최소한 26개의 주는 독점규제법 조항을 가지고 있었다고 한다.2) 현재 대부분의 주가 Sherman법 제1조 및 제2조에 해당하는 주법을 가지고 있고, 일부 주들은 Clayton 법 제3조 및 제7조와 Robinson-Patman 법에 해당하는 주법을 가지고 있으며 연방법 집행의 선례를 따르는 편이다.3)

DOJ와 FTC의 핵심적인 집행 법률을 살펴보면 DOJ는 기본적으로 Sherman 법을 집행하고 FTC는 FTC 법을 집행하며 Clayton 법은 공동으로 집행한다고 정리할 수 있다. 하지만, FTC가 Sherman 법을 집행할 수 있는 권한을 보유하고 있지 않지만 FTC 법이 Sherman 법을 포함하는 폭넓은 규제범위를 지니고 있다고 해석되고 있기 때문에 실제로는 Sherman 법 위반행위에 대해서도 FTC 법을 활용하여 규제할 수 있다.4) 또한 Clayton 법 제7조의 기업결합심사권한은 DOJ와 FTC 양 기관 모두 가지고 있기 때문에 중복적인 법집행의 문제가 발생할 수 있다.

법집행방식을 본다면 DOJ는 법위반이 중대한 것은 형사소송절차를 활용하고 그렇지 않은 것은 민사소송절차를 활용하는 반면 FTC는 준사법적

---

2) ABA Section of Antitrust Law, Antitrust Law Developments, 4th ed., Vol. I, 1997, pp.741-742.

3) Ibid.

4) FTC 법 제5조의 적용범위는 Sherman 법, Clayton 법을 포함해 그 이상이라고 해석된다. Id. at 555.

인 행정처분절차를 주로 활용한다.

2. DOJ와 FTC의 업무협조와 조정

이처럼 미국에서는 FTC와 DOJ가 상당한 부분에서 독점규제법 집행을
공동으로 하고 있기 때문에 양 기관간의 업무협조와 업무조정이 필요하
다. 이를 위한 주된 두 가지 방법은 업무조정절차(Clearance Procedures)와
공동의 법집행지침(Joint Enforcement Guideline)이다.

1) 업무조정절차(Clearance Procedures)

FTC와 DOJ가 하나의 사건에 대해 모두 관할권을 가질 수 있는 경우가
생기게 되므로 양 기관 간의 업무조정절차가 필요하게 된다. 물론 두 기
관이 하나의 행위에 대하여 각기 집행하는 법률에 의해 중복적인 제재를
가한다 하더라도 원칙적으로는 각 법의 입법취지나 적용범위 등이 상이
하기 때문에 그 자체로 법위반이 되는 것은 아니라는 것이 미국 연방대법
원의 입장이다.[5] 독점규제법 집행기관 간 각 법의 중복집행뿐만 아니라
독점규제법 집행기관과 개별 규제당국 간 각 법의 중복집행의 문제도 발
생할 수 있다. 미국에서는 과거에 화장품의 부당표시여부에 대한 FTC의
관할권이 문제가 되었는데 제2항소법원은 식품의약청(FDA)뿐만 아니라
FTC도 관할권을 가진다고 판시한 바 있다.[6] 실무적으로는 식약품분야에

---

5) [Federal Trade Commission v. Cement Institute, 333 U.S. 683, at 694(1948)]. 그러
  나, 15 U.S.C. §18a에서는 두 기관 중 하나의 기관만 합병심사를 할 수 있다고 규정
  하고 있고, 다른 분야에서도 실무적으로는 업무의 중복을 막고 이중처벌의 우려를
  없애기 위해 하나의 사건에 두 기관이 각자의 법률을 적용하는 경우는 거의 없다.
6) [143 F.2d 676 (1944)].

대하여 이들 기관 간에 양해각서를 체결하여 업무를 조정하고 있다. 중복적인 관할권이 가장 문제가 되는 분야가 통신분야인데 합병에 대한 판단에서 독점규제법 집행기관과 통신당국(FCC)간에 견해가 상반되는 경우가 많아 종종 문제가 되고 있다. 2000년 하원 통상위원회(Commerce Committee)는 합병심사에 있어서 통신당국의 권한을 축소하는 내용의 「2000년 통신 합병심사법」(The Telecommunications Merger Review Act of 2000)의 초안을 만들었지만 실현되지는 않았다.[7] 이처럼 하나의 사건에 대하여 어느 기관이 처리할 것인지를 협의하여 결정하는 절차를 'Clearance Procedures'라고 한다. 이러한 절차가 필요한 것은 양 기관의 업무분담이 사전에 법에서 명확하게 정하여져 있지 않기 때문이다. 그러나, 대체적으로 이야기한다면 FTC와 DOJ 간 업무의 경험과 전문성에 따라 산업별로 사건배분이 이루어져 있다고 할 수 있다.

FTC와 DOJ 간의 최초의 합의는 1948년 기업결합에 관한 것인데, 그 때까지만 해도 구체적으로 업무를 분담하는 합의가 아니라 양 기관이 진행 중인 조사와 향후 계획 중인 조사에 대해 상호간에 정보를 교환하자는 내용이었다. 그 후 1976년 Hart-Scott-Rodino Improvement 법이 시행되면서 양 기관 간 협의의 필요성이 다시 제기되었다. 왜냐하면 기업결합 신고가 사후에서 사전으로 바뀌면서 양 기관 모두에게 신고하도록 규정하고 있었기 때문이다. 따라서, 양 기관은 어떠한 신고에 대해 어떠한 기관이 담당해야 할지 방침을 정하지 않을 수 없게 되었다.

일반 조사에 대해 양 기관이 합의를 하게 된 것은 1993년에 와서이다. 이 때 합의한 주요 내용은 양 기관 중 어느 기관이 해당 산업에 대한 전문지식과 사전 경험을 많이 가지고 있느냐를 우선적으로 고려하고 다툼이 있는 경우 이를 해결하기 위한 기준을 정하였다는 점이다.[8] 그러나,

---

7) S.M. Benjamin, D.G. Lichtman, H. Shelanski, and P.J. Weiser, Telecommunications Law and Pollicy, Carolina Academic Press, 2006, pp.1078-1081.

8) 정확한 명칭은「Antitrust Div. of the United States Dep't of Justice and the Bureau

이러한 합의도 크게 유용하지는 못하였는데, 기술발달에 따라 산업 간의 구분이 애매해 질뿐만 아니라 IT 산업과 같은 새로운 산업이 계속해서 대두되었기 때문이다.

그래서 거듭 양 기관간의 새로운 합의가 요구되었는데 2002년의 합의각서9)가 가장 최근의 것이다. 이 합의는 공식적으로 각 기관의 관할권을 산업 단위로 배분하고 다툼이 있을 경우는 제3자의 중재를 통해 2 영업일 이내로 해결한다는 것이 주된 내용이다. FTC는 항공산업, 자동차산업, 건축산업, 컴퓨터산업, 에너지산업, 의료산업, 식료품 산업, 전문서비스 산업 등을 담당하고, DOJ는 농업 및 바이오 산업, 컴퓨터 소프트웨어 산업, 금융보험 산업, 연예산업, 영화산업 등을 담당하기로 하였다. 그러나, Ernest F. Hollings 상원의원의 반대에 의해 동 합의각서는 11주 후 철폐되었고 이 합의는 공식적으로는 더 이상 유효하지 않다. 하지만, 그 이후의 새로운 합의가 없었기 때문에 실무적으로는 기존의 관행과 이 합의에 따라 업무분담이 이루어지고 있다.

그리고 FTC가 다루는 사안 중에도 형사적 제재가 더 적절하다고 인정되는 경우에는 DOJ에 통고하여 DOJ가 처리하도록 하고 있는데, FTC가 조사 중에 형사적 혐의를 발견하게 되면 곧바로 그 사건은 DOJ로 이첩시킨다.10) Robinson-Patman 법 즉 Clayton 법 제2조 위반사건은 거의 FTC가 처리하는 것으로 하고 있다.

---

of Competition of the Federal Trade Comm,n, Clearance Procedures of Investigations」이다. ABA Section of Antitrust Law, op. cit., p.659. n.8.

9) 정확한 명칭은 「Memorandum of Agreement Between the Federal Trade Commission and the Antitrust Division of the United States Department of Justice Concerning Clearance Procedures for Investigations」이다. 세부적인 내용은 http://www.ftc.gov/opa/2002/02/clearance/ftcdojagree.pdf 를 참조할 것.

10) ABA Section of Antitrust Law, op. cit., p.660; 송하성·Cecil Saehoon Chung, 미국 경쟁법 가이드, 공정거래위원회, 1998, 15면.

2) 공동의 법집행지침

FTC와 DOJ가 공동으로 집행하게 되는 주요한 영역은 카르텔과 합병분야이다. 카르텔은 Sherman 법 제1조 및 FTC 법 제5조의 적용을 받고, 합병은 Sherman 법 제1·2조 및 FTC 법 제5조, Clayton 법 제7조의 적용을 받게 된다.

그 동안 카르텔 분야에서는 경쟁제한성 심사와 관련하여 당연위법의 원칙(per se illegal) 및 합리의 원칙(rule of reason) 그리고 이를 변형한 약식합리성의 원칙(truncated rule of reason, quick look rule of reason) 등을 구체적인 사안에 있어서 어떻게 적용하여야 할지가 문제가 되었다. 카르텔에 관한 독점규제법 집행기관의 집행정책을 설명함으로써 사업자들에게 예측가능성을 부여해 주기 위해서 2000년에 FTC와 DOJ가 공동으로 '경쟁사업자간 협조행위에 대한 반독점 가이드라인'(Antitrust Guidelines for Collaborations Among Competitors)을 발표하였고, 양 기관의 실무는 기본적으로 여기에 따라 이루어지고 있다. 세부분야에서는 예컨대 1995년 FTC와 DOJ가 공동으로 발표한 '지적재산권의 라이센싱에 대한 반독점 가이드라인'(Antitrust Guidelines for the Licensing of Intellectual Property)이나 1996년의 '의료분야 반독점 집행정책에 대한 성명'(Statements of Antitrust Enforcement Policy in Health Care) 등과 같이 각 분야에 특유한 별도의 지침을 만들어 활용하고 있다.

합병분야에서도 FTC와 DOJ가 공동으로 제정한 1992년의 수평결합심사지침(Horizontal Merger Guidelines)[11]이 실무에서 활용되고 있다.

---

11) 1997년에 일부 내용이 개정되었다.

제2절 미국 DOJ의 조직과 절차

1. Sherman 법의 제정배경과 DOJ의 법집행 권한

DOJ가 독점규제법 집행을 하게 된 계기는 Sherman 법이 제정되면서부터이다.[1] DOJ가 Sherman 법의 집행을 맡게 된 것은 이 법의 제정배경과도 깊은 관련이 있는데, 이 법의 제정 이전에 이미 독과점 규제업무를 주검찰차원에서 맡아 왔기 때문이다.

미국에서 독점금지법이 탄생하게 된 시대적인 배경은 다양하지만 근대적인 계기는 남북전쟁(Civil War)으로 볼 수 있다. 남북전쟁은 일반적으로 노예해방이 가장 직접적인 결과라고 평가되고 있지만 그 뿐만 아니라 사회·경제적으로 엄청난 영향을 끼쳤다. 우선, 기술의 발전으로 전통적인 농업사회에서 제조업위주의 공업사회로 변모하게 되었다. 전기의 발달은 공장의 생산력을 획기적으로 향상시켰고, 통신의 발달은 전국을 하나의 생활권으로 묶어 주었으며 철도의 발달은 전국적인 운송이 가능하게 해 주었다. 사업체의 형태가 종전에는 자영업 또는 파트너십의 형태를 띤 소규

---

1) "[It] shall be the duty of the several United States attorneys, in their respective districts, under the direction of the Attorney General, to institute proceedings in equity to prevent and restrain such violations.". 15 U.S.C. §4.

모였으나 이후 법인형태로 전환되었고 상호간 결합이 증가되었다. 그 결과 규모의 경제(economy of scale)로 인한 이득이 발생하였고 동시에 시장지배력을 남용한 횡포가 나타났다. 하지만 당시엔 common law에 의한 거래제한을 규제할 뿐 새로운 형태의 시장지배적 지위의 남용에 대한 적절한 규제장치는 갖추어지지 않았다.

경제력 집중으로 인한 대규모 사업자의 횡포가 횡행하자 사회전반에서는 대규모 사업체들에 대한 강한 불만이 제기되었다. 이러한 사회적 불만에 대하여 각 주는 검찰 차원의 대처를 시작하였다. 주로 common law나 회사법 등에 근거해 규제하였는데, 예컨대 회사의 법인설립등기를 취소하는 방법으로 규제하기 시작하였다. 그러나, 사업자들은 이러한 주 차원의 규제를 회피하기 위한 수단으로 새로운 형태의 법률장치를 고안해 내었는데 그 중의 하나가 바로 Standard Oil 社의 법률가들이 개발해낸 트러스트(trust)이다.[2] 이 당시에 등장한 트러스트는 common law에서 인정되고 있던 트러스트와는 전혀 새로운 형태의 트러스트였다. 법률적인 소유권(ownership)과 경영권(control)을 분리하여 주 검찰의 규제를 벗어나기 위한 수단으로 고안된 것이었다. 예컨대 어떤 회사가 설립된 주에 공장이나 설비 같은 유형의 자산은 그대로 둔 채 다른 주에 트러스트를 설립하여 관리하는 형태이다. 그래서 시장지배력을 남용하는 행위가 한 주에서 이루어진다 하더라도 트러스트가 설립되어 있는 다른 주에는 주검찰의 관할권이 미치지 못하기 때문에 효과적인 통제가 어려웠다. 이처럼 트러스트라는 법률적 장치가 주검찰의 관할권에서 벗어나는 효과적인 수단으로 인식되면서 19세기 말 미국의 주요산업들 즉 철강, 석유, 담배, 위스키산업 등은 트러스트에 의해 지배되게 되었다. 이렇게 되자 주 검찰은 새로운 대처방법을 찾게 되었다. 일부 주들은 common law이나 회사법에 의한

---

2) Ernest Gellhorn, Antitrust Law and Economics, West Publishing Co., 1976, p.17, n2.

법인설립등기 취소뿐만 아니라 자체적인 반트러스트(anti-trust) 법을 제정하여 불법행위 그 자체에 대해 처벌하기 시작하였다. 이에 대응해 트러스트 업체들은 이러한 규제가 실시되지 않은 주로 트러스트를 옮겨 반경쟁적인 행위를 계속하였고. 결국 각 주 차원의 대처는 한계가 있는 것으로 드러났다.

따라서 연방차원에서의 조치가 절실히 요구되었는데 우선 1887년에 주간통상위원회(Interstate Commerce Commission; ICC)를 설립하여 철도운임이나 차별행위를 규제하고자 하였다. ICC는 미국 역사상 최초의 독립규제기관이다. 그러나 ICC만으로 이러한 문제들을 해결하는 것은 역부족이었다. 무엇보다도 법원이 대규모사업자에 의한 사회적 피해를 해결하기 위해 적극적으로 나서지 않았다. 그 외에도 ICC는 정당하고 합리적인 운임(just and reasonable rates)을 규제할 권한이 있었지만 의회에서 그 개념을 분명하게 규정해 주지 않음으로써 법원을 효율적으로 설득하기도 어려웠다.[3]

이러한 트러스트의 문제는 1888년 대통령 선거에서 핵심쟁점으로 떠올랐다. 여·야당 할 것 없이 대통령 후보들은 한결같이 트러스트의 문제점에 공감하며 이를 규제하기 위한 공약을 내놓았다.[4] 당시 상원 재정위원회(Senate Finance Committee) 위원장이자 공화당 대통령 후보 중 한 명이었던 John Sherman 오하이오 상원의원은 당내 선거에서 패배하여 공화당 후보로 선출되진 못했지만[5] 트러스트를 주요한 이슈로 삼았고 이후 Sherman 법으로 불리는 법안을 제안하였다. 오늘날도 미국의 공화당(the

---

3) Robert V. Labaree, The Federal Trade Commission, Garland Publishing, Inc., 2000, p.377.

4) Daniel J. Gifford & Leo J. Raskind, Federal Antitrust Law, Anderson Publishing Co., 1998, p.5.

5) Benjamin Harrison이 당시 공화당 대통령후보로 선출되어 대통령으로 당선되었고 법이 의회를 통과한 후 대통령으로서 서명하였다.

Republican Party)은 민주당(the Democratic Party)에 비해 기업에 대한 규제에 소극적이고 상대적으로 중산층이상의 이익을 대변하는 부자들의 정당으로 평가받고 있지만 당시에도 공화당에게 있어서 기업에 대한 규제는 잘 어울리지 않는 것이었다. 그럼에도 불구하고 공화당에서 트러스트 규제에 적극 나설 수밖에 없었던 것은 그러한 종래의 이미지를 불식시키지 않고서는 선거에서 이기기 어려울 정도로 사회여론이 불리하게 형성되어 있기 때문이었다. 1884년 Ben Butler가 "독점사업자의 정당"(Party of Monopolists)라고 부를 정도로 공화당은 백만장자들의 정당 혹은 독점사업자를 위한 정당이라는 오명을 안고 있었다. 1884년에는 당시 공화당 대통령 유력후보였던 블레인(Blaine)을 위한 만찬이 열렸는데 New York World라는 유력한 신문은 그 만찬을 빗대어 신문의 헤드라인에 "Belshazzar Blaine과 돈의 대왕들의 황실 연회"(The Royal Feast of Belshazzar Blaine and the Money Kings)[6]라는 타이틀과 더불어 커다란 삽화를 실어 부자정당인 공화당을 비난하기도 하였다.

　이 법에서는 동 법의 집행을 DOJ 검사가 담당하도록 규정하고 있었다. 이 법안이 이후 심의 과정에서 다소 수정되어 1890년 7월 2일 세계최초의 독점금지법이 되었다.[7] 이 법은 하원 141대 0, 상원 51대 1 즉 상하원 통틀어서 단 한 명의 반대표밖에 나오지 않을 정도로 압도적인 지지를 받아 통과되었다.[8]

---

6) Robert Pitofsky, Harvey J. Goldschmid & Diane P. Wood, Trade Regulation, 5th., Foundation Press, 2003, p.42. Belshazzar는 바빌론의 마지막 왕으로서 화려한 연회를 즐겼던 것으로 알려져 있다.

7) 당시 Standard Oil 社를 지배하고 있던 Rockefella는 상원의원 선거에서 Sherman을 지지했으나 이후 Sherman법 제정으로 인해 자신의 기업이 해체되는 타격을 입게 된 아이러니한 결과가 초래되었다.

8) Daniel J. Gifford & Leo J. Raskind, op. cit., p.5, n.20.

2. DOJ의 독점규제법 집행조직

미국의 DOJ는 세계 최초의 독점금지법인 Sherman 법의 집행권한을 가진 기관으로서 우리나라의 법무부와 검찰청의 기능을 모두 가지고 있다. 미국 DOJ에서 독점규제업무를 담당하는 조직은 차관보급(Assistant Attorney General; AAG)이 지휘하는 독점금지국(Antitrust Division; AD)[9]이다. 1890년 Sherman 법이 제정되었을 당시만 하더라도 이 법의 집행을 담당하는 부서가 없었고 이 법의 집행책임은 검사 개인에게 맡겨져 있었다.[10] Sherman 법의 집행을 담당하는 독자의 부서가 신설된 것은 독점금지법 집행이 활성화 된 Franklin D. Roosevelt 대통령때였다.[11] 이후 독점금지법 사건수의 증가와 더불어 조직의 규모도 계속 확대되어 오늘날의 독점금지국에 이르게 되었다.

독점차관보는 고위공무원으로서 상원의 인준을 받아 대통령에 의해 임명되는데 대통령과 정치철학을 같이 하는 자가 임명되기 때문에 대통령이 민주당 및 공화당 중 어느 정당의 소속인가에 따라 법집행 스타일이 상당히 상이하다.

독점금지국에는 <그림 1>에서 보는 바와 같이 참모조직으로 4개의 부서가 있고 계선조직으로 각 분야별로 법을 집행하는 5개의 부서가 있으며 부차관급이라 할 수 있는 각 부서장(Deputy Assistant Attorney General;

---

9) 'Antitrust Division'은 종래 '독점금지국'이라고 많이 번역되어 왔으나, 책임자가 차관보급이고 조직의 규모도 우리나라의 국조직보다는 훨씬 크기 때문에 실질에 상응하는 번역이라고 하기는 어렵다. 하지만, 여기서는 종래에 번역된 예를 따라 '독점금지국'으로 번역하여 사용한다.

10) 최초의 사건은 John Ruhm이라는 검사가 조사한 1891년의 Jellico Mountain Coal and Coke Company사건으로 알려져 있다.

11) 정세훈, "미국 경쟁당국의 사건처리절차와 제도에 관한 연구" (용역보고서), 공정거래위원회, 1999, 100면.

DAAG)의 지휘를 받아 업무를 수행하고 있다. 그리고 7개의 지방사무소 (Field Office)가 있다.

<그림 1> DOJ 독점금지국의 조직도

5개의 부서는 경제분석(Economic Analysis), 국제업무(International En-forcement), 형사집행(Criminal Enforcement)[12], 규제업무(Regulatory Matt-ers), 민사집행(Civil Enforcement)의 분야별 업무를 분담하여 수행하고 있다. 그 이외에 중요한 역할을 하는 부서로는 심사부(Office of Operations)가 있는데, 사건조사의 승인과 FTC와의 업무조정절차(clearance procedures)에서 중요한 역할을 한다. 특히 예비심사를 개시할 사건의 선정과 정식심사개시 결정, 민사조사요구권(CID) 발급결정 등에 관여를 한다.[13] 또한, 독점금지국의 사건처리에 있어서 경제분석직원(economists)이

---

12) 5명의 부서장(DAAG)는 정치적으로 임명이 될 수도 있고 직업관료 중에서 선발되기도 하는데, 적어도 한 명 특히 형사집행 담당 부서장은 관례적으로 직업관료 중에서 임명이 되어 왔다(Antitrust Division Manual 2008, Chapter I.C.).

13) 박종흔 등, "사건조사 착수기준 및 조사방식 개선연구"(용역보고서), 공정거래위원회, 2008, 14면.

중요한 역할을 하는데, 모든 민사사건에 있어서 최소한 1명 이상의 경제분석직원이 배치된다고 한다.[14)]

3. DOJ의 독점규제법 집행절차

DOJ 독점금지국은 FTC와 달리 행정적인 처분이 아니라 법원에 민사소송이나 형사소송을 제기하여 Sherman 법 등을 집행하기 때문에 소송제기 이전의 대배심구성 절차 및 소송제기 이후의 절차는 일반 민·형사소송과 거의 동일하다. 그래서, 여기에서는 소제기 이전의 절차 중 독점규제법 집행절차로서 의미 있는 것들을 중심으로 살펴본다.

1) 사건의 단서 및 처리

사건조사의 단서가 되는 것은 다른 독점규제법 집행기관과 마찬가지로 일반인이나 경쟁사업자로부터의 신고와 직권인지이다. 그 외에도 정부의 다른 부서나 의회로부터 사건내용의 통지를 받아 조사에 착수하기도 한다. 사건은 통상 산업분야별로 사전에 정해진 부서에 배분이 되고 다시 부서장에 의해 사건담당 검사가 지정된다. 사건처리는 원칙적으로 해당 부서가 아니라 담당검사의 소관사항이다.[15)] 경우에 따라서는 부서장이 사건성이 없다고 판단하면 그 단계에서 종료하는 경우도 있다.

---

14) ABA Section of Antitrust Law, ABA Section of Antitrust Law, Antitrust Law Developments, 4th ed., Vol. I, 1997, p.659.

15) 15 U.S.C. Sec 4.

2) 예비심사

DOJ는 원래 형사사건을 처리하는 기관이고 형사사건에서 당연히 기소재량이 인정된다고 보기 때문에 민사사건이라고 하여 예외는 아니라고 생각되어 왔다. 예비심사 여부를 결정하는데 있어서의 가장 중요한 기준은 公益性(public interest)이지만 구체적으로는 (i) 독점규제법 위반의 충분한 혐의가 있는가 (ii) 영향을 받게 되는 거래량이 상당한가 (iii) 조사가 FTC를 비롯한 다른 정부기관의 조사와 중복되지 않는가 (iv) 조사에 필요한 인력이나 예산이 있는가 등이다.[16] 또한 기소재량의 기준도 바로 공익성이기 때문에 공익성이 없거나 다른 절차에 의해 해결될 수 있는 사건에는 착수하지 아니한다는 관례가 형성되어 있다.

예컨대, 시장에 미치는 파급효과가 크지 않은 사건이나 Clayton 법상의 3배 손해배상 소송에 의해 구제받을 수 있는 사건에 대하여는 조사에 착수하지 않는 것이 원칙으로 되어 있다. 따라서 신고된 수많은 사건 중에서 DOJ가 특정사건에 대하여는 조사에 착수하고 나머지 사건에 대하여는 조사에 착수하지 않는다고 하여 여론의 비판을 받는 경우는 드물다.

해당 과에서 예비심사의 필요성이 있다고 판단하면 FTC에 업무조정절차(clearance procedures)를 요청하고 FTC로부터 조사양보를 받게 되면 본격적인 예비심사에 착수한다. 예비심사 단계에서 향후 민사절차로 진행할지 아니면 형사절차로 진행할지 분명히 정해지기는 어려우나 실무적으로는 예비심사 보고서를 제출하여 예비심사 승인을 받기 위해서는 4명의 집행국장(Directors of Enforcement) 중 누구에게 보고하여야 하는지를 정하기 위해서라도 사전에 어느 정도 사건의 진행방향을 감안하지 않을 수 없다.[17]

---

16) Antitrust Division Manual 2008, Chapter III. B. 1.
17) 정세훈, 전게보고서, 112면.

예비심사 결과 무혐의로 종결하거나 본 심사로 진행하고자 하는 경우 실무적인 최종결정은 담당 집행국장(Directors of Enforcement)이 담당 부차관보(DAAG)와 협의하여 내린다.[18]

3) 民·刑事 사건의 구분

미국은 우리나라와 같이 行政訴訟이라는 것이 별도로 없고 民事訴訟 아니면 刑事訴訟이기 때문에 민·형사사건이라는 분류가 우리나라에서의 민·형사사건 분류와 일치하지는 않는다. 여기서 말하는 민사사건은 우리식으로 표현한다면 행정사건에 가까운 개념이다.

특정 사건이 민사사건인지 아니면 형사사건인지 구분하여야 이후의 조사절차에서 대배심(grand jury)을 소집할 것인지 아니면 민사조사요구권(Civil Investigative Demand; CID)(이하 'CID'라 함)을 활용할 것인지 결정할 수 있고, 나아가 어떠한 소송절차를 활용해서 어떠한 제재를 내릴 것인지 결정할 수 있다. 많은 사건들이 그 성격만으로도 민사사건인지 아니면 형사사건인지 가려질 수 있지만 경우에 따라서는 그 판단이 쉽지 않을 수도 있다.

그 동안 독점금지국의 오랜 입장은 법률을 명백하고 의도적으로 위반한 경우(a clear, purposeful violation of the law) 형사사건으로 처리한다는 것이다. 독점금지국의 매뉴얼에서도 당연위법형인 카르텔 사건 즉 가격합의, 입찰담합, 시장분할, 물량합의 등은 형사사건으로 분류하고 합리성의 원칙에 따른 심사가 필요한 사건은 민사사건으로 분류한다. 그리고 법적 결론이 분명하지 않은 사건, 법률이나 사실관계가 새로운 사건, 이전 검찰의 기소에 일관성이 없었던 경우, 피조사인이 행위의 결과를 인식하지 못하였던 경우는 형사사건으로 처리하지 말아야 한다고 설명하고 있

---

18) Antitrust Division Manual 2008, Chapter III. C. 7.

다.19)20)

그리고 형사사건으로 처리하고자 하는 경우 범죄의도(criminal intent)가 입증되어야 하는지 문제가 될 수 있는데, 연방대법원은 형사사건의 경우는 범죄의도의 입증이 필수적이라고 판시하였다.21) 범죄의 의도는 행위의 결과가 반경쟁적 효과가 있고 피고가 그러한 결과가능성에 대하여 알고 있었다는 점을 입증하거나 반경쟁적 효과의 발생을 의도하여 그러한 행위를 하였다는 점을 입증하면 된다.22) 당연위법형 행위에 대하여는 입증책임이 완화되는 데 행위 자체가 경쟁제한적이라는 것은 당연히 인정되는 것이기 때문에 피고가 합의의 내용을 알고서 합의에 참여하였다는 것만 입증을 하면 된다.

4) 민사절차

(1) 독점금지국의 조사

민사사건은 CID를 활용해 조사가 이루어지는데, 그 세부절차는 「독점금지 민사절차법」(Antitrust Civil Process Act)23)에 규정되어 있다. CID의 활용을 위해서는 반드시 독점차관보(AAG)의 승인을 받아야 하는데, 조사와 관련된 자료를 보유하고 있다고 믿을 만한 근거가 있는 자에게 발부될 수 있다.24) CID에 의해 검사는 자료의 제출을 명하거나 구두진술, 질의에

---

19) Antitrust Division Manual 2008, Chapter III. C. 5.

20) 입증의 정도도 영향을 미치는데, '합리적인 의심의 여지가 없는'(beyond a reasonable doubt) 사건은 형사사건으로, '증거의 우위'(preponderance of the evidence)로 판단할 수 있는 사건은 민사사건으로 처리한다.

21) U.S. v U.S. Gypsum Co., 438 U.S. 422, at 435, 436 (1978).

22) U.S. v Miller, 771 F.2d 1219, 1239(9th Cir. 1985).

23) 15 U.S.C. §1311-1314.

24) 15 U.S.C. §1312.

대한 응답을 요구할 수 있다. CID는 조사과정에서만 활용할 수 있는 조사권한이기 때문에 만약 법원에 소송을 제기한 경우에는 더 이상 CID에 의해 자료를 요구할 수 없는데, 그것은 소송절차에서는 연방민사소송규칙(Federal Rules of Civil Procedure)이 적용되기 때문이다.[25]

CID에 의해 자료제출 등의 요구를 받은 상대방은 20일 이내에 법원에 CID를 기각하거나 수정하여 달라고 이의제기를 할 수 있다.[26] 그러나, 법원은 대체로 CID 발부에 관대한 입장이기 때문에 CID에 대하여 기각결정을 얻는 것은 대단히 어렵다.[27] 만약 일방적으로 CID에 의한 요구를 거부하는 경우 담당 검사는 법원에 소송을 제기하여 민사벌칙금을 부과하도록 할 수 있다.[28]

(2) 민사소송(Civil Litigation)

① 동의판결(Consent Decree)

본 조사 종결 전후 많은 사건에 있어서 담당 검사와 피조사인 간 합의가 이루어진다. 그 이유는 피차 시간적·경제적 비용을 절약할 수 있기 때문이다. 동의판결안을 독점금지국 차원에서 먼저 제시하지는 않는 것이 관례이고 통상 피조사인이 초안을 만들어 협상 신청을 하면 독점금지국도 초안을 작성하여 부차관보(DAAG)의 승인을 받아 협상에 임한다. 독점금지국 차원에서의 승인권자는 차관보(AAG)이다.

동의명령 초안에 대해 피조사인과 합의가 되면 연방지방법원에 소장(complaint)과 함께 초안을 제출한다. 동의판결안에 대한 법원의 승인절차

---

25) 만약 소송절차에서 상대방의 자료를 수집하기 위해서는 법원에 신청을 하여 그 결정에 따라 자료를 수집할 수 있다.

26) 15 U.S.C. §1314(b).

27) Finnell v. U.S., 535 F.Supp. 410 (D.Kan. 1982); 정세훈, 전게보고서, 119면.

28) 15 U.S.C. §1314(a).

는 「독점금지사건 절차 및 처벌에 관한 법」(Antitrust Procedures and Penalties Act; APPA)[29]에서 규정하고 있다. 이 법에 의하면 DOJ는 동의판결안과 함께 경쟁영향분석서(Competitive Impact Statement)를 법원에 제출하여야 하고, 이것들은 연방관보 및 신문에 공표되어 60일간 민간의 견 수렴기간을 갖는다. 이 기간이 종료하면 법원은 동의판결안이 공익에 부합하는지 여부를 결정하여야 하는데, 제출된 의견이나 전문가의 견해 등을 참고하게 된다. 동의판결안이 공익에 부합한다고 판단되면 그 내용대로 판결을 하고 필요시 그 내용의 수정을 요구하기도 한다. 법원은 대체로 동의판결안을 수용하지만, 1994년 DOJ와 Microsoft 사의 동의판결안에 대해 지방법원이 승인하지 않아 항소법원에 항소하여 승인결정을 받은 사례도 있다.

② 정식소송

피조사인과 DOJ 간에 합의가 이루어지지 않는 경우 DOJ는 지방법원에 소송을 제기하여 연방민사소송법(Federal Rules of Civil Procedure)에 의한 소송절차를 거쳐 판결에 따라 구제수단을 마련한다.[30] 그러나, 이렇게 정식의 소송절차를 거쳐 판결을 받게 되는 사건은 많지가 않다.

이 절차의 법적 근거는 Sherman 법 제4조와 Clayton 법 제15조에 의한 금지명령(injunction) 절차인데, 시정조치와 관련하여 법원이 명할 수 있는 명령의 범위가 어디까지인가 하는 것이 문제가 된다. 일찍이 1904년에 연방대법원은 Northern Sec. Co. v. U.S. 사건에서 독점규제법의 목적을 달성하기 위하여 필요하거나 적합한(necessary or appropriate) 명령과 판결을 내릴 수 있다고 판시하였다.[31] 이에 따라 법위반행위에 대한 금지명령은

---

29) 15 U.S.C. §16(b)-(h), 이 법안의 제출자인 John V. Tunney의 이름을 본 따 일명 'Tunney Act'라고 부른다.
30) 구체적인 절차는 일반 민사소송절차와 유사하므로 여기서는 생략한다.

물론 경쟁상태의 복원을 위한 명령도 내릴 수 있다. U.S. v. E.I. du Pont De Nemours & Co. 사건에서는 가장 강력한 구조적 시정조치인 자산분할 (divestiture) 명령도 내릴 수 있다고 판시하였다.[32]

5) 형사절차

(1) 독점금지국의 조사

예비심사 결과 명백하고 의도적인 당연위법의 법위반이라고 판단되면 형사사건으로 처리를 하게 된다. 강제력을 수반하지 않는 임의적인 조사는 법무무가 자체적으로 수행하고 특히 연방수사국(Federal Bureau of Investigation; FBI)의 협조[33]를 많이 받기도 하지만 강제조사를 위하여서는 독점차관보(AAG)의 승인을 받아 대배심(grand jury)[34]을 소집하여 영장을 발부받아야 한다. 대배심의 설치 및 조사에 대하여는 연방형사소송법(Federal Rules of Criminal Procedure)이 적용된다.[35] 대배심을 통한 조사는 FTC에 비교한다면 본조사에 해당한다.

형사기소에 필요한 정보 및 정보수집을 위해 검사는 대배심에 강제서류요청서(subpoena duces tecum)과 강제구두진술요청서(subpoena ad testificandum)의 발부를 신청한다. 비자연인에게는 수정헌법 제5조의 묵비권 (Fifth Amendment privilege against self incrimination)이 적용되지 않는다.

---

31) 193 U.S. 197, 344 (1904).

32) 366 U.S. 316 (1961).

33) 과거에는 FBI 요원이 독점규제법 사건에 배정되는 것을 좋아하지 않았지만 최근에는 자진해서 지원할 정도로 인기가 좋아졌다고 한다. 정세훈, 전게보고서, 138면.

34) 대배심은 인원수가 12-23명으로 민사소송에서 6명, 형사소송에서 12명으로 구성되는 소배심(petit jury)에 비해 규모가 크고, 만장일치로 결정하는 소배심과 달리 다수결에 의하여 기소여부를 결정한다.

35) 대배심의 설치 및 운용에 대한 자세한 절차는 일반형사사건 조사절차와 동일하고 본 연구의 범위를 넘는 것이기 때문에 간략한 절차만 언급한다.

또한 수색대상이 범죄의 증거가 될 수 있는 상당한 이유(probable cause)가 있는 경우에는 법원에 수색영장(search warrant)을 청구하여 강제적인 수색을 할 수 있는데 이에 관한 절차는 연방형사소송법(Federal Rules of Criminal Procedure)에 규정되어 있다.

조사가 종료되면 독점금지국은 기소여부를 판단하여 대배심에게 기소권고를 하고 대배심은 특별한 하자가 없는 한 기소권고를 하는 것이 상례이다.[36] 대배심은 투표를 한 후 공개법정에서 판사에게 그 결과를 통보한다.[37]

(2) 형사소송

① 동의판결

사건의 조사 중에 독점금지국과 피조사인은 사건의 처리방향에 대해 협상을 하게되고 대부분의 사건은 동의판결로 종료가 된다. 형사사건에서 동의판결에 관한 절차는 연방형사소송규칙(Federal Rules of Criminal Procedure)의 절차에 따라 일반 형사사건과 마찬가지로 처리된다. DOJ는 합의의 내용을 법원에 제출하고 법원의 검토를 받아 동의판결을 받게 된다.

② 정식소송

독점금지국과 피조사인 간의 합의가 결렬되어 정식으로 형사기소가 되고 법원의 판결이 내려지는 사건이 많지는 않다. 기소 후 소송절차는 일반 형사소송절차를 따르게 된다. 다만, 형량은 Sherman 법 제1조에서 법인은 1억 달러까지의 벌금, 자연인은 100만 달러까지의 벌금 또는 10년까지의 금고형 또는 양자의 병과가 가능하다고 규정하고 있지만, 형사벌금

---

36) 정세훈, 전게보고서, 141면.
37) ABA Section of Antitrust Law, op. cit., p.687.

개선법(Criminal Fines Improvement Act) 제6조에 따라서 피고가 입힌 손
해액의 두 배 혹은 피고가 불법으로 얻은 이익의 두 배에 상응하는 액수
의 벌금이 부과될 수 있다.

제3절 미국 FTC의 조직

1. FTC의 발족 배경

미국 FTC는 세계 각국 합의제 독점규제법 집행기관의 모델이 되었고 FTC의 발족과정에서 독점규제법 집행기관의 공정성, 효율성, 전문성 등에 대한 많은 논의가 이루어졌다.

1) DOJ에 의한 법집행의 한계

Sherman 법이 제정되었지만 그 자체에 문제점이 있었을 뿐만 아니라 법을 집행하는 기관인 DOJ조차 열의가 부족했다. Sherman 법 제정 당시에 의회에는 종전에 존재하지 않았던 새로운 법을 창조한 것이라고 생각한 것이 아니라 기존부터 있어 왔던 보통법(common law)의 원칙을 연방정부가 집행할 수 있게 성문화한 것이라고 생각한 의원들이 많았다는 것이다. 그래서 이후 보통법과 독점금지법의 관계가 많은 논란을 일으키기도 하였고 Sherman 법에서는 일반원칙만을 선언하여 법 집행과정에서 법원의 역할에 큰 비중을 두어야 한다고 생각하였는데 이 역시 법집행과정에서 많은 논란을 일으키게 된다.

또한 Sherman 법은 DOJ가 집행을 담당하였지만 기본적으로 형법을 집행하는 기관인 DOJ는 전문성에 있어서 한계가 있었고 Sherman 법은 기존의 형사업무와 이질적이기 조차 하였다. 초기에 담당 조직이 없이 개인 검사에게 집행이 맡겨졌던 것도 한 가지 원인이 되었다. 1903년에는 통상노동부(Department of Commerce and Labor)[1] 소속 조직으로 기업국(Bureau of Corporation)[2]을 만들어 Sherman 법을 보완한 일련의 입법을 집행하도록 하였다. 그러나 이러한 시도마저도 의회와 국민의 기대를 충족시키기엔 불충분한 것이었다. 기업국은 기업에 대한 조사권이 있었으나 독점적이거나 불공정한 행위를 근절하기 위해 그러한 행위들을 일반에 공개하는 것(publicity)이외에는 별다른 조치를 취하지 않았다.[3]

한편, DOJ는 소를 제기할 수 있을 뿐 위법을 선언하여 시정조치를 명할 수 있는 권한이 없고 법원에 소송을 제기하여야 하는데 그 과정에서 많은 시간이 소요된다. 그래서, 법원의 절차보다는 덜 엄격한 준사법적(quasi-judicial) 절차를 거쳐 신속한 결정을 통해 직접 기업에 대해 시정명령(cease and desist order)을 할 수 있다면 DOJ에 의한 법집행의 단점은 해결될 수 있다는 인식이 확산되게 되었다.

2) 법원에 대한 의회의 불만

Sherman 법 집행초기의 대통령이었던 Theodore Roosevelt와 Woodrow Wilson은 법의 집행을 적극적으로 하고자 노력하였지만 당시의 법원들은 선례가 부족하다는 이유로 법집행에 소극적이었다.[4] 그래서 정부가 기업

---

1) 1913년에 통상부(Department of Commerce)로 이름이 바뀌었다.
2) 주간 및 외국과의 상거래업무를 담당하였다.
3) Stephanie W. Kanwit, Federal Trade Commission, Vol.1, Shephard's McGaw-Hill, Inc., 1979, pp.3-7.
4) Robert V. Labaree, The Federal Trade Commission, Garland Publishing, Inc., 2000,

에 승소하는 것이 쉽지 않았다. 그러한 문제점이 부각되고 있던 와중에 미국 연방대법원은 1911년 Standard Oil 판결[5]이 내려지게 되었는데, 핵심은 의회의 의도와는 달리 거래제한이 있다하더라도 법원이 일일이 심사하여 비합리적인 거래제한만 규제하겠다는 취지의 판결이었다.

Sherman 법 제1조에서는 "거래나 통상을 제한하는 모든 계약, 트러스트나 다른 형태의 결합, 또는 공모"[6]를 금지하고 있다. 그런데, 거래제한이라는 개념은 원래 common law 상의 개념인데 이것이 새로운 독점규제법에서 어떻게 해석될 것인지 법제정 이후에도 분명하지 않았다. 미국 연방대법원은 U.S. v. Trans-Missouri Freight Ass'n 사건[7]에서 이 문제를 처음 다루게 되었다. 이 사건은 18개 철도회사의 운임 담합사건인데, 연방대법원은 "모든"(every)이라는 단어의 문자적 의미에 충실하게 거래를 제한하는 모든 계약이 금지된다고 해석하였다. 즉, 거래제한이 합리적인 것인지 아닌지 여부는 고려의 대상이 되지 않는다고 본 것이다.

대법원은 다시 Standard Oil v. U.S.[8] 사건에서 거래제한의 개념을 다루게 되었다. 1897년 Trans-Missouri 사건에서 소수의견을 냈던 White 대법관[9]은 1910년 제9대 대법원장으로 취임하여 1911년에는 이 사건에서 다수파의 입장에서 소위 합리성의 원칙(rule of reason)을 선언하게 된다. 즉,

---

p.377.

5) 221 U.S. 1 (1911).

6) "Every contract, combination in the form of trust or otherwise, or conspiracy, in restraint of trade or commerce"

7) 166 U.S. 290 (1897).

8) 221 U.S. 1 (1911), 오늘날은 주식인수가 기업결합의 주된 수단이지만 당시는 trust 가 기업을 결합시켜 지배하는 주요한 법률적 도구였다.

9) Edward Douglass White Jr.는 1910.12.19에 미국 연방대법원장에 취임하여 1921. 5.19 사망 시까지 대법원을 이끌었다. 1897년 Trans-Missouri 사건 당시 White 대법관은 소수의견에서 거래제한(restraint of trade)이라는 개념은 common law에서 유래된 것이고 common law에서는 합리적이지 않은(unreasonable) 거래제한만 금지하였던 만큼 Sherman 법도 같은 취지에서 이해해야 한다고 주장하였다.

모든 거래제한이 금지되는 것이 아니라 부당하거나 불합리한(undue or unreasonable) 거래제한만 금지된다는 것이다.

이 판결은 미국 내 여론에 큰 영향을 미치게 된다. 기업의 입장에선 법원의 판결이전에는 비합리적인 거래제한이 무엇인지 알 수 없어 불안하고, DOJ의 입장에선 아무래도 법집행이 소극적으로 될 수밖에 없으며 이것은 적극적인 법집행을 통해 독점의 폐해를 규제하라는 국민의 기대와 어긋난 것이다. Wilson 대통령이 1914.1.20에 의회에서 행한 연설에 이러한 우려가 그대로 드러나 있다. 기업들은 기존의 독점금지법인 Sherman 법의 정책과 의미를 정확히 알 수 없어 힘들어 했는데 불확실성만큼 기업을 괴롭히는 것은 없다는 것이다. 또한 기업들이 사전에 법의 정확한 내용을 알지 못해 법위반이 될 위험을 염두에 두고 사업을 해야 한다는 것만큼 기업을 어렵게 하는 것은 없다는 것이다. 법 그 자체와 그에 대한 처벌이 분명히 규정이 되어 불확실성을 제거할 수 있도록 명백하고 행위유형별로 법이 규정되어야 한다는 것이다.[10]비합리적인 거래제한의 판단을 법원이 하게 된다면 법원의 역할이 너무 크게 되어 삼권분립의 한 축인 의회도 불만이 많았다. 또한 경제활동에서 개별적인 거래행위가 경쟁의 관점에서 용인될 수 있는지의 판단을 법원보다는 경제활동의 실정에 밝은 전문가들에게 맡기는 것이 낫다는 믿음들이 확산되어 갔다.[11] 이러한 이유 이외에도 또한 법원은 소송이 제기되지 않으면 무엇이 합법인지 위법인지 판단해 줄 수 없지만, 독립규제위원회는 규칙제정(rulemaking)을 통하여 사전에 기업의 활동을 위한 기준을 제시하여 기업으로 하여금 안정적인 경영활동을 영위할 수 있도록 도와 줄 수 있다는 점. 법원은 개별사건을 통해서 법위반을 규제하지만 독립규제위원회는 직권조사 권한을 활용해 개별기업뿐만 아니라 산업계 전반에 대해 법위반행위를 시정할

---

10) ABA Section of Antitrust Law, ABA Section of Antitrust Law, Antitrust Law Developments, 4th ed., Vol. I, 1997, p.6.

11) 권오승, 경제법(제6판), 법문사, 2008, 100면.

수 있다는 점 등이 장점으로 인식되었다.

3) 독립규제위원회에 대한 선호

이러한 분위기 속에서 독점금지정책은 1912년 대통령 선거의 주요한 이슈의 하나로 부각되기에 이르렀다.[12) 각 정당의 후보들은 공통적으로 DOJ의 기존 법집행에 대해 불만을 표시하고 독점금지법을 더 활성화하여야 한다고 주장하였는데, 민주당 소속의 Woodrow Wilson이 제28대 미국의 새 대통령으로 당선되었다. 당시에 독점금지법에 대해 여러 가지 견해가 있었는데, 주요한 견해로는 Sherman 법을 보완하여 법집행을 강화하자는 견해와 새로운 기구를 만들어 법집행을 효율적으로 하자는 견해 등이 있었다.

Robert Cushman에 의하면 독점에 반감을 가지고 있었던 사람들뿐만 아니라 불확실성에 직면한 기업들 및 일반여론 모두가 전문성을 바탕으로 독립적으로 거래를 규제하는 위원회형태의 기구가 만들어지길 희망하였다고 한다.[13) 독립규제위원회 형태의 조직을 선호하게 된 이유 중의 하나는 獨占禁止업무를 집행한 독임제 형태의 DOJ에 비해 철도규제업무를 위해 설치한 독립규제위원회 형태의 주간거래위원회(ICC)가 더 성공적으로 업무를 수행하였다는 것이 일반적인 평가였다. 상원의원 Newlands는 상원에서 행한 연설에서 주간거래위원회(ICC)의 성공적인 법집행에 대해 높이 평가하면서 독점규제업무도 DOJ가 아닌 독립적인 규제위원회에 맡겼더라면 훨씬 더 좋았을 것이라고 하면서 행정절차의 장점을 지적한 바

---

12) 정호열, 경제법(제2판), 박영사, 2008, 25면.

13) R. Cushman, The Problem of the Independent Regulatory Commission, Report of United States President's Committee on Administrarive Management in the Federal Government, 1937, pp. 205, 211; Areeda, Kaplow & Edlin, Antitrust Analysis(6th), Aspen, 2004, pp.43-44에서 재인용.

있다.14)

Wilson 대통령은 곧 새로운 형태의 독립규제기관을 창설하기로 하였다. 의회는 1914년에 통상노동부(Department of Commerce and Labor) 소속의 기업국을 폐지하고 새로운 독점금지법 집행기관을 설치하기 위한 FTC (Federal Trade Commission)법을 1914. 9. 26에 제정하였고 이듬해 FTC가 정식으로 출범하였다.15)

이러한 배경에서 새롭게 탄생할 조직에 대한 기대는 DOJ와 법원에 의한 법집행에서 문제가 되었던 소극적인 법집행 대신 적극적인 법집행, 느린 법집행 대신 신속한 법집행, 불명확한 법기준 대신 기업의 활동에 대한 명확안 가이드라인의 제시, 일반적인 법집행 대신 전문성 있는 법집행 등이었다. 이러한 기대를 가장 잘 충족시킬 수 있으리라는 기대 하에 탄생한 조직이 1914년에 설립된 FTC였다. 이념적으로 본다면 FTC는 공공선을 증진하는데 있어서 정부의 역할에 긍정적이었던 진보주의 정치이론 (the political theory of the Progressives)의 영향을 많이 받았다. 전통적으로 미국사회는 정치적으로는 야경국가(Nachtwächterstaat) 사상, 경제적으로는 자유방임주의(laissez-faire)의 영향을 많이 받았기 때문에 정부의 기능은 국방과 치안유지 등의 최소한에 머물러야하고 시장에 개입하는 것은 바람직하지 않다고 보아왔다. 그래서 1800년만 해도 연방정부공무원은 5,000명이 채 되지 않았는데 그 중 75%는 우편공무원(postal service workers)이었다고 한다.16) 그러나 자본주의사회가 발전하면서 이전에 경험하지 못했던 새로운 사회적 문제들이 속속 등장하게 되었다. 미국 사회

---

14) 51 Cong. Reg. 1226 (1914). ABA Section of Antitrust Law, op. cit., p.20.
15) 종래 企業局내에 계류 중인 사건과 절차는 FTC가 승계하였고(15 U.S.C. §43①), 기업국의 모든 직원도 당시 직급과 봉급 그대로 FTC 소속으로 바뀌게 되었다(15 U.S.C. §43②).
16) Glen O. Robinson, Ernest Gellhorn & Harold H. Bruff, The Administrative Process. 3rd ed., West Publishing Co., 1986, p.4.

는 종래와 달리 사회문제 해결에 대해 정부에 대해 많은 기대를 하게 되었다. 1887년에 설립된 주간통상위원회(ICC)가 그러한 영향에서 탄생한 최초의 독립규제위원회라고 한다면, 1914년에 창설된 FTC는 진보주의 정치철학의 대표적인 것으로 평가받고 있다.[17]   이처럼 FTC 법의 제정은 불공정한 경쟁행위를 규제할 수 있는 기준을 형성할 수 있는 최선의 수단은 행정절차에서 찾을 수 있다는 당시의 진보주의 신념의 표현이라 할 수 있다.[18]

2. FTC의 권한

미국 FTC의 권한은 우리나라의 공정거래위원회나 일본 공정취인위원회 등 많은 나라 독점규제법 집행기관의 본보기가 되었고 법집행권한은 집행조직 및 법집행절차와도 긴밀한 관계가 있다. 미국 의회는 FTC가 단순한 법집행이 아니라 마치 법원과 유사하게 상황에 맞는 법창조 및 포괄적인 규제를 담당할 수 있도록 의도하였다. 그리고 이러한 입법의도를 수행할 수 있도록 하기 위해 독립규제위원회 형태로 FTC를 조직하고 일하는 방식으로서 준사법적인 절차를 마련하게 되었다. Philip Elman에 의하면 FTC는 소추기관(a prosecutorial body)이라기보다는 독금법을 집행하는 전문적인 행정심판소(an expert administrative tribunal)로서 고안된 것이라고 한다.[19] 그리고, 초기에는 개별 사건에 대한 처분을 통하여 경쟁질서를 확립하는데 치중하였으나 1975년 법개정으로 인해 실체적인 성격의 규칙제정권을 명시적으로 인정받음으로써 막강한 준입법적인 권한까지

---

17) Id. at 8.
18) ABA Section of Antitrust Law, op. cit. p.20.
19) Plilip Elman, Administrative Reform of the Federal Trade Commission, The Georgetown Law Journal, Vol. 59, Mar. 1971, No. 4, p.781.

보유하게 되었다.

1) FTC 법의 입법의도

FTC의 권한은 FTC 법에서 정하고 있다. 이 법의 제정당시 Wilson 대통령이 염두에 둔 것은 그 새로운 기관은 기업과 소비자에게 무엇이 불법적인 행위인지를 알려주고 법원이나 기타 기관이 해결하기에 적합하지 않은 사건을 사회적인 기대에 맞게 해결해 주어야 한다는 것이었다.[20] 하지만 처음의 법안(original bill)은 순수히 기업에 대한 조사 및 자문기능만을 갖도록 설계가 되어 있었다. 즉 시정명령을 발할 수 있는 권한은 포함시키지 않겠다는 것이 Wilson 대통령의 의도였다.[21]그러나 하원의원인 Stevens는 새로운 기관에게 시정명령 권한을 주지 않는 것은 독점금지법 집행에 대한 "이"("teeth")를 뺀 것이라고 비판하였다.[22] 당시 Wilson 대통령의 독점금지법 자문관이었던 Louis Brandeis는 새로운 기관은 독점금지법을 집행할 수 있는 권한을 가져야 한다고 설득하였고 그것이 법에 그대로 반영되었다.

많은 입법이 그렇듯이 FTC 법의 입법과정도 정치적 타협의 산물이기 때문에 처음부터 일관된 목적과 철학을 가지고 예정된 수순을 밟아 왔다기보다는 수많은 토론과 논쟁을 거치는 과정에서 타협과 조정을 거쳐 기본적인 성격이 정해졌다. FTC의 가장 큰 특징인 불공정한 경쟁방법에 대한 제재권한도 입법의 마지막 순간에 가서야 나타난 것이다. 행정부가 작성한 최초의 두 개의 법안 모두에 "불공정한 거래방법"(unfair methods of competition)을 불법화하는 내용이 들어 있지 않았다.[23]

---

20) Robert V. Labaree, op. cit., p.378.
21) Stephanie W. Kanwit, op. cit., pp.3-8.
22) Ibid.
23) ABA Section of Antitrust Law, op. cit., pp.3-7.

FTC법의 제정당시 입법의도가 무엇인지 정확하지는 않다. 그 법을 찬성하는 자들 간에도 생각이 일치하지 않았다. 그러나 대체적으로 본다면 그 법의 입안자들은 FTC에게 가능한 한 많은 재량을 부여하여 새롭게 대두되고 수시로 변모하는 불공정한 경쟁행위를 정의하고 규제하도록 하고자 하였다. 입안자들은 수없이 다양한 불공정행위를 정의할 수 없기 때문에 새롭게 탄생할 위원회에게 어떠한 행위가 불공정한 것인지 그리고 어떠한 가격이 비합리적인 것인지 판단하도록 하고자 하였다는 점을 여러 차례 강조하였다. 즉, 법의 제정배경이 되어 온 기존의 불공정행위뿐만 아니라 아직 발생하지도 않은 새로운 유형의 불공정행위에 대해서도 규제할 수 있게 광범위한 재량권을 위원회에 주고자 하였다.

당시 의회보고서(Conference Report)에서도 모든 불공정행위를 포용할 수 있는 정의를 내린다는 것은 불가능하고 또한 전국에 걸쳐 모든 기업에 적용될 수 있는 정의를 내린다는 것도 불가능하다고 지적하였다. 어떠한 행위가 불공정한 것인지 아닌지는 특별한 사안의 환경에 따라 달라 질 수 있기 때문에 사전에 정의할 수 없다는 것이다. 의회 위원회(Conference Committee)의 위원들은 새로운 위원회는 전면적인 거래제한(full-blown restraints)뿐만 아니라 초기 단계에 있지만 방치하는 경우 거래를 제한하거나 독점을 초래할 수 있는 행위들까지 규제의 대상이 된다고 지적하기도 하였다.[24]

2) 법집행 초기 연방대법원의 해석

이상과 같이 FTC에게 가능하면 많은 재량권을 부여하려는 입법의도와 달리 법집행 초기의 연방대법원은 FTC의 권한을 가능하면 제한하고자 하였다. FTC의 사건이 연방대법원의 심사를 받게 된 최초의 사건은 FTC v.

---

24) Stephanie W. Kanwit, op. cit., pp.3-11.

Gratz 사건[25]인데, 다수의견은 FTC의 관할대상인 "불공정한 경쟁방법"을 좁게 문자적으로 해석하고자 하였다. 법원은 사기나 기만 등 선량한 풍속에 반하거나 또는 경쟁을 부당하게 저해하거나 독점을 낳을 가능성이 농후하여 공공정책에 반하는 것으로 인정되지 않는 한 "불공정한 경쟁방법"에 해당할 수 없다고 판시하였다.[26] FTC법 제정당시 Wilson 대통령의 독점금지법 자문관이었던 Brandeis 대법관은 그러한 다수의견의 해석은 입법의도와 맞지 않다고 주장하였다.[27]

이러한 경향은 1923년의 연방대법원이 내린 두 건의 판결에서 다시 확인되었다. FTC v Curtis Publishing Co.사건[28]에서 연방대법원은, FTC가 잡지회사인 Curtis Publishing Co.가 대리상과의 계약에서 전속거래조항(exclusive dealing provisions)을 삽입한 것이 법위반이라고 내린 결정을 다루었다. 연방대법원은 사업자들은 광범위한 행동의 자유를 가지고 있으며 당해 계약은 불법적인 동기가 없이 사업을 위한 정상적인 과정에서 체결된 것이기 때문에 위법이 아니라고 판시하였다.[29]

FTC v Sinclair Refining Co. 사건[30]은 휘발유 탱크와 펌프를 임대해 주면서 자신의 휘발유만 쓰는 조건으로 단지 명목상의 임대료만 받은 것은 Federal Trade Commission 법과 Clayton 법을 위반하였다는 FTC의 처분이 정당한 것인지 여부가 문제되었다. 연방대법원은 당해 행위는 사기나 악의로 행해진 것이 아니라 정상적인 거래과정 속에 이루어진 것이기 때문에 법위반이 아니라고 판시하였다.[31] 결국 이러한 판결경향은 전통적인 독점금지법 판결기준에 따라 FTC는 경쟁이 상당히 감소(substantially

---

25) 253 U.S. 421 (1920).

26) Id. at 427.

27) Id. at 435-436.

28) 260 U.S. 568 (1923).

29) Id. at 581-582.

30) 261 U.S. 462 (1923).

31) Id. at 475-476.

lessening competition)하거나 독점의 가능성을 입증해야 한다는 것을 의미하였다.

연방대법원의 입장이 변화한 것은 1934년의 FTC v Keppel & Bros Inc. 사건32)에서이다. FTC는 어린이에게 1센트짜리 캔디를 팔면서 사행성이 있는 추첨방식을 가미하여 당첨되면 보너스 캔디를 주는 방식의 거래가 FTC법에 위반된다고 판단하여 시정조치를 하였다. 피고들은 다른 상인들도 그러한 판매방식을 채택할 수 있기 때문에 경쟁이 제한되지 않았다고 주장하였으나 연방대법원은 스스로를 보호할 능력이 없는 어린이에게 도박에 가까운 판매방식을 사용한 것은 불공정한 것이라고 판시하였다.33) 비록 연방대법원은 당해 판결의 의미가 FTC에게 모든 비윤리적인 경쟁방법에 대해 그 결과와 상관없이 금지할 수 있는 재량을 부여한 것은 아니라고 밝혔으나 사실상 FTC에게 불공정한 경쟁방법을 정의할 수 있는 재량을 부여한 것과 마찬가지였다.

3) 1938년의 Wheeler-Lea 개정법의 내용과 의미

1914년에 제정된 Federal Trade Commission 법은 1938년의 개정으로 권한이 확대되었다. 이 개정은 FTC법의 첫 개정인데 다음 세 가지 사항이 원래의 법에 부가되었다.

첫째는, Federal Trade Commission 법 제5조의 범위가 넓어졌다. 즉 독점금지와 관련된 사항뿐만 아니라 소비자보호와 관련된 사항까지 규율할 수 있게 되었다. 이렇게 된 직접적인 계기는 연방대법원이 1931년에 FTC v Raladam Co 사건에서 내린 판결34) 때문이었다. 쟁점은 FTC가 허위나 오인성 있는 광고(false and misleading advertisements)에 대한 관할권이 있

---

32) 291 U.S. 304 (1934).
33) Id. at 313.
34) 283 U.S. 643 (1931).

느냐 하는 것이었다. 연방대법원은 비록 광고가 소비자에게 피해가 되는 경우라 하더라도 경쟁자의 사업 또는 일반적인 경쟁자에게 상당히 피해를 입혔거나 그럴 개연성이 있는 경우에만 관할권이 있다는 취지의 판결을 선고하였다.35) 이 판결에 대해 다시 여론이 들끓기 시작하였다. 그래서 의회는 FTC가 경쟁저해성과 상관없이 직접적인 소비자보호를 위해서도 시정명령을 할 수 있도록 법을 개정하기로 하였다. 그래서 당초의 FTC법 제5조에서는 "불공정한 경쟁방법"("unfair methods of competition")에 대해서만 규정하고 있었는데, 1938년 개정으로 인해 "불공정한 경쟁방법"("unfair methods of competition")에 "불공정하거나 기만적인 행위 또는 관행"("unfair or deceptive acts or practices")가 추가되었다.36) 이로써 FTC는 독점규제법뿐만 아니라 소비자 보호법까지 관장하는 기구로 자리매김 되었고, 미국에서는 FTC는 경쟁촉진 및 소비자보호업무의 총괄부서로 인식되고 있다. FTC를 단지 독점금지 기관으로만 생각하는 것은 오해이다. 30여 개에 이르는 광범위한 소비자관련 법률을 집행하는 FTC야 말로 가장 대표적인 소비자보호 행정기관이다. 추가적으로 각 분야별 개별법률에 따라 관련 규제기관이 소비자행정업무를 집행하고 있다.

두 번째, Federal Trade Commission 법에 제12조를 신설하여 "식품, 의약품, 의료용기구, 화장품"("foods, drugs, devices, or cosmetics")에 대한 허위광고를 규제할 수 있는 권한을 FTC에 부여하였다.37) 또한 FTC는 식품, 의약품, 의료용기구, 화장품의 광고가 허위라고 합리적으로(reasonably) 믿어지는 경우에는 금지명령(injunction order) 또는 일시적 중지명령(temporary restraining order)을 지방법원(district court)에 신청할 수 있는 권한이 부여되었다.38) 동 조항을 고의로(willfully) 위반하거나 그 제품의

35) Id. at 652-653.
36) Chap. 49, Sec.3, 52 Stat. 114 (1938.3.21).
37) Chap. 49, Sec.4, 52 Stat. 114 (1938.3.21).
38) 15 U.S.C. §53(a).

사용으로 건강에 해를 끼치는 경우는 경범죄(misdemeanor)로 처벌받을 수 있다.39) 광고가 허위인지의 판단에 대하여도 규정을 두었는데, "중요한 점에 오인성이 있는 광고"(an advertisement...which is misleading in a material respect)라고 정의하고 있으며 적극적인 허위의 표현뿐만 아니라 "중요한 사항을 누락하는 경우"(the advertisement fails to reveal facts material)도 포함시키고 있다.40)

셋째, FTC의 시정명령 위반에 대한 법집행절차를 마련해 주었다. 만약 위원회의 시정명령에 따르지 않는 경우 개별 법위반마다 민사벌칙금(civil penalties) 부과가 될 수 있도록 규정하였다.41)

4) FTC 권한의 확대

미국 의회는 1950년대에 네 차례의 개정을 통해 FTC의 권한을 확대해 주었는데42) 주목할 것은 다음의 두 가지 이다. 첫째, 의회는 모직과 섬유 등의 산업에서 표시와 광고를 규율하는 세 가지 법률을 통과시키고 그 집행을 FTC가 담당할 수 있도록 해 주었다. 그 법률들은 1951년에 제정된 Fur Products Labeling Act, 1953년에 제정된 Flammable Fabrics Act, 1958 년에 제정된 Textile Fiber Products Identification Act이다. 두 번째, 의회는 1950년에 Clayton 법 제7조를 개정(Celler-Kefauver 개정법)하여 FTC에게 자산인수(asset acquisitions)와 합병(mergers)을 규제할 수 있는 권한을 명시적으로 부여해 주었다.43)

---

39) 15 U.S.C. §54.

40) 15 U.S.C. §55(a).

41) Chap. 49, Sec.3, 52 Stat. 114(1938.3.21). 이전에는 이러한 제재규정이 없어 시정명령의 실효성이 문제시 되었는데, FTC의 명령이 집행되기 위해서는 우선 항소법원으로부터 집행명령(implementing decree)을 받아야 했고 이 명령에 따르지 않는 경우 법정모독(contempt of court)으로 제재하여야 했다.

42) Stephanie W. Kanwit, op. cit., pp.3-17.

1973년에 의회는 다시 한 번 FTC의 권한을 크게 확대해 주었는데, Federal Trade Commission 법 제5조, 제6조, 제13조, 제16조를 수정한 Trans-Alaska Oil Pipeline Act[44]였다. 이 개정에서 가장 주목할 만한 부분은 FTC에게 금지명령(injunction)을 법원에 청구할 수 있게 해 주었다는 것이다. 동 개정은 그 외에도 시정명령 위반에 대한 민사벌칙금(civil penalties)을 인상, 법집행이 면제되는 은행이나 기간사업자(common carriers)에 대한 정보요구권[45]과 회계원(General Accounting Office)에 대한 자료요구권[46]을 신설하였다.

1975.1.4 의회는 FTC로 하여금 소비자보호업무를 강화할 수 있도록 The Magnuson-Moss Warranty-FTC Improvement Act를 제정하여 종래의 Federal Trade Commission 법을 개정하였다. 원래 FTC 법은 FTC에게 통상의 문제(matters in commerce)에만 관할권이 미쳤기 때문에 관할권의 범위가 너무 협소하였다. 그래서 의회는 1975년 법개정으로 통상의 문제뿐만 아니라 "통상에 영향을 미치는"("affecting commerce") 문제까지도 관할권에 포함시켰다. 그리고, FTC가 규칙제정권(rulemaking power)이 있다는 것을 명시하기 위하여 제18조를 신설하였다. 규칙제정은 개별사건의 건별처리에 비해 파급효과가 훨씬 크다는 장점이 있다. 실체법적인 효과를 지닌 이러한 권한의 부여로 인해 S. W. Kanwit는 단지 3명만 동의하면 규칙을 제정할 수 있는 권한을 가진 FTC의 위원은 입법기관(legislative body)의 구성원 중 가장 강력한 권한을 가진 사람들이라고 평가한다.[47] 그 외에도 연방지방법원에서 민사벌칙소송(civil penalty action)을 제기할 수 있는 권한이 추가되었는데, 규칙위반행위[48]와 시정명령위반행위[49]이

---

43) Celler-Kefauver Antimerger Act of 1950, Chap. 1184, 64 Stat. 1125.
44) Pub. L. No. 93-153, 87 Stat. 592 (1973).
45) Pub. L. No. 93-153, §408(e), 87 Stat. at 592.
46) 44 U.S.C. §3512.
47) Stephanie W. Kanwit, op. cit., pp.1-2.

다. 소비자들이 불공정하거나 기만적인 행위등에 의해 피해를 입은 경우 FTC가 대신해서 소송을 제기해 피해를 구제(consumer redress)해 줄 수 있는 권한도 부여되었다.[50]

1976년의 Hart-Scott-Rodino Antitrust Improvement Act[51]은 줄여서 보통 HSR 법이라고 불리는데, 이것은 Clayton 법 제7조를 개정하여 대규모 기업결합에 대하여 사전에 FTC와 DOJ에 통지하여 심사를 받도록 한 것이 핵심이다. 1994년에도 FTC 법이 개정되었다.[52] FTC 법 제5조의 불공정한 행위 또는 관행(unfair acts or practices)의 의미가 분명하지 않아 종종 혼선이 있어 왔는데, 1994년의 개정은 이러한 혼선을 없애기 위한 것이다. 법에서는 "소비자들 스스로는 합리적으로 피할 수 없고 소비자나 경쟁에 대한 피해를 상쇄하지 못하는 상당한 소비자피해를 야기하거나 야기할 수 있는" 것으로 정의하였다.[53] 그리고 FTC가 어떠한 행위나 관행이 불공정한 것인지 여부를 판단하는데 있어서 확립된 공공정책(established public policies)을 주된 판단의 근거로는 삼을 수 없지만 고려하는 것은 가능하도록 규정하였다.

---

48) 15 U.S.C. §45(m)(l)(A).
49) Stephanie W. Kanwit, op. cit., pp.3-23. 이것은 원래는 당해 시정명령의 대상이 아닌 사업자에게도 당해 시정명령의 원인이 된 법원칙의 적용을 받는다고 인정함으로써 사실상 심판절차를 통해 법을 창조하는 효과를 발생하게 하는 것이다.
50) 15 U.S.C. §57b.
51) Pub. L. No. 94-435, 90 Stat. 1383 (1976).
52) Pub. L. No. 103-312, 108 Stat. 1691 (1994).
53) §9, 108 Stat. at 1695(codified at 15 U.S.C. §45(n)) (1994).

3. FTC의 조직

1) 개요

미국 FTC는 합의제 행정기관으로 5명의 위원이 최종의사결정권을 가진다. 일상 행정적인 사무는 위원장(Chairman)에게 위임되어 있고 위원장은 다시 사무처에 위임하고 있는데 총무담당관실(Office of the Executive Director)이 사건처리를 제외한 대부분의 업무를 처리한다. 합의제의 취지에 가장 충실하기 위해서는 모든 업무를 위원들이 합의에 의해 집단의사결정을 하여야 하지만 그러한 방식의 업무처리는 대단히 비효율적이기 때문에 Hoover 위원회의 건의를 받아들여 인사, 예산, 조직과 같은 행정업무는 위원장이 독임제 조직과 유사하게 운영하게 되었다.[54]

FTC의 조직도는 <그림 2>와 같다. 우리나라의 위원회들과는 달리 부위원장 제도가 없고 사무처 조직 전체를 총괄하는 사무처장 직위가 없다.

---

54) The Hoover Commission report on organization of the Executive Branch of the Government, supra note 33, at 433; David C. Nixon & Thomas M. Grayson, "Chairman and the Independence of Independent Regulatory Commissions", Paper presented at the Conference of the Midwest Political Science Association, March 2003, pp.5-6.

〈그림 2〉 FTC의 조직도

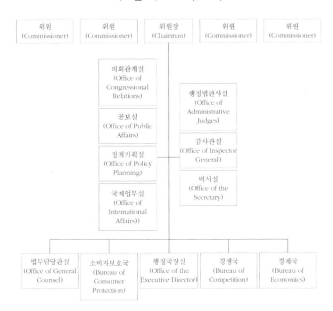

2) 위원(Commissioners)

(1) 위원의 임명

미국 헌법에 의하면 고위직 공무원은 대통령이 상원의 권고와 동의를 얻어(by and with Advice and Consent of the Senate) 임명하도록 하고 있다.[55] 이에 따라 FTC 법 제1조에서도 위원회는 상원의 권고와 동의를 얻어 대통령이 임명하는 5명의 위원으로 구성된다고 규정하고 있다. 동 조에서는 위원의 선임과 임기에 대해 규정하고 있는데, 우선 정치로부터 업

---

55) U.S. Constitution Article II section 2 [2]. 하위 공무원(inferior officers)의 임명은 행정부서의 장에게 위임할 수 있다.

무의 중립성 보장을 위해 위원은 3명까지만(not more than three) 동일정당 소속이 될 수 있도록 하고 있다. 위원의 임기가 일시에 종료되어 업무의 연속성 및 일관성이 저해되는 것을 막기 위해 소위 시차제(staggered term)에 의해 최초위원의 임기는 3년, 4년, 5년, 6년, 7년으로 차등화하고 두 번째 위원부터는 7년으로 고정하였다. 그런데 위원의 임기는 위원 개인의 임기라기보다는 위원이라는 자리의 임기라고 보아 만약 한 위원이 임기를 채우지 못하고 물러난 경우 후임자는 잔여기간만 복무하게 된다.

위원장(chairman)은 당초에는 위원 간 호선하도록 되어 있었으나 1950년부터 대통령이 임명하도록 하고 있다. 법률적으로 본다면 대통령은 위원장을 교체할 수는 있지만 법에 정한 정당한 이유없이 위원직에서 해임을 시킬 수는 없고, 그래서 새로운 위원장이 임명되더라도 기존의 위원장은 위원장 직에서 물러난 이후 평위원으로 복무할 수 있다. 예컨대, 미국 FTC의 53대 위원장인 Janet Steiger는 1989년 8월 George Herbert Walker Bush 대통령으로부터 위원장으로 임명되었으나, 임기가 종료되기 전인 1995년 4월 민주당의 Bill Clinton 대통령이 Robert Pitofsky를 새로운 위원장으로 임명하자 평위원으로 근무하였다. 아니면 기존 위원장이 스스로 사임할 수도 있다. 예컨대, 미국 FTC의 54대 위원장인 Robert Pitofsky는 공화당의 George Walker Bush 대통령이 Timothy J. Muris 위원을 새로운 위원장으로 임명하려 하자 임기가 종료하기 전에 스스로 위원직을 사임하였다. 미국 독립규제위원회들에 대한 실증적인 연구에 의하면 1950년부터 2002년까지 위원장에서 강등(demotion)된 이후 사임한 비율은 FTC가 약 50%, FCC가 약 65%라고 한다.[56]

이러한 제도설계에서 알 수 있듯이 FTC의 독립성은 기본적으로 대통령으로부터의 독립을 염두에 둔 것이다.[57] 미국 독립규제위원회의 독립성은

---

56) David C. Nixon & Thomas M. Grayson, op. cit., p.12.
57) William F. Funk & Richard H. Seamon, Administrative Law, 2nd ed., Aspen, 2006, p.8.

행정부 소속이 아니라는 것과 함께 특히 정해진 임기동안 법에 정한 비위 사실이 없는 한 대통령이 위원들을 함부로 해임할 수 없다는 데서 찾을 수 있다.58) 그러나, 독립성보장을 위한 이러한 법률적인 장치보다는 그러한 독립성은 역사와 문화의 산물로 이해할 수 있다.59)

그런데, FTC와 같은 독립규제위원회는 독립성이 중요하기도 하지만 대통령의 입장에서는 정책을 수행하는 주요한 수단이 될 수 있는 것이 사실이다. 미국의 대법원과 같이 법관의 독립성이 절대적으로 보장되고 있는 조직에서도 대법원장이 판결을 자신이 원하는 방향으로 이끌 수 있는 대단히 중요한 역할을 할 수 있다고 한다. 대법관들간 회의를 위한 의제선정이나 회의운영방식, 다수의견을 작성할 대법관 지명 등의 방법으로 얼마든지 영향력을 행사할 수 있다고 한다.60) 그래서 대통령이 교체되는 경우 대통령은 독립규제위원회를 조종하기 위해서 자신과 철학이 일치하는 새로운 위원장을 임명하고자 한다.

(2) 위원의 해임

미국에서는 새로운 대통령이 취임하면서 기존의 위원장을 위원직에서 해임한 사례가 있었다. 미국 31대 대통령(1929-1933)인 Herbert Hoover 대통령에 의하여 FTC 위원장으로 선임된 William E. Humphrey는 32대 대통령(1933-1945)인 Frankline Delano Roosevelt 대통령에 의하여 일방적으로 해임되었다. Roosevelt 대통령은 Humphrey 위원장이 뉴딜 정책에 소극적인 것으로 판단하였던 것으로 알려져 있다. 문제는 대통령이 독립규제위원회의 위원장을 법에서 정한 정당한 이유61)없이도 대통령이 가지는

---

58) Morris, American Law, Oxford, New York, 1998, p.132.

59) William F. Funk & Richard H. Seamon, op. cit., p.8.

60) David C. Nixon, Thomas M. Grayson, op. cit., pp.4-5.

61) FTC 법에서는 무능(inefficiency), 직무태만(neglect of duty), 직무에서 있어서 불법

행정권(executive power)를 통해 행사할 수 있는가 하는 것이었다.

이러한 일이 발생하기 10여 년 전 미국 연방대법원은 4년 임기로 Oregon 주 Portland의 4년 임기인 체신청장(postmaster)으로 임명된 Myers 를 대통령이 일방적으로 해임시킨 사건을 다루게 되었다.[62] 당시 법에서 는 상원의 권고와 동의를 얻어 대통령이 임명하고 해임하도록 하고 있었 는데, 대통령은 상원의 승인없이 일방적으로 해임시켜 버린 것이 발단이 되었다. 이 사건에서 대법원은 대통령의 행위에 동의하였는데, 헌법 제2 조 제1항에서 행정권을 대통령에게 부여하고 있는데, 부하직원을 해임하 는 것은 정당한 행정권 행사라는 것이었다. 만약 그렇게 하지 않을 경우 대통령은 효율적이고 일관성있게 행정부를 이끌 수 없다고 밝혔다.

그러나, Humphrey 사건[63]에서 대법원은 10여년 전에 대통령의 절대적 인 해임권을 옹호했던 Myers 판결과는 반대로 FTC의 위원은 FTC 법에 정한 사유이외에는 해임할 수 없다고 판결하였다. 순수하게 행정부서의 관리(purely executive officers)인 체신청장(post master)과 달리 FTC 위원 은 준입법적, 준사법적 기능을 수행하기 위해 행정부로부터 독립성이 보 장되는 자리이므로 대통령이라 하더라도 법에 정한 사유가 없이는 임의 로 해임할 수 없다고 판시하였다. 소송에서 DOJ는 FTC 법에 정해진 해임 사유는 예시적인 것에 불과하다고 주장하였으나 대법원은 받아들이지 아 니 하였다. 그리고 FTC 법 제6조 (d)[64]에서는 대통령이 FTC로 하여금 독 점금지법 위반혐의에 대해 조사하고 보고할 것을 지시하고 있지만 이것 은 FTC의 성격에서 유래하는 것이 아니라 FTC법 집행을 위해 부수적인 것이라고 판단하였다.

물론 이 판결은 70여년 전의 고전적인 판결로서 순수한 행정부서의 관

행위(malfeasance in office)를 해임사유로 규정하고 있다. 15 U.S.C. §41①.
62) Myers v. U.S., 272 U.S. 52 (1926).
63) 295 U.S. 602 (1935).
64) 15 U.S.C. §46(d).

리와 독립규제위원회의 위원 간 차이점에 대해 명확히 설시하지 않은 점은 있으나, 대통령으로부터 독립규제위원회의 독립성을 확보해 준 중요한 판결로 평가받고 있다. 이 판결 이후 대법원은 이러한 문제를 다시 논의할 기회가 없었기 때문에 아직도 이러한 법률적 쟁점에 대해서는 가장 원칙적인 판결로 이해되고 있다.

(3) 위원의 결격사유

독립규제위원회의 심리(hearing)가 공정하게 이루어지기 위해서는 위원들이[65] 사건과 관련이 있거나 선입견 내지 편견을 가지고 있어서는 아니된다. 그런데 법관 도 마찬가지이겠지만 특히 FTC의 위원들은 FTC의 정책을 결정하고 조사를 지시하거나 보고받으며 대통령과 의회에 수시로 보고를 하고 있기 때문에 사건과 전혀 상관이 없거나 예단이 없다고 할수는 없다. 그렇다면 문제는 어느 정도 선에서 그러한 것이 정당화되거나 부정되는가 하는 것이다.

아래에서는 이와 관련하여 실제 FTC에서 문제가 되었던 두 가지 사례에 대해 검토해 본다. 첫 번째 사례는 결격사유로 인정되지 않은 것이고 두 번째 사례는 결격사유로 인정된 것이다.

① FTC v. Cement Institute[66]

이 사건은 위원회가 FTC 직원들의 조사결과를 보고받고 의회나 대통령에게 보고를 하면서 당시 시멘트 업계에 만연한 가격책정방식에 대해 부

---

65) 행정법판사에 대해서도 결격사유가 문제될 수 있는데, 당사자가 결격을 주장하면 행정법판사가 스스로 판단하여 결격사유가 있다고 결정하지 않으면 행정법판사가 위원회에 당사자의 주장을 제출하여 위원회로부터 판단을 받게 된다(16 CFR §3.42(g)).

66) 333 U.S. 683 (1948).

정적인 견해를 밝히는 등의 행위가 예단 및 선입견의 이유로 인해 결격의 사유가 되는지 여부에 관한 것이었다.

위원들은 조사과정에서 강제조사를 허가하고 정식 심의에 회부하기 위해 행정소장을 발부하는 권한을 갖고 있다. 그런데 이러한 과정에서 강제조사를 허가할 것인지 행정소장을 발부할 것인지를 결정하기 위해서는 조사내용에 대해 상세히 알 필요가 있다. 그래서 정식 심의 이전에 사건에 대해 보고를 받으면서 어느 정도 선입견이나 편견을 가지게 되는 것은 불가피한 것이다. 법원은 위원들이 FTC의 직원들로부터 수시로 보고를 받는다는 것을 인정하였다. 그리고 FTC는 FTC법 제6조에 따라 수시로 대통령이나 의회의 상·하원에 독점규제법 위반혐의에 관련된 사실에 대해 보고를 하도록 되어 있는데, 그 과정에서 당시 위원들 전부 혹은 일부는 그러한 가격책정방식이 가격담합에 상당하는 것이라는 견해를 갖고 있었다는 점은 법원도 인정하였다. 그러나 그럼에도 불구하고 그것이 결격사유에 해당하는 것은 아니라는 게 법원의 판단이었다.

우선, FTC 직원들이 조사를 하였고 그 보고를 받은 결과 위원들의 생각이 영향을 받을 수는 있겠지만 그로 인해 위원들의 마음이 완전히 닫혀버려 그 이후의 심의가 무의미해 질 정도로 왜곡된 것은 아니라고 보았다. 피심인들은 증언을 하고 증거자료를 제출하고 반대심문을 하면서 그러한 가격책정방식의 합법성을 주장할 수 있다는 것이다. 또한, 사업자들의 주장대로 위원회가 사건을 회피한다면 정부 내의 어떤 기관도 심의를 하여 중지명령을 발할 수 없다는 것도 법원의 중요한 판단이유 중의 하나였다.[67] 이러한 것은 의회가 FTC 법을 제정한 입법의도와 맞지 않다는 것이다.

의회는 위원의 임기를 7년이나 되는 장기로 정하였고 이 기간 동안 업계에 대한 조사를 통하여 경험과 전문성을 축적하고 이러한 바탕위에서

---

67) 이를 필요성의 원칙(the rule of necessity)이라고도 한다.

사건을 처리하도록 한 것이 FTC를 창설하게 된 의도라는 점을 법원은 강조하였다. 법원은 추가로 어떠한 유형의 행위가 법에 의해 금지된다는 의견을 사전에 표명한 이후 유사한 사건을 담당하게 되더라도 이를 두고 적법절차 위반이라고 할 수 없다고 하였다.

② Cinderella Career and Finishing Schools, Inc., v. FTC[68]

이 사건은 당시 FTC 위원장이었던 Paul Rand Dixon이 위원회 심리에서 결격사유가 있는지 여부가 중요한 쟁점중의 하나였다. 당초 FTC는 Cinderella Career and Finishing Schools, Inc.가 허위, 오인 및 기만적인 광고를 한다는 이유로 우리나라 공정거래위원회의 심사보고서 상정절차에 해당하는 행정소장(admnistrative complaint) 발부를 통해 청문주재자(hearing examiner)[69]로 하여금 심리를 통해 판단하도록 하였다. 청문주재자(hearing examiner)는 FTC 심사관(complaint counsel)이 제기한 13개의 혐의 모두에 대하여 기각결정을 내렸다. 그러자 당해 심사관은 위원회에 이의(appeal)를 제기하였다.

위원회는 위원장인 Paul Rand Dixon도 참여한 심리를 통해 13개 혐의 중 6개 혐의에 대하여는 법위반을 인정하여 시정명령을 내렸는데, 이번에는 피심인 측에서 불복하여 연방항소법원에 소송을 제기하게 된 사건이다. 이 사건에서 쟁점은 크게 두 가지 였는데, 위원회가 적절한 이유(adequate reason)를 설시하지도 않은 채 청문주재자의 일차결정을 뒤집을 수 있느냐 하는 것과 당시 위원장인 Paul Rand Dixon에게 결격사유가 없느냐 하는 것이었다. 이 중 두 번 째 쟁점에 대해서 살펴보면, Dixon 위원

---

68) 425 F.2d 583 (1970).
69) 지방법원판사와 비슷하게 사건을 심리하여 FTC 내부에서 일차결정(initial decision)을 담당하는 독립적인 지위에 있는 공무원으로서 1972년에 Administrative Law Judge(ALJ)로 명칭이 바뀌었다.

장은 이의신청이 계류 중에 있을 때, 언론과 관련한 어떤 모임[70])에서 동 사건과 관련된 연설을 하게 되었는데 그 연설의 내용에서 이미 당해 사건을 예단한(prejudge) 듯 한 인상을 주게 된 표현들[71])이 문제가 되었다.

이 사건의 판결에서 법원은, 어떤 사업자가 불법행위를 하고 있다고 믿을 만한 이유가 있을 때에는 사실에 관한 보도자료 예컨대 어떤 사업자에 대해 행정소장을 발부하기로 하였다는 것과 같은 보도자료를 통해 법위반혐의를 시민들에게 알려 주어 경각심을 고취하는 것은 FTC의 권한으로 볼 수 있다고 전제하였다. 하지만 당해 사건과 같이 사안을 미리 판단하거나 이러한 인상을 주는 연설까지 허용되는 것은 아니라고 판시하였다. 만약 그렇게 되면 위원은 이미 말해 버린 입장에 얽매여 기록의 검토 후에도 달리 판단하는 것이 불가능하지는 않다 하더라도 대단히 어렵게 된다는 것이다. 위원의 결격여부를 판단하는 기준으로 법원이 제시한 기준은 사건과 관련 없는 제3자(a disinterested observer)가 보았을 때, 특정사건의 심리(hearing)이전에 법률 및 사실관계에 대하여 어느 정도 판단을 내렸다고 결론지을 수 있느냐 하는 것이었다.

본 판결에서 주목할 만한 또 한 가지는 Dixon 위원장의 한 표가 다수결에 불필요하였지만 이것으로 인해 법원의 결론이 달라지지 않았다는 점이다. 법원의 논리는 소송당사자는 공평한 심판을 받을 자격이 있는데, 한 명이 다른 사람들에게 어떠한 영향을 미쳤을지 계량적으로 알 수 있는 방법이 없다는 것이다.

---

70) Government Relations Workshop of the National Newspaper Association

71) 예컨대, "What about carrying ads that offer college educations in five weeks, ⋯ becoming an airline's hostess by attending a charm school?"

3) 行政法判事(ALJ)[72]

(1) FTC 행정법판사의 성격

행정법판사는 FTC에만 있는 것은 아니고 주로 FTC나 FCC와 같은 독립규제위원회 내지는 그와 유사한 성격의 기관들에 배치가 되어있다. 미국 헌법에서 "Article III judges"라고 불리는 연방법원판사는 임명 시 상원의 인준을 받고 임기는 종신제(life tenure)인데,[73] FTC의 행정법판사는 헌법에서 의미하는 통상의 연방법원 판사는 아니다. 어디까지나 연방행정절차법에 따라 연방거래위원장이 임명하는 FTC의 직원으로서 FTC의 준사법적인 절차 즉 공식적인 심판과 규칙제정절차를 주재한다.[74] FTC 사건처리절차에서 행정법판사의 역할이 대단히 중요한데, 한편으로는 사건조사에 전혀 관여하지 않은 공정한 제3자가 심의를 주재한다는 측면에서 공정성확보의 장치이면서 동시에 합의제 기구의 비효율성을 보완해 주는 장치이기도 하다. 특히 독립규제위원회의 문제점인 기능융합에 대한 보완장치 즉 소추직원과 심판직원 간 내부기능의 분리(intra-agency separation of those who prosecute a case from those who decide it)를 위한 장치로서 기능한다.[75] 따라서, 행정법판사로서의 임무에 부합되지 않는 일은 맡지 않는다.

---

72) 조성국, "미국 연방거래위원회 사건처리절차에 관한 연구", 「공정거래법 집행의 선진화」, 한국법제연구원, 2007, 91-113면 참조.

73) 미국 연방법원판사는 미국 사회 내에서 대단한 권위를 누리며 市법원 판사나 州법원 판사와는 격이 다르다. 통상 20-30년의 법조경력을 가진 자 중 엄격한 요건에 따라 주 상원의원의 추천을 거쳐 대통령이 임명한다. 연방지방법원 판사의 지시를 받아 비교적 경미한 사건이나 영장발부와 같은 일을 담당하는 Magistrate Judge판사도 헌법에서 의미하는 연방법원 판사는 아니다.

74) 16 C.F.R. §0.14.

75) Stephen G. Breyer, Richard B. Stewart, Cass R. Sunstein & Mattew L. Spitzer, Administrative Law and Regulatory Policy, 5th., Aspen, 2002, p.898.

행정법판사의 공정한 사건처리를 위해 많은 부분에서 업무처리의 독립
성을 보장하기 위한 장치가 마련되어 있는데, 채용시 인사관리처(Office
of Personnel Management; OPM)의 승인을 얻어야 하고 보수와 근무조건
등도 인사관리처의 통제를 받게 된다. 행정법판사의 징계는 실적제보호위
원회(Merit System Protection Board; MSPB)에 의한 청문의 기회를 부여
받은 후 기록에 근거하여 행하도록 되어 있다.76) 이처럼 FTC 행정법판사
는 비록 조직상으로는 FTC 소속으로 되어 있지만 인사, 보수, 징계 등 대
부분의 행정적인 업무는 중앙정부 인사부서의 통제를 받고 있어 연방거
래위원장이 통제할 수 없도록 하고 있는 것을 알 수 있다.

현재 미국 FTC에는 행정법판사실(Office of Administrative Law Judges)
이 직제로 되어 있고 수석행정법판사(Chief Administrative Law Judge)가
사건을 배당한다.77) 사건의 수가 많으면 행정법판사의 숫자도 늘어나고
사건의 수가 줄어들면 행정법판사의 숫자도 줄어든다. 물론 사건의 조사
부터 시작하여 심리와 최종결정까지 합의체로서의 위원회가 직접 행하는
것도 가능하기는 하지만, 합의체의 업무부담을 고려하여 대부분의 조사업
무는 직원들에게 위임을 하고 있고 심판업무는 행정법판사에게 위임하고
있다.78) 그래서 기본적인 사건처리절차는 사건국 직원들의 조사 및 심사,
소추에 이어 행정법판사가 일차결정(initial decision)을 행하고 최종적으로
위원회가 재심(review)을 담당하는 방식으로 이루어진다.

(2) FTC 행정법판사의 역할

FTC의 심의절차는 연방행정절차법(APA)에 규정된 공식적 심의절차에

---

76) 5 U.S.C. §7521(a).
77) 16 C.F.R. §3.42(b).
78) 연방규정집에서는 행정법판사실은 FTC가 사실심의 일차적 임무를 위임한 부서라고
규정하고 있다. 16 C.F.R. §0.14.

따라야 하는데 이러한 절차의 진행은 다음의 세 가지의 방법으로 이루어
질 수 있다[79] 첫째는 행정청(the agency) 자신에 의해서이다. 그러나 행정
청의 장이 직접 청문을 한다는 것은 시간적으로 거의 불가능하기 때문에
거의 활용이 되지 않는다. 둘째는 행정청을 구성하는 위원 또는 위원들
(one or more members of the body which comprises the agency)에 의해서
이다. 합의제 행정청을 염두에 둔 것으로 보인다. 그러나 합의제 행정청의
경우도 정책과 사건을 모두 담당해야 하는 위원의 입장에서 직접 청문을
주재하기는 사실상 쉽지가 않다. 세 번째는 행정법판사(one or more admi-
nistrative law judges)에 의해서이다. 사실상 대부분의 청문은 바로 행정법
판사에 의해서 이루어진다고 볼 수 있다.

행정법판사의 역할은 사실심 법원(trial court) 즉 제1심 법원판사의 역
할과 대단히 유사하다.[80] 행정법판사의 역할이 사실심 법원 판사의 역할
과 유사하다는 것은 미국 법률시스템 하에서 특별한 의미를 지닌다. 우리
나라는 3심제 체제에서 제1심과 제2심 모두 事實審이고 대법원의 上告審
만이 法律審이다. 그래서 제1심 법원과 제2심 법원 모두 사실문제를 다룰
수 있고 서증을 제출할 수 있으며 증인신청 등을 할 수 있다. 上告審은
채증법칙 위반이라는 제한된 사유에 한하여 사실문제를 다루는 게 통례
이고 스스로 사실인정을 하지 않고 사실심이 인정한 사실에 기속된다.[81]
당사자들도 上告審에서는 사실관계에 대한 새로운 주장을 하거나 증거를
제출하여 원심의 사실인정을 다툴 수 없다. 하지만 미국에서는 제1심만이

---

79) 5 U.S.C. §554(b).
80) Butz v. Economou, 438 U.S. 478, 513 (1978)
"There can be little doubt that the role of the modern federal hearing examiner or
administrative law judge within this framework is "functionally comparable" to that
of a judge. His powers are often, if not generally, comparable to those of a trial
judge."
81) 민사소송법 제432조(사실심의 전권) 원심판결이 적법하게 확정한 사실은 상고법원
을 기속한다.

事實審이다. 抗訴審 법원은 원심법원의 사실인정에 기속되고 사실문제를 다툴 수 없는 것이 원칙이다.

FTC 법에서는 이를 명시하고 있는데, 소위 實質的 證據(substantial evidence)의 법칙에 따라 "위원회의 사실인정이 증거에 의해 뒷받침되는 경우 결정적인 것이 된다."라고 규정하고 있다.82) 다만, 사건당사자들은 연방항소법원(Court of Appeals)에 추가로 증거제출 신청을 하여 법원의 허가를 받을 수 있는 경우가 있는데, 이러한 경우는 그 증거자료가 중요한 것이고 위원회의 심리에 있어서 그러한 증거를 제출하지 못하게 된 합리적인 이유가 있는 경우로 제한되고 그 경우에도 FTC는 추가적인 증거를 통해 사실인정을 변경할 수 있고 법원은 FTC에 명령의 변경 또는 취소를 권고할 수 있도록 하고 있다.83) 이는 FTC 심판절차를 제1심 법원 즉 사실심법원의 지위로 인정하겠다는 의미로 받아들여진다. 그리고 이러한 사실인정은 제1차적으로 행정법판사의 임무이다. 이러한 미국 법률시스템의 구조 하에서 행정법판사의 임무는 대단히 중요한 것으로 평가할 수 있다.

이러한 행정법판사는 해당 행정청의 규정과 자신의 권한의 범위 내에서 구체적으로 다음과 같은 역할을 한다.84)85) 선서와 확약(affirmations)의 관장, 법이 인정하는 소환장(subpoena) 발부, 증거의 제출에 대하여 결정하고 관련 증거를 채택, 진술(depositions) 신청을 받아들이거나 진술을 하게 하는 것, 청문진행, 화해(settlement)를 위한 회의 개최, 대안적 해결수단(alternative means of dispute resolution)의 권고, 제557조에 의한 결정

---

82) 15 U.S.C. §45(c)

"…The findings of the Commission as to the facts, if supported by evidence, shall be conclusive…". 'conclusive'의 의미는 우리나라의 간주와 유사하다.

83) 15 U.S.C. §45(c).

84) 5 U.S.C. §554(c).

85) 박수헌, "미국의 행정법판사에 관한 고찰", 「토지공법연구」 제27집, 2005.9, 275-280면 참조.

또는 결정권고, 기타 해당 행정청의 규칙에 의한 조치 등을 취할 수 있다.

연방규정집(CFR)에서는 FTC 행정법판사사의 권한과 의무에 대하여 자세하게 규정하고 있다. 행정법판사는 공정한 심의를 진행할 의무가 있으며 심판절차의 진행과 질서유지를 위해 다음과 같은 필요한 모든 조치를 취할 수 있다.[86]

- 증인의 선서(oath)실시
- 질의에 대해 답변할 것을 요구하는 영장(subpoenas)[87] 및 명령서 발부
- 심판정 외 증인선서(deposition) 실행 및 명령
- 당사자 신청이나 직권에 의해 당사자에게 자백(admission) 요구
- 증거제출 및 수령에 대한 결정 및 증거채택
- 심판의 진행, 당사자 및 변호인의 행동규제
- 합의해결, 쟁점정리 및 기타 적절한 목적을 위한 회의 주재
- 심판절차에서 모든 신청에 대한 결정
- 일차결정(initial decision) 작성 및 제출
- 결정을 위해 위원회에 질의 제출
- 기타 연방규정집 및 행정절차법의 취지에 부합하는 조치
- 지시에 불복하거나 시간을 끄는 등 심리진행을 방해하는 변호사에 대한 제재

FTC의 심의는 행정법판사가 거의 전적으로 담당한다고 해도 과언이 아니고 결정문의 작성도 행정법판사의 몫이다. 관행을 살펴보면 대심주의에 의한 심의가 종료가 될 무렵 행정법판사는 양 당사자에게 사실관계에 대

---

86) 16 C.F.R. §3.42(c), (d).
87) 형사상 영장을 의미하는 것은 아니다.

한 의견서(Proposed Findings of Fact)와 법률문제에 대한 의견서(Memo-randum of Law)를 제출하도록 한다. 각자 자신들의 관점에서 제출된 의견서를 검토하여 행정법판사는 결정문을 작성한다.[88] 행정법판사의 결정문은 채택된 증거를 종합해 봤을 때 타당성이 있어야 하며 신뢰할만하고 쟁점해결에 도움이 되며(probative) 상당한 증거가 바탕이 되어야 한다.

행정법판사의 결정에 대하여는 FTC의 조사관측과 被審人측이 결정문을 통지받은 지 10일 이내에 이의제기를 할 수 있고 위원회 스스로가 재심결정을 할 수 있다. 만약 이러한 이의제기나 재심결정이 없으면 행정법판사의 결정은 확정이 되게 된다. 만약 위원회가 행정법판사의 결정을 재검토하기로 결정하면 원칙적으로 공개적인 구두변론(aral argument)를 갖고 위원회가 최종결정을 하게 된다.

4) 사무처

엄밀히 말하면 FTC에 사무처라는 조직이나 사무처장이란 직위는 존재하지 않는다. 다만, 사건조사 및 일상행정적인 사무를 처리하는 부서가 있을 뿐이다. 우리나라 공정거래위원회의 사무처장이 사건 및 행정업무의 핵심적인 역할을 수행해 온 것과 대비가 된다. 사건조사는 소비자보호국(Bureau of Consumer Protection)과 경쟁국(Bureau of Competition)이 주도하고 경제국(Bureau of Economics)이 협조하는 방식으로 이루어지고 심의는 행정법판사(Administrative Law Judges)가 담당한다. 대부분의 일상행정업무는 행정국장(Office of the Executive Director)이 담당하고 있다. 비서실(Office of the Secretary)은 공정거래위원회의 심판행정과 유사한 업무를 담당한다.

---

88) 정세훈, "미국 경쟁당국의 사건처리절차와 제도에 관한 연구" (용역 보고서), 공정거래위원회, 1999, 61면.

제4절 미국 FTC의 법집행절차

1. 법적 근거 및 절차의 개요

1) 법적 근거

미국 FTC의 법집행절차는 연방행정절차법(Federal Administrative Procedure Act; APA)에 근거하고 있다. 이 법에는 크게 세 가지의 절차를 규정하고 있다. 첫째는 공식적 심판절차(formal adjudication)[1]고, 둘째는 공식적 규칙제정절차(formal rule making)이고, 세 번째는 비공식적 규칙제정절차(informal rule making)이다. 비공식적 심판절차(informal adjudication)에 대해서는 특별한 규정이 없다. 심판절차(adjudication)이라는 용어는 "명령을 형성하기 위한 행정청의 절차"("agency process for the formulation of an order")를 의미한다.[2] 그리고 명령(order)이란 "적극적이든 소극적이든, 금지든 선언의 형태건 상관없이 규칙제정을 제외하고 행

---

1) "adjudication"은 우리말에 정확히 들어 맞는 표현을 찾기는 어렵다. 재결절차이나 심판절차, 처분절차 등 다양한 번역이 이루어지고 있지만, 여기서는 FTC를 연구대상으로 하고 있기 때문에 우리나라 공정거래위원회에서 유사한 맥락에서 사용하고 있는 표현인 "심판절차"로 번역하여 사용하고자 한다.

2) 5 U.S.C. §551(7).

정청이 행하는 최종적 조치의 전부 또는 일부를 의미하고 다만 인가 (licensing)는 제외한다."[3] 이러한 정의에 의하면 "order"의 범위는 대단히 광범위해 지고 따라서 "adjudication"의 범위도 상당히 포괄적이다.

공식적 심판절차는 법에서 행정기관에 의한 청문의 기회부여 후(after opportunity for agency hearing) 기록에 근거해서(on the record) 심판절차를 행하도록 요구하는 경우에 적용이 된다.[4] 공식적 규칙제정 절차는 법에서 행정기관에 의한 청문의 기회부여후(after opportunity for agency hearing) 기록에 근거해서(on the record) 규칙제정을 하도록 요구하는 경우에 적용이 된다.[5] 비공식적 규칙제정 절차는 법에서 행정기관에 의한 청문의 기회 부여 후(after opportunity for agency hearing) 기록에 근거해서(on the record) 조치를 하도록 요구하지는 않는 경우에 적용이 된다.

FTC의 심판절차에 대하여 연방규정집(CFR)에서는 "행정청에 의한 청문의 기회부여 후 기록에 근거해서(on the record after opportunity for an agency hearing)" 이루어지는 공식적인 심판절차라고 규정하고 있다.[6] 따라서 FTC의 심판절차는 연방거래법상의 세 가지 절차 중 공식적 심판절차에 의거하여야 한다. 공식적인 심판절차는 법원의 소송절차와도 유사하지만 행정기관의 특성상 일부예외가 인정되어 있기 때문에 통상 준사법적(quais-judicial) 절차라고 불린다. 미국의 FTC의 사건처리절차는 사실상 미국의 민사소송절차와 상당부분 유사하다.

미국 FTC 직원들을 위한 업무지침서에 의하면, FTC의 심판절차는 많은 조항이 법원을 위한 연방 민사소송규칙(Federal Rules of Civil Procedures)에 근거를 두고 있기 때문에 민사소송규칙은 FTC의 심판절차 규칙을 해석하는데 지침이 될 수 있다고 설명하고 있다.[7] 그래서 미국

---

3) 5 U.S.C. §551(6).
4) 5 U.S.C. §554(a).
5) 5 U.S.C. §553(c).
6) 16 C.F.R §3.2.

FTC 사건처리절차를 제대로 이해하기 위해서는 민사소송절차(civil procedure)와 증거법(evidence)에 대한 이해가 필수적이다. 다만 배심원제도나 전문증거 배제 등 엄격한 증거채택절차 등 일부의 절차는 행정절차에 적합하지 않아 제외되거나 상당부분 완화되어 있다.

공식적 심판절차와 공식적 규칙제정절차에서 따라야 할 요건은 연방행정절차법 제556조와 제557조에서 규정하고 있다. 그리고 동법 제3105조에서는 상기의 절차를 위해 필요한 수만큼의 행정법판사를 임명하도록 규정하고 있다.8) 물론 FTC 자체 규정인 연방규정집 제16편(Code of Federal Regulations, Title 16)에 규정되어 있는 「FTC의 조직, 절차 및 행동규칙」(U.S. Federal Trade Commission Organization, Procedures and Rules of Practice)도 동시에 따라야 하는데 동 규칙 §3.12에서 §3.72까지와 §4.1에서 §4.7까지에 심판절차가 자세하게 규정되어 있다.

2) 절차의 개요

FTC 개략적인 사건처리절차를 그림으로 나타내어 보면 <그림 3>과 같다.

---

7) U.S. Federal Trade Commission Operating Manual, 1999, 10.7
  이 메뉴얼은 법적 구속력이 있는 것은 아니지만 직원들을 위한 업무지침서의 성격을 띠고 있어 실제로는 직원들이 업무를 처리하는데 가장 요긴하게 활용되는 자료 중의 하나이다.

8) 5 U.S.C. §3105
  "Each agency shall appoint as many administrative law judges as are necessary for proceedings required to be conducted in accordance with sections 556 and 557 of this title.…"

〈그림 3〉
FTC의 사건처리절차

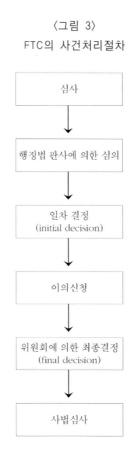

2. 사건의 단서 및 조사착수 여부의 결정

사건조사를 위한 단서는 일반국민이나 피해자로부터의 신고 및 직권인
지뿐만 아니라 대통령, 의회, 정부기관, 법무장관, 법원의 요청 등 대단히
다양하다. 신고에 대한 특별한 제한은 없으나 연방규정집에 의하면 위반
혐의와 위반인의 이름, 주소, 신고인의 서명을 기재하도록 하고 있다. 또

한 신고에 대한 특별한 양식이나 절차를 규정하고 있지 않다.

신고인은 후속절차의 당사자로 간주되지 않는다고 분명히 규정하고 있는데, 이것은 FTC의 절차가 공익을 위한 절차이지 당사자의 피해구제를 위한 절차가 아니기 때문이다. FTC는 우리나라와 달리 사건조사를 개시할 것인지에 대해 재량권이 광범위하게 부여되어 있는데 앞의 Clearance Procedures에서 살펴 본 것처럼 소관국에서 DOJ나 다른 정부기관과의 중복여부를 확인하여야 하고 대규모 사건이나 예산이나 인력이 과다하게 소요되는 사건 및 언론관련 사건은 사건에 위원회의 승인을 얻도록 하고 있다.

FTC가 사건에 착수하는 것은 단순한 사익이 아니라 공익(public interest)을 위하여서다. FTC법 제5조의 (b)에서는 이를 명시적으로 규정하고 있다. "FTC가 판단하기에 절차가 공익(the interest of the public,)에 이바지하는 경우"에만 사건에 착수할 수 있다.[9] 「FTC의 조직, 절차 및 행동규칙」에서도 FTC는 공익보호 차원에서만 조사 및 다른 활동을 개시하고 단순한 개인 간의 분쟁이나 대중에게 피해를 주지 않는 사안에는 개입하지 않는다고 규정하고 있다.

미국에서는 이미 1929년에 연방대법원은 FTC v. Klesner 사건에서 FTC는 본질적으로 사적인 분쟁에는 관할권이 없으며 공익에 부합하기 때문에 절차를 개시한다는 결정은 FTC의 재량에 따른 것으로 사법심사의 대상이 되지 아니 한다고 판시한 바 있다.[10] 그리고, 공익이란 것은 막연히 공동체의 이익에 도움이 되는 그러한 것으로는 부족하고 구체적이고 상당한 이익이 있어야 한다고 판시하였다.

즉, FTC는 공익적인 견지에서 판단하여 사업자가 법을 위반하였다고 "믿을 만한 이유"(a reason to believe)가 있다면 심판절차를 개시할 수 있

---

9) 45 U.S.C. §5(b).
10) 280 U.S. 19 (1929).

고 이러한 판단은 사법심사의 대상이 되지 않는 것이다. 물론 재량권이라 하더라도 자의적으로 행사되는 경우는 재량권 자체의 법리에 의해 사법적 심사가 가능함은 별론이다.

이처럼 미국 FTC에게는 사건착수에 있어서 공익판단을 매개로 하여 광범위한 재량이 부여되어 있기 때문에 수많은 신고가 있다고 하여 의무적으로 조사에 착수하는 것이 아니라 가장 공익성이 큰 사건을 선별하여 시장에 미치는 효과를 극대화하고자 한다.[11] 법에서 FTC가 공익성(public interest)을 고려하여 사건조사에 착수를 하도록 하고 있지만, 실제로는 공익뿐만 아니라 예산, 인력사정을 고려하여 신고사건에 대해 우선순위를 정하여 선택적으로 사건에 착수하고 있는데 예산이 결정적으로 중요한 역할을 한다고 한다. 그 결과 의회의 예산에 따라 사건착수 건수는 크게 변동하는 경향이 있다. 그리고 사건의 선정에 있어서 상당한 재량이 인정되고 있다 알려져 있다.

3. 조사(investigation)

1) 예비조사(Initial Phase)

사건의 단서가 확보되면 우선 예비조사를 하게 되는데 예비조사는 강제조사가 아니라 상대방의 협조를 얻어서 하는 임의조사이다. 그래서 당사자나 관계인으로부터의 자발적인 자료제출에 의하거나 자체적으로 자료를 수집한다. 기간은 원칙적으로 30일 이내이다. 예비조사를 마치게 되면 담당자는 예비조사보고서(Memorandum)를 작성하고, 소관국 차원에서

---

11) 미국 FTC의 선별적 사건처리 관행으로 인해 변호사의 능력을 판단하는 지표 중의 하나가 FTC로 하여금 조사에 착수하도록 할 수 있느냐 하는 것이라고 한다.

사건화 여부를 결정한다.

이때 주요한 기준으로 작용하는 것은 공익성(public interest)과 예산, 인력사정 등이며 이러한 것들을 종합적으로 고려하여 많은 신고가 있다 하더라도 신고에 대해 선택적으로 사건에 착수하고 있고 사건의 선정에 있어서 상당한 재량이 인정되고 있음은 앞에서 설명한 바와 같다.

2) 본조사(Full Investigation)

예비조사의 결과 원하는 내용이 미흡하거나 강제적인 자료요구가 필요한 경우에는 본조사로 전환을 한다. 결정권자는 소관국장인데, 소환명령 등 강제절차 진행시에는 위원회의 사전승인을 얻어야 한다. 예비조사나 강제조사를 마친 후 법위반혐의가 없다고 판단되면 소관국장 전결로 사건을 종결한다. 다만, 사전에 위원회 승인을 얻어 조사를 시작한 사건은 종결 시에도 위원회의 승인을 얻어야 한다.

만약 강제자료 요청을 받은 사업자가 이의가 있으면 20일 이내에 FTC에 이의신청을 할 수 있다. 이러한 신청은 그 근거를 명시하여 공식적으로 하여야 한다. 이의신청이 타당한지 여부는 강제절차를 담당한 위원이 판단한다. 강제절차 담당위원의 판단에도 이의가 있으면 공식으로 위원회에 이의를 제기할 수 있다.[12] 그리고, FTC의 강제조사절차 명령을 따르지 않는 경우에 FTC는 법원에 강제집행명령을 신청할 수 있고 이러한 법원의 명령을 위반할 경우에는 다음과 같이 처벌할 수 있다. 불출석 및 자료제출거부는 민사벌칙금(1천~5천 달러) 또는 구금 (1년 이하), 허위진술 및 허위자료 제출은 민사벌칙금(1천~5천 달러) 또는 구금(3년 이하)이 가능하다.

본 조사를 위해 활용되는 수단들을 구체적으로 살펴보면 다음과 같다.

---

12) 16 C.F.R. §2.7 참조.

(1) 令狀(Subpoenas)

1980년 법 개정 이전만 하더라도 FTC가 활용하는 강제자료요청의 주된 방법은 주로 영장(subpoena)이었다. FTC 법 제9조에 의해 발부되는 영장은 형사상의 영장은 아니다. 이것은 법원이 아니라 FTC 위원회의 승인을 받아 발부하는 것으로서 진술을 위해 강제출두(subpoena ad testificandum)를 명하거나 서류제출(subpoena duces tecum)을 명할 수 있는 것이다. 이 영장은 사업자가 이미 가지고 있는 자료의 제출을 명할 수는 있지만 새로운 자료를 작성하여 제출을 명할 수 있는 것은 아니다.

(2) 민사조사요구권(Civil Investigative Demand; CID)

CID는 1980년 FTC 법 개정시 도입된 것으로 근래에 들어 가장 많이 활용되는 조사방법이다. 처음에는 불공정하거나 기만적인 행위나 관행(unfair or deceptive acts or practices)의 조사를 위해 도입되었지만 1994년부터는 불공정한 경쟁방법(unfair metnods of competition)의 조사에도 사용할 수 있게 되었다. CID는 서증제출, 물증제출, 서면보고서 또는 질문에 대한 답변제출, 증언의 제공을 요구할 수 있는 권한으로서(FTC 법 제20조), 이를 요청할 경우에는 피혐의사실 및 작용법조를 기재하여야 한다(FTC 법 제10조). 하지만, 이를 통하여 압수수색할 수 있는 권한은 인정되지 않는다.

(3) 조사청문회(Investigational Hearings)

본 조사에서 가장 많이 활용되는 방법인데 소장(complaint) 제출 이후 행정법판사(ALJ)가 주재하는 심판청문회(Adjudicational Hearings)와는 다르다. 심판청문회와 달리 비공개로 조사관과 피조사인의 변호사가 입회한 후 진행되며 속기록에 청문내용이 기록된다. 이것은 법원의 소송절차에서 행하는 '법정 외 공식 진술'(deposition)과 유사한데, FTC 직원과 피조사인 변호사가 진실만을 진술할 것을 선서한 후 증인에게 구두심문하는 방식으로 진행된다.

(4) 연례 및 특별보고서(Annual or Special Report)

FTC는 연례보고서 및 특별보고서의 제출을 요구할 수 있다(FTC 법 제6조 b항). 또한 심판절차의 당사자는 심판준비에 필요하다는 것을 소명한 후(upon a showing of need for adequate trial preparation) 특별보고서 제출명령을 하여 줄 것을 FTC에 요청할 수 있다.

(5) 열람명령(Access Order)

서증을 확보하기 위한 현장조사(on-site inspection) 시 활용되는 것으로서 FTC 직원은 사업자의 영업소 등에 있는 자료를 열람하고 복사할 수 있다. 즉, 사업자가 자료를 작성하여 제출하는 것이 아니라 FTC의 직원이 사업체에 있는 자료를 복사하여 확보하는 방법이다. 이 권한은 최초의 조사과정에서 활용되는 빈도는 높지 않고 동의명령(consent order)에 삽입되어 이후 사업자가 그 명령을 충실히 이행하고 있는지 검토하기 위해 활용되는 경우가 많다.

4. 審議(hearing)

제2장에서 살펴본 것처럼 미국 FTC는 사건처리가 공정성을 결했다는 비판에 종종 직면하기도 하였다. 비록 연방대법원은 기존의 입법, 행정,

사법권의 분립체제에 대한 보완으로 출발한 독립규제위원회의 취지 상
효율성과 공정성의 조화를 위해 불가피한 측면이 있다고 보아 하나의 기
관에 소추기능과 심판기능이 융합되어 있다고 하여 그것이 적법절차를
부정할 만큼 불공정한 것은 아니라고 판결한 바 있다.[13] 하지만, 지금도
기능융합에 따른 사건처리의 불공정에 대한 비판이 계속되고 있으며 그
에 대한 방어논리로 자주 등장하는 것이 바로 조직 내 기능의 분리와 片
面的 意思疏通禁止이다. 비록 조직적으로만 본다면 소추기능과 심판기능
이 융합(combination)되어 있지만, 심의에 있어서 조사자과 심판자의 접촉
을 일정 부분 분리함으로써 판단의 공정을 기하고 있다는 논리이다.

1) 기능의 분리(separation of functions)

FTC의 위원들과 조사나 소추에 관여한 직원 간에는 직능분리가 이루어
지고 있지 않다. 실제로 위원들은 강제조사를 허가하고 심판개시여부를
결정하는 과정에서 직원들과 자주 접촉을 하게 된다. 그러나, 직원들
(staffs) 간 직능분리 즉 행정법판사와 조사 직원 간에는 직능분리가 이루
어지고 있다. 연방행정절차법에 의하면, 청문에서 증거의 채택을 담당하
는 자(통상 행정법판사)는 모든 당사자가 참가할 수 있다는 고지와 기회
의 부여 없이는 쟁점인 사실(fact in issue)에 대해 어느 누구와도(a person
or party) 상의할 수 없다.[14] 이것은 행정법판사로 하여금 당사자 어느 쪽
으로부터도 영향을 받지 않은 상태에서 중립적이고 객관적으로 임무수행
을 할 수 있도록 하기 위한 것이다.

또한 조사 또는 소추 기능을 담당하고 있는 직원의 감독(supervision)이
나 지시를 받을 수 없고, 조사 또는 소추를 기능을 담당하고 있는 직원은

---

13) Withrow v. Larkin, 421 U.S. 35 (1975).
14) 5 U.S.C. §554(d)(1).

당해 사안 또는 관련 사안에서 증인으로 출두하지 않는 한 결정, 권고결정 기타 행정청의 재심에 관여하거나 자문할 수 없다.[15] 그러나, 이러한 원칙은 행정청 자신이나 행정청을 구성하는 합의체의 구성원에게는 적용이 되지 아니 한다.[16]

미국 연방대법원은 행정절차법상의 직능의 분리원칙에 대해 너그럽게 해석하여 왔다. 가장 대표적인 판결은 1955년의 Marcello v. Bonds인데, 연방대법원은 이 사건에서 청문을 주재하는 이민국(INS)의 담당관이 집행권한을 갖고 있는 지역이민국장(district director)의 관장을 받도록 한 것이 헌법상 적법절차의 위반이 아니라고 판시하였다고 한다. 이러한 대법원의 입장은 행정기관인 독립규제위원회의 독특성 내지 업무처리의 불가피성을 비교적 폭넓게 인정하려는 것으로 보인다.

2) 片面的 의사소통(ex parte communication)의 禁止

연방행정절차법에 의하면, 행정청의 직원이 아닌 사람은 위원이나 행정법판사, 기타 결정과정에 관여하리라고 예견되는 직원과 심판절차의 본안과 관련된 片面的인 意思疏通(ex parte communication)[17]을 하거나 고의적으로 하도록 하여서는 아니 된다.[18] 마찬가지로 위원이나 행정법판사, 기타 결정과정에 관여하리라고 예견되는 직원도 외부인사와 심판절차의 본안과 관련된 片面的인 意思疏通(ex parte communication)을 하거나 하도록 하여서는 아니 된다.[19] 만약 위원이나 행정법판사, 기타 결정과정에

---

15) 5 U.S.C. §554(d)(2).

16) 5 U.S.C. §554(d)(2)(C).

17) 片面的 意思疏通이란 모든 당사자에게 합리적인 사전의 고지가 없이 공식기록에 남지 않는 구두 혹은 서면상의 의사소통을 의미한다. 5 U.S.C. §551(14). 이것은 우리나라의 '소정외 변론'과 유사한 것으로 볼 수 있다.

18) 5 U.S.C. §554(d)(1)(A).

관여하리라고 예견되는 직원이 외부인사와 심판절차의 본안과 관련된 片
面的인 意思疏通(ex parte communication)을 받거나 하는 경우는 그러한
모든 서면자료(written communications) 및 구두로 의견을 들은 내용과 이
러한 것들에 대한 자신들의 응답내용(responses) 일체를 공공기록(public
record)[20]에 남겨야 한다.[21]

이 규정에 위반해 어떤 당사자가 片面的인 意思疏通을 한 경우, 행정청
이 행정법판사 기타 청문을 주재하는 자는 공익적인 견지에서 그 당사자
로 하여금 片面的인 意思疏通으로 인해 불이익을 받지 말아야 할 정당한
이유를 해명하도록 요구하여야 한다.[22][23] 다만 이러한 규정이 있다고 하
여 의회로부터 정보의 요청을 거부할 수 있는 것은 아니다.[24]

이렇게 하는 이유는 모든 당사자가 참석하지 않은 자리에서 일방의 당
사자와 의사결정권자가 대면하여 대화를 나누게 되면 일방에게 불리한
정보의 제공에 의해 의사결정권자의 판단이 흐려지고 선입견이 개입될
우려가 있기 때문이다.

유의할 점은, 심판을 주재하는 행정법판사는 직능분리원칙에 따라 조사
나 소추에 관여한 내부직원과 片面的인 접촉을 할 수 없을 뿐만 아니라
본 조항의 片面的 意思疏通禁止원칙에 따라 외부인사와도 片面的인 접촉
이 금지되는 반면 FTC의 위원은 위원회 조직의 본질상 강제조사를 허용
하고 심판개시를 결정하고 중간보고 등을 받는 과정에서 직원들과 접촉
할 수밖에 없기 때문에 片面的 意思疏通禁止의 원칙이 위원과 내부직원

19) 5 U.S.C. §554(d)(1)(B).
20) 공공기록(public record)에 남겨진 자료는 일반인들이 열람하거나 복사할 수 있다.
    일부자료는 FTC의 홈페이지(www.ftc.gov)에 공개되어 있다.
21) 5 U.S.C. §554(d)(1)(C).
22) 5 U.S.C. §554(d)(1)(D).
23) FTC는 변호사의 경우에 소명을 들은 후 변호사 직무윤리 위반을 이유로 징계를 할
    수도 있다. 16 C.F.R. §4(1)(e).
24) 5 U.S.C. §557(d)(2).

과의 접촉을 전면적으로 막는 것은 아니라는 점이다. 하지만, 위원이라도
일단 심판절차단계(adjudicatory status)에 들어가면 FTC의 직원이 아닌 사
람뿐만 아니라 직원 중에서도 조사나 소추에 관여한 자와는 사건의 본
안[25])과 관련된 片面的 意思疏通을 금지하고 있다.[26]) 연방규정집 제16편
(Code of Federal Regulations, Title 16)에 규정되어 있는 「FTC의 조직, 절
차 및 행동규칙」(U.S. Federal Trade Commission Organization, Procedures
and Rules of Practice)에서는 이러한 片面的 意思疏通禁止의 원칙에 대해
좀 더 자세하게 규정하고 있다. 다만, FTC 위원들은 법률이나 경제전문가
의 보좌를 받고 있는데[27]) 이러한 보좌관과의 意思疏通조차 금지되는 것
은 아니며 심판절차가 아닌 절차에서 片面的인 意思疏通이 금지되는 것
도 아니다.[28])

---

25) 사건의 본안과 관련되지 않은 사항은 단독으로 의사소통을 할 수 있다. 예컨대 심의
   일자 조정과 같은 행정적 혹은 절차적인 요청은 성격상 片面的인 意思疏通이 될
   수밖에 없다.
26) 16 C.F.R. §4.7(b).
27) 미국의 연방법원판사들은 우수한 보좌관(law clerk)의 전문적인 보좌를 받고 있다.
   연방지방법원 판사는 정식 보좌관 2명, 연방항소법원 판사는 4명 정도의 보좌관을
   거느리고 있다. 연방대법원은 로스쿨을 졸업한 가장 우수한 직원들이 보좌관으로 선
   발된다고 한다. FTC의 위원들도 직원 중 우수한 자를 선발하여 3명 내지 5명을 선
   발하여 법률의 검토, 경제분석의 검토 등 전문적인 도움을 받고 있다. 위원들이 퇴임
   하는 경우 보좌관들은 다시 사건국 등에 배치를 받게 된다.
28) 16 C.F.R. §4.7(f).

5. 결정(decision)

1) 일차결정(initial decision)과 최종결정(final decision)

행정법판사에 의한 일차결정(initial decision)은 정해진 기간 내에 행정 청에 이의신청(appeal)이 제기되거나 행정청 자신이 재심결정(review on motion)을 하지 않는 이상 추가적인 절차가 없이 행정청의 결정이 된 다.[29] FTC 규칙(CFR)에서는 행정법판사의 일차결정문이 송달된 지 10일 이내에 위원회에 이의신청을 할 수 있도록 하고 있다.[30] 그리고 이의신청 서는 30일 이내에 제출하도록 하고 있다. FTC의 행정법판사가 일차결정 을 하면 FTC의 심사관이나 피심인은 이의를 제기할 수 있고 위원회 스스 로가 재고를 결정할 수도 있다.[31] 위원회는 이의신청을 검토하여 최종결 정을 내리는데, 행정법판사의 일차결정에 포함된 사실인정, 법적 결론 혹 은 명령을 그대로 채택하거나 수정 또는 거부할 수 있다.[32] 그리고 행정 법판사의 일차결정에 대하여는 법원에 불복신청을 제기할 수 없다. FTC 의 최종결정만이 불복의 대상이다.

또한 FTC에 이의를 제기하면서 포함하지 않은 사항은 이의가 없는 것 으로 간주된다.[33] 이의신청이나 직권에 의한 재심의 경우 행정청은 통지 나 규칙에 의해 쟁점을 제한할 수 있는 것을 제외하고는 자신이 일차결정 을 한다면 가질 수 있는 모든 권한을 가진다.[34] FTC의 최종명령은 통지

---

29) 5 U.S.C. §557(b).
30) 16 C.F.R. §3.52.
31) 16 C.F.R. §§3.52, 3.53.
32) 16 C.F.R. §3.54(b).
33) 16 C.F.R. §3.51(b).
34) 5 U.S.C. §557(b).

후 60일이 경과하면 효력을 발생한다.

2) 同意命令(consent order)[35]

(1) 동의명령의 법적 근거

동의명령 제도는 실용주의(pragmatism)적인 미국 법률문화의 소산으로 FTC에서만 활용되고 있는 것이 아니라 독립규제위원회 전반에서 많이 활용이 되고 있고 재판에서도 대부분의 사건이 동의판결로 종료되고 있다. 과거에는 현재의 동의명령 제도와 유사한 stipulation 제도가 있었는데, 이것은 사업자가 자발적으로 FTC의 조치에 따르겠다는 약속을 하면 이를 받아들여 합의해결을 하는 절차였다. 하지만 이 제도의 단점은 합의의 강제성이 없는 것이어서 상대방이 약속을 어기면 정식의 심판절차로 진행될 뿐 정식의 시정명령과 같은 집행력을 담보할 수 없어 효용이 떨어진다는 것이었다. 지금 이 제도는 폐지되었고 현재는 동의명령이 활용되고 있다. FTC의 동의명령(consent order) 제도에 대한 법적 근거는 FTC 법에는 나와 있지 않다. FTC 법은 심판절차(adjudicative proceedings)에 대하여는 비교적 상세히 규정하고 있지만 동의명령에 대하여는 규정하고 있지 않는데, 실제로 FTC가 처리하는 사건의 대부분은 同意命令에 의해서 종결되어 진다. FTC 내부 업무처리지침(Operating Manual)에서는 가능하면 합의해결을 통해서 사건을 처리하고 불가피한 경우 심판을 통해서(by consent if feasible, or by litigation if necessary.) 처리하라고 할 정도로 합의해결에 적극적이다.[36]

---

35) 조성국, "독점규제법 사건의 합의해결에 대한 국제동향과 시사점", 「중앙법학」 제8집 제2호, 2006, 350-357면 참조.

36) FTC Operating Manual 6.2(1999). 여기서 'litigation'이란 FTC에 의한 심판절차를 의미한다. FTC의 심판절차는 행정절차이면서 동시에 준사법적 절차이기 때문에 사법절차의 용어를 주로 사용한다.

미국 내에서도 동의명령에 대한 법적 근거가 무엇인지 몇 차례 문제가 되기도 하였는데, 연방행정절차법(Administrative Procedure Act, APA) 제 554조 (c)37)에서 동의명령에 대한 법적 근거가 주어진 것으로 보는 것이 일반적이다. 미국 연방항소법원(U.S. Court of Appeals)은 Safety and Health v. FTC 사건에서 FTC의 동의명령 제도에 대한 의회의 의도 및 선 례사건을 분석하면서 동 제도는 연방행정절차법(APA)에 의해 도입된 것임을 분명히 하였다.38) 동 규정에 따르면 행정청(Agency)은 시간과 절차의 성격 및 공익이 허용하면 이해당사자에게 합의해결의 제안(offers of settlement)에 대한 기회를 제공해야 한다. FTC의 동의명령제도에 대한 세 부내용은 연방규정집(CFR) §2.31-2.35 및 §3.25에 자세히 규정되어 있다.

(2) 同意命令의 법적 효력

FTC의 동의명령은 심판절차를 거친 일반적인 명령(order)과 동일한 구속력을 지니게 된다.39) 그래서 만약 사업자가 동의명령을 불이행하게 되면 통상의 시정명령 불이행과 동일한 절차에 따라 처벌받게 된다.40) 즉, 민사벌칙(civil penalty)을 부과 받을 수 있다.

그리고, 동의명령이 다른 소송절차에서 어떠한 의미를 지니는지 문제가 된다. 만약 동의명령의 사실인정이나 법률적용이 다른 소송에서 구속력을 가지게 된다면 사업자로서도 동의명령 절차를 활용할 유인(incentive)이

---

37) 5 U.S.C. §554(C).

   The agency shall give all interested parties opportunity for -

   (1) the submission and consideration of facts, arguments, offers of settlement, or proposals of adjustment when time, the nature of the proceeding, and the public interest : and…(이하 생략).

38) Safety and Health v. FTC, 498 F.2d 757, at 763 (1974).

39) James R. McCall, Consumer Protection, West Publishing Co., 1977, p.156.

40) 15 U.S.C. §45(k)(1).

크지 않을 것이다. 그래서, Clayton 법에서는 위반사실이나 위법성을 법적으로 확인해 주는 효력은 없다고 규정하고 있다. 즉, 어떤 피고가 다른 민·형사소송에서 독점규제법 위반이라고 판결을 받게 되면 그 피고에 대하여 제기된 다른 소송에서 그 판결(혹은 결정)은 일견 유리한 증거(prima facie evidence)로 취급되지만 동의명령은 정식심판절차를 거친 명령이 아니기 때문에 예외로 다루도록 하고 있다.[41] 따라서, 사업자의 입장에선 동의명령을 통해 사건을 신속히 해결함으로써 정식의 심리절차에 따른 시간적, 경제적 부담을 완화하고 불확실한 심판결과에 대한 위험을 회피하면서도 동시에 손해배상소송 등 민사소송에서 불이익을 당하지 않는다는 차원에서 이를 활용하게 될 유인을 갖게 되는 것이다.

실무적으로는 동의명령에 따른 여러 가지 법률적 논란을 피하기 위해 동의명령 합의안(consent agreement)에 피조사인[42]은 사법적 재심(judicial review)이나 이의신청(appeal)을 포기한다는 내용과 함께 당해 합의는 단지 당해 사건을 해결하기 위한 것이고 법위반혐의를 인정하는 것이 아니라는 내용을 삽입한다. 따라서 사업자의 입장에서 볼 때 동의명령 제도란 위반행위를 인정하지는 않지만 시간과 경비를 절약하고 사회에 좋지 못한 평판이 생기는 것을 방지하기 위하여 FTC와 계약을 맺어 사건을 종결하는 제도라고 볼 수 있다.

하지만 법위반혐의에 대한 인식의 정도에 있어서 피조사인과 조사담당 직원 또는 위원회는 분명히 차이가 있다. FTC 조사담당 직원이 조사를 마친 후 심판개시결정서안(proposed complaint)을 작성하여 위원회에 심판개시를 정식으로 요청하고 피조사인에게 송부한다는 것은 최소한 조사담당 직원들은 위법성을 믿고 있기 때문에 가능한 것이다. 특히 심판개시 결정을 하기 위해서는 당해 안건이 공공의 이익(public interest)에 부합하

---

41) 5 U.S.C. §16(a).
42) 공정거래위원회는 조사단계에 있는 사업자는 피조사인, 심판절차에 있는 사업자는 피심인이라 하는데, 본서에서도 그에 따라 번역한다.

고 법위반이 있었다고 믿을 만한 이유(reason to believe that the FTC Act has been violated by the respondent named in the complaint)가 있어야 한다. 따라서 심판개시 이후의 동의명령 절차에는 조사담당직원뿐만 아니라 위원회조차도 법위반이 있었을 것이라는 어느 정도의 믿음이 뒷받침되어 있는 것이다.

(3) 동의명령 발령 절차

연방절차법(APA) 및 연방규정집(CFR) §2.31에 의하면 시간, 사건처리 절차의 성격 및 공공의 이익이 허용하는 한 동의명령이 인정된다. 따라서 동의명령은 사업자의 권리가 아니라 FTC가 동의명령 신청이 법에 정한 요건에 적합한지 판단할 수 있는 광범위한 재량권의 대상이라고 해석되고 있다. 특히 공공의 이익(public interest)에 부합하는지 여부가 가장 중요한 고려의 대상이라 할 수 있다. 연방규정집에서는 동의명령 절차를 크게 심판절차 개시 전과 개시 후로 나누어 달리 세부적으로 규정하고 있다. 대부분의 동의명령 절차는 심판절차 개시 전에 이루어지지만 심판절차가 개시된 이후에도 동의명령 절차는 가능하다. 1975년 이전에는 극히 예외적인 경우(exceptional and unusual circumstances)에만 허용이 되었지만 지금은 그러한 제한이 없어 졌다.

① 심판절차 개시 전(Precomplaint)

심판절차 개시 전 동의명령 발령의 개략적인 절차는, 심판개시결정서안 송달 → 협의 및 동의명령안 작성 → 민간의견 수렴 → 위원회 검토 → 동의명령 발령 순이다.

FTC는 사건조사를 종료한 후 사업자에게 심판개시결정서안(proposed complaint) 및 시정명령안(proposed cease and desist order)[43]과 함께 심판

개시예고통지서(notice of intention to institute an adjudicative proceeding)
를 송달한다. 사업자는 송달받은 내용을 검토한 후 동의명령에 의해 사건
을 종결할 의사가 있으면 FTC에 그러한 의사를 통보하고 FTC의 직원들
과 세부내용에 대한 협의(negotiation)를 시작한다. FTC 직원들과 합의가
이루지면 동의명령안(consent agreement)을 작성하게 된다. 동의명령안을
위한 초안은 피조사인이 작성할 수도 있고 FTC 직원이 작성할 수도 있지
만 주로 피조사인이 협의를 제의하기 때문에 보통 피조사인이 초안을 작
성하게 된다고 한다. 그 후 여러 차례 수정안을 주고 받으면서 양측의 의
견을 조율한다고 한다.44) 여기에는 사실 및 법률적용의 인정, 심판절차의
포기, 사법적 재심이나 명령의 타당성에 대한 이의제기 등 모든 권리의
포기 등에 대한 내용을 담게 된다.45) 물론 이 과정에서 FTC 직원들은 관
련되는 부서들과 수시로 협의를 하면서 내부적인 조율도 병행하게 된다.

동의명령안(consent agreement)의 핵심 부분은 비합병사건의 경우는 주
로 행위중지 조항이겠지만 광고사건의 경우는 그릇된 광고로 인한 시민
들의 오인을 방지하기 위한 다양한 방안과 향후 재발방지를 위한 세부적
인 내용 등을 담게 된다. 사건 수가 많은 합병심사의 경우 문제가 된 사업
분야의 자산을 제3자에게 매각한다는 조항(즉 divestiture 조항), 약속한 자
산매각을 완수하기까지 문제가 된 사업부문을 별도로 운영하겠다는 조항
(즉 hold and separate 조항), 약속한 기일 내에 자산처분을 못했을 경우 별
도의 다른 자산도 제3자에게 양도한다는 조항(즉 crown jewel 조항) 등을
담게 된다.46)

---

43) 'cease and desist order'는 법집행초기에는 말 그대로 중지명령만을 의미하는 것으로
   좁게 해석되었으나 지금은 판례에 의하여 단순한 행위중지명령뿐만 아니라 법위반
   행위를 시정할 수 있는 다양한 조치를 내릴 수 있는 명령이라고 해석되고 있다. 따
   라서 여기에서는 '是正命令'이라 번역한다.
44) 정세훈, "미국 경쟁당국의 사건처리절차와 제도에 관한 연구" (용역보고서), 공정거
   래위원회, 1999, 53면.
45) 16 C.F.R. §2.32.

FTC 직원들과 사업자가 합의한 동의명령 합의안(consent agreement)이 위원회에 제출되면 위원회는 사업자가 명령을 이행할 방법을 자세히 기술하여 서명한 준비보고서(initial report)를 동시에 제출하게 할 수 있다.47) 위원회는 제출된 동의명령안에 대하여 적절하다고 판단되면 수락할 수도 있고 부적절하다고 판단되면 거절할 수도 있다. 위원회가 제출된 동의명령안에 대해 거절하는 경우는 법위반혐의가 충분하지 않거나 법위반혐의는 인정된다 하더라도 시정명령안이 미흡하다고 인정할 때이다. 또한 심판개시결정서를 발부하여 정식 심판절차를 시작하거나 동의명령 합의안의 수정요구를 하는 등 광범위한 재량을 가진다.48)

이러한 동의명령이 FTC의 독단이 아니라 일반인과 전문가들의 의견(public comments)을 수렴하여 절차적으로나 실체적으로 공정하고 투명하게 사건을 처리하기 위해 동의명령안과 관련 서류 등을 관보(Federal Register)에 게재한다. 60일간 의견을 접수하여 검토한 후 동의명령안의 수락여부를 최종 결정한다.49) 일반인들의 이해를 돕기 위해 분석서(analysis)를 작성하여 게재하는데 여기에는 합의해결안의 바탕이 된 정황과 사유, 반경쟁적인 영향, 수집된 증거의 성격과 범위, 시정조치의 성격, 소비자에게 미치는 영향에 대한 설명 등을 포함해야 한다.50) 만약 위원회가 그대로 수락하기로 최종결정하면 동의명령을 작성하여 송달함으로써 확정이 된다.51)

---

46) 정세훈, 전게보고서, 54면.
47) 16 C.F.R. §2.33.
48) 16 C.F.R. §2.34.
49) 'consent decree'도 DOJ 검사와 피고가 공익에 반해서 임의적으로 합의하는 것을 막기 위해 협의과정과 내용을 공공기록에 남겨두게 하는 등 엄격한 법적 통제를 하고 있다.
50) FTC Bureau of Competition Handbook, III.D.2 (1999).
51) 16 C.F.R. §2.34.

② 심판절차 개시 후(Postcomplaint)

동의명령 절차는 심판절차가 아니기 때문에 사업자가 동의명령을 제안하면 위원회는 심판절차를 중지하고 당해 안건을 심판절차에서 철회(withdraw matter from adjudication)할 수 있다.[52] 물론 심판절차는 통상행정법판사(ALJ)가 주재하기 때문에 실제적으로는 행정법판사가 철회결정을 한다. 심판절차에서 철회된 안건은 심판절차에 계류되어 있지 않는 것으로 간주한다.[53]

원래 FTC는 심판절차에서 사건처리의 공정성을 위해서 피심인이나 FTC의 직원과 계류 중인 사건에 대하여 상대방이 없는 자리에서 片面的인 意思疏通(ex parte communication)을 하여서는 아니 된다. 그런데 심판절차에서의 이러한 제한과는 달리 동의명령안을 검토하는 과정에서는 피심인 없이 위원회 직원들과 片面的으로 그것에 대해 논의하더라도 연방규정(CFR)이나 연방행정절차법(APA)상의 片面的 意思疏通에 해당하지도 않는다. 왜냐하면 片面的 意思疏通의 엄격한 금지는 단지 심판절차에만 해당하는데 동의명령을 위한 협의는 심판절차가 아니기 때문이다.[54]

안건이 심판절차에서 제외가 되면 위원회는 재량을 갖고, 당해 합의해결안을 검토하여 타당성여부를 판단한 후 수용하든지 아니면 거부하든지 결정하거나 다시 심판절차에 회부할 수도 있다. 경우에 따라서는 적합한 다른 조치를 취할 수도 있다. 동의명령안 자체는 공공기록(public record)에 삽입하지 않지만 그것이 위원회에 의해 채택이 되면 제출된 1차 보고서(initial report)와 함께 공공기록에 삽입한다. 그리고 이해관계인 등 공공의 의견을 수렴하는 등 그 이후의 절차는 심판개시 전 동의명령 절차와

---

52) 1994년 FTC의 조사가 시작되어 1999년에 종결된 인텔(Intel)사에 대한 독점혐의사건도 16 CFR §3.25의 절차에 따라 양 당사자 사이의 합의에 의해 사건이 종결되었다. 정세훈, 전게보고서, 158-165면.
53) 16 C.F.R. § 3.25(e).
54) Bristol-Myers Co. v. FTC, 469 F.2d 1116, at 1119-1120 (1972).

동일하다.

6. 司法審査(judicial review)

FTC의 결정에 이의가 있는 경우 피심인은 의결서를 송달받은지 30일 이내에 연방항소법원에 불복의 소를 제기할 수 있다.[55] 연방지방법원이 아닌 연방항소법원에 소송을 제기하도록 하고 있는 것은 FTC를 사실상 1심법원으로 대우해 주겠다는 의미이다. 연방항소법원의 판단에 대하여는 연방대법원에 상고를 제기할 수 있다.

연방법원의 사법심사는 주로 법률적인 측면에 대한 심사이고 사실문제 여부에 대하여는 심사의 권한이 대단히 좁다. Federal Trade Commission 법에서는 증거에 의해 뒷받침되는 경우 위원회의 사실인정은 결정적(conclusive)이라고 규정하고 있는데,[56] '결정적'이라는 표현의 의미는 우리 법의 간주에 해당한다. 이것은 소위 實質的 證據(substantial evidence)의 원칙을 선언한 것인데, 實質的 證據란 연방항소법원에 의하면 합리적인 사람이 어떠한 결론을 도출해내기에 적당한 것으로 받아들일 수 있는 관련증거를 의미한다.[57]

이러한 實質的 證據의 원칙하에서 위원회의 판단이 실질적 증거에 입각하지 않고 재량의 남용(abuse of discretion)이 있는 경우는 위원회 결정을 취소하지만, 대부분의 경우 연방법원들은 위원회의 전문성을 감안하여 위원회의 결정을 존중하여 왔다.

---

55) 15 U.S.C. §45(d).
56) 15 U.S.C. §45(c).
57) American Home Prods. Corp. v. FTC, 695 F.2d 681, 686 (3rd Cir. 1982).

제5절 미국 독점규제법 집행조직 및 절차의 시사점

　미국은 세계에서 최초로 현대적인 의미에서의 독점규제법 집행을 시작하였기 때문에 미국 독점규제법 집행기관의 법 집행경험은 우리나라뿐만 아니라 세계 각국 독점규제법 집행기관에게 많은 시사점을 주고 있다.

　우선 미국 독점규제법 집행기관의 가장 큰 특징은 독점규제법 집행이 二元的으로 이루어지고 있다는 점이다. 그 이유는 DOJ가 먼저 Sherman법을 집행하기 시작하였다는 역사적인 것과 함께 DOJ와 FTC 각 기관의 전문성 활용을 들고 있지만, 결과적으로는 독점규제법 집행에 있어서도 경쟁의 원리가 작용하고 있는 셈이다. 그러나, 이러한 중첩적인 법집행으로 인한 법 집행의 일관성 부족 및 기관 간 업무조정의 애로 등 부정적인 측면 또한 많은 것도 사실이다. 여기서는 우리나라에 대한 시사점을 얻기 위해 FTC를 중심으로 살펴본다.

　조직적인 측면에서 본다면 FTC는 행정기관보다는 법원을 역할모델로 설정하여 발족된 것으로서 전통적인 三府에서 분리하고 있고 위원의 임기를 대통령보다 긴 7년으로 함으로써 FTC는 세계 어느 나라의 독점규제법 집행기관보다 독립성이 뛰어나다. 미국 내에서의 논의를 보면 독립성의 침해에 대한 우려 못지않게 지나친 독립성으로 인해 민주적 통제가 어려워지고 여론에 둔감해 질 수 있다는 우려 또한 적지 않다. 하지만, 독점규제법 집행의 또 하나의 축인 DOJ의 장관이 각료회의의 구성원으로서 行政府의 입장을 반영할 수 있기 때문에 국가 전체적으로 본다면 양 기관은 상호보완적인 작용을 수행하고 있다. 그리고, 그 이외에도 심사기능과 심판기능의 융합에 따른 공정성 문제를 보완하기 위해 사실상 1심 법원 판사와 유사한 역할을 하는 행정법판사(ALJ) 제도를 두고 있는 점, 법률 전문가뿐만 아니라 우수한 경제분석 전문가를 다수 확보하여 전문성을 극대화하고 있는 점, 효율적인 조직운영을 위해 초기의 순수한 합의제 모델을 보완하여 왔다는 점 등을 특징으로 들 수 있다.

절차적인 측면에서 살펴보면, 공정성을 제고하기 위해 사건조사에 전혀 관여하지 않은 행정법판사(ALJ)로 하여금 심의를 주재하고 일차결정을 하도록 하며 심의가 시작된 이후에는 같은 기관에 근무하는 심사관과 행정법판사(ALJ) 또는 위원들이 심판정 밖에서 의사교환을 하지 않도록 片面的 意思疏通(ex parte communication) 금지 원칙을 엄격히 하여 피심인의 권익을 보장해 주고 있는 점이 가장 두드러진다. 그리고 효율적인 절차진행을 위해 同意命令(consent order) 제도를 적극적으로 활용하여 피심인의 동의를 받아 사건을 조기에 종결한다는 점과 시정명령에서 적극적인 作爲命令을 활용하여 동일하거나 유사한 사건의 재발을 미연에 방지하고 있다는 점 등을 장점으로 들 수 있다. 다만, 그럼에도 불구하고 지나치게 엄격한 절차로 인해 사건처리에 소요되는 기간이 너무 길다는 비판도 적지 않게 제기되는 실정이다.

제5장

일본 독점규제법
집행조직 및 절차

제1절 일본 獨占禁止法의 역사

1. 일본 獨占禁止法의 제정

일본의 독점규제법인 獨占禁止法, 줄여서 獨禁法은 2차 대전 패전 후 점령군 당국의 대일점령정책의 일환으로 추진된 것인데, 舊 일본제국의 군국주의적인 경제체제를 해체하여 민주적이고 평화로운 기반위에서 재편성하고자 한 것이었다. 특히, 재벌해체 조치를 통하여 얻은 성과를 항구적으로 정착시키기 위하여 경제체제의 기본적인 사항을 규율하는 소위 經濟憲法을 제정하고자 한 것으로 평가할 수 있다.

동 법의 제정경위는 1931년 공황대책 이후 일본 경제체제가 국가의 주도하에 전시경제체제로 이행된 과정과 이러한 전시경제체제 해체를 위한 연합군 점령부의 의지와 밀접한 관련이 있다. 일본은 1931년 공황대책으로 카르텔의 설립을 자유화하고 主務大臣이 카르텔의 구성원 및 비 구성원에 대해 카르텔 통제를 따르도록 명령할 수 있게 해 주었다. 1941년에는 여기에서 한 걸음 더 나아가 전시경제체제의 구축을 위해 국가가 모든 산업에서 카르텔을 강제적으로 설립하게 하고 그것에 기업을 강제로 가입시키고 '統制會'라는 단체를 만들어 정부가 임명한 회장이 커다란 결정권을 가지도록 하는 체제를 구축하였다. 전쟁을 위한 필수물자의 효율적

생산을 위해 정부가 시장에 대해 보다 강력하게 개입하여 전시경제를 뒷
받침하도록 해 주었던 것이다.[1] 이후에는 大藏省[2]의 강력한 행정지도 하
에 군수회사와 융자를 해 줄 은행을 지정해 주어 향후 금융과 산업의 결
합이라는 산물을 낳게 하기도 하였다.[3]

   2차 대전이 종전 된 후 연합군의 일본 점령 정책은 '항복 후 초기 대일
방침'과 '일본의 점령 및 관리에 관한 항복 후 초기의 기본지령'이라는 두
개의 문서에 잘 나타나 있는데 그것은 일본의 비군사화와 경제민주화라
할 수 있다. 그것을 위해 전시경제체제를 뒷받침해 온 재벌해체 및 經濟
憲法으로서의 獨占禁止法의 제정이 요구되었다. 우선 1946년부터 지주회
사의 해체가 이루어 졌고 이와 동시에 1946년 '일본재벌 조사사절단 보고
서'가 작성되었고 이를 토대로 미국 극동소위원회가 검토한 'SFE 182 문
서'가 제출되었다. 이것은 재벌뿐만 아니라 대기업 전체의 해체를 목표로
하는 급진적인 것이었는데 이를 토대로 1946년 8월에 연합군 총사령부는
'자유거래 및 공정경쟁의 촉진유지에 관한 법률안'을 제시하였다.[4] 소위
'카임씨안(カイム氏案)'이라고 하는데 이 법률의 기안자인 Posey Kime
의 이름을 딴 것이다. Posey Kime 는 총사령부의 '반트러스트 및 카르텔
과'(Antitrust and Cartels Division)의 입법계(Legislation Branch) 책임자였
다. 1931-1938년간 미국 Indiana 주 항소법원 판사를 역임하였고 이후
DOJ 독점금지국(Antitrust Division)에서 근무한 바 있다. 최종 법률은
Posey Kime가 귀국한 이후 당초의 안에서 바뀐 부분도 많지만 기본적인
내용은 당초의 안과 상당히 유사하다.[5] 당시 일본의 商工省은 이 법안에

---

1) 기스기 신, "제2장 일본의 경쟁정책의 역사적 개관(I)"「일본의 경쟁정책」(고토 아키
   라·스즈무라 고타로 편저) 2000, FKI 미디어, 24면.
2) 2001년 중앙정부조직 개편으로 해체되었다.
3) 기스기 신, 전게논문, 25면.
4) 상게논문, 29면.
5) John O. Haley, Antitrust in Germany and Japan, University of Washington Press,
   2001, p.30.

강력하게 반발하였으나 총사령부의 강력한 압력에 따라 많은 부분이 수정되긴 하였지만 결국 이 법안을 토대로 일본의 獨占禁止法이 제정되게 된 것이다.

이 법률은 「私的獨占의 禁止 및 公正去來의 確保에 관한 法律」(私的獨占の禁止及び公正取引の確保に關する法律)로 이름지어 졌다.[6] 동 법은 1947년 3월 18일에 각의에서 결정된 후 4일 뒤인 동년 3월 22일 明治憲法 하의 마지막 의회인 제92회 제국의회에 상정되었고, 연합군 총사령부의 강한 압력 하에 실질적인 심의도 없이 상정된 지 9일 뒤인 동년 3월 31일에 가결되었고 다음 날인 동년 4월 1일 법률 제54호로 공포되었다.[7]

이 법의 주요 특징은 다음과 같다.[8] 첫째, 미국의 독점금지정책을 그대로 수용한 것으로서 미국의 Sherman 법(1890년), Clayton 법(1914년), FTC 법(1914년)을 하나의 법률로 체계화 한 것이다. 그런데, 일본의 獨禁法은 미국의 것에 비해 오히려 더 엄격하였는데, 영향이 경미하지 않는 한 카르텔의 전면적 금지와 부당한 사업능력 교차의 금지 그리고 기업결합의 철저한 제한이 대표적인 예이다. 특히 기업결합의 제한은 회사상호 간의 주식보유와 임원겸임을 극도로 제한하고 있었다. 이와 같은 제정 獨禁法은 재벌해체, 농지개혁, 노동개혁과 함께 일본 민주화 정책의 마지막 기둥으로서 그것을 완성시키기 위한 전후 경제의 기본원칙을 제시하고 있었다는 점에서 경제헌법으로 자리매김을 받았다.[9]

---

6) 권오승, 경제법(제6판), 법문사, 2008, 112면.
7) 기스기 신, 전게논문, 30면.
8) 권오승, 전게서, 113-114면.
9) 기스기 신, 전게논문, 31면.

2. 原始獨禁法[10]의 후퇴

1947년에 제정된 原始獨禁法은 일본의 철저한 비무장화를 목표로 하여 지나치게 엄격한 것이었기 때문에 미국 내에서도 이를 미국 수준으로 완화할 필요가 있다는 의견이 많았고, 일본 내에서도 이를 완화해야 한다는 논의가 활발하게 되었다.[11] 그래서 1949년에 법 개정이 이루어졌는데 주된 내용은 국제계약의 인가제를 신고제로 변경하는 것과 사업회사의 주식보유나 합병에 대해 원칙금지의 입장에서 일정한 거래분야에서의 경쟁을 실질적으로 제한하는 경우에만 금지하는 것으로 변경하는 것이었다.

또한 1952년부터 한국전쟁의 호경기가 서서히 종결되어 가자 면사방적이나 화섬 등에 대한 操業短縮勸告[12] 등 전통적인 산업보호정책이 나타나기 시작하고, 임시조치법(1952년)이나 수출거래법(1952년)의 제정으로 獨禁法의 적용제외를 인정하여 카르텔을 공인해 주기에 이르렀다.[13] 이러한 행정지도나 입법에 의한 獨禁法의 완화에 대해 公正取引委員會는 사실상 무력할 수밖에 없었고 이로 인해 原始獨禁法의 經濟憲法으로서의 자리매김은 실질적으로 상실되어 갔다.[14] 이와 같은 정세의 변화는 獨禁法을 經濟憲法의 지위에서 '시대가 버리고 간 고아'로 격하시켜 버리는 것이었다.[15]

이러한 분위기 속에서 1952년 말 經團連에서 獨禁法의 대폭적 완화를 요구하는 '사적독점금지법 개정의 요망의견'을 발표하였고 정부에서는 公

---

10) 일본에서는 1947년의 獨禁法을 '原始獨禁法'이라 부른다.
11) 기스기 신, 전게논문, 35면.
12) 통산성의 행정지도에 의한 생산한도지시를 의미하는데 '勸告操短'이라 부르기도 한다.
13) 권오승, 전게서, 114-115면.
14) 기스기 신, 전게논문, 39면.
15) 권오승, 전게서, 115면.

正取引委員會로 하여금 개정안을 마련하도록 하였다. 1953년에 개정법률16)이 만들어 졌는데 주요 내용은 다음과 같다. 첫째 제4조(영향이 경미한 경우가 아니면 카르텔의 금지) 및 제8조(부당한 사업능력 교차의 배제) 삭제, 둘째 기업결합조항의 대폭 완화, 셋째 불공정한 경쟁방법의 규정을 불공정한 거래방법으로 변경하여 적용범위 확대, 넷째 적용제외를 확대하여 재판매가격유지행위, 불황카르텔, 합리화카르텔 포함 등이다. 이러한 개정은 카르텔이나 기업결합 등에 대한 예방적 규정을 소멸시키고 카르텔의 본질을 변질을 바꾸어 버린 것으로서 단순히 獨禁法이 완화된 것이 아니라 오히려 그 기본적인 성격이 변화된 것으로 평가된다.17) 이러한 개정에 대해 이 법을 직접 기안한 일본의 公正取引委員會는 경쟁정책의 후퇴라고 평가한 반면 通産省은 일본 전후경제의 경험에 비추어 실정을 잘 반영한 개정으로서 獨禁法의 기본원칙을 지키면서 獨禁法정책을 정착시키려고 한 것이라고 긍정적으로 평가하였다.18)

1953년 개정법으로 인한 獨禁法의 대폭적인 완화이후에도 추가적인 완화를 요구하는 움직임은 계속되었다. 이 시기에 특히 주목할 것은 개별 산업을 경쟁으로부터 보호하는 각종의 독금법 적용제외 입법이 제정되었고 그 외에도 勸告操業短縮이 많은 분야에서 되풀이 되었으며 불황카르텔이나 합리화카르텔의 인가수도 압도적으로 늘어났다는 점이다. 이러한 것은 정부와 업계의 이해관계가 일치되어 이루어 진 것이었는데, 정부는 산업육성차원에서 행정지도나 적용제외 입법 등을 광범위하게 활용하고자 하는 산업정책을 채택하고 있었고 업계는 정부의 개입이 지나치지 않은 한 경쟁의 제한을 적극적으로 활용하고자 하였던 것이다. 이것은 일본에 특유한 행정지도에 의한 행정으로 세계에 알려지게 된다.19)

---

16) 1953.9.1 법률 제259호.
17) 권오승, 전게서, 115-116면.
18) 기스기 신, 전게논문, 45-46면.
19) 상게논문, 48-49면.

3. 일본 獨禁法의 강화

1) 1977년 개정법

獨禁法 제정 이후 계속해서 완화되어 가던 獨禁法이 방향을 전환하게 된 계기는 1970년대 초의 오일쇼크이다. 이 당시 이미 일본의 경제구조는 독과점 시장으로 편성되어 있어서 유효한 경쟁이 상당히 제약되어 있었는데 오일쇼크가 발생하자 물가가 급등하였고 기업들은 매점·매석행위로 국민들의 반감을 사고 반대기업정서가 폭발하였다. 일반소비자들은 이러한 문제 대한 대책으로 獨禁法의 강력한 집행이 요구하였다.[20] 드디어 1977년에 獨禁法이 개정되었는데 제정 이후 獨禁法을 강화한 최초의 개정이었다. 개정법안은 公正取引委員會의 시안을 대부분 반영한 것이었는데, 주요한 것으로는 카르텔 위반에 대한 과징금제도의 도입, 독점적 상태의 개선을 위한 영업양도 명령제도, 대규모회사 및 금융회사의 주식보유제한의 강화, 과점업종에 있어서 가격의 동조적 인상의 이유보고징수제도 등이다. 개정사항 중에서 가장 높이 평가받는 것은 카르텔에 대한 과징금제도 도입인데 종래에는 배제조치명령에 그쳤기 때문에 기업의 입장에서는 비록 적발이 되더라도 이익이 되는 것이었다. 반면, 經團連은 과징금제도의 도입에 대해 비판하였는데 민사손해배상 제도와 형사벌 제도에 덧붙여 과징금까지 부과하는 것은 삼중의 罰이 된다는 것과 카르텔로 인해 이득을 얻지 못하게 된 경우에도 과징금을 징수당하게 된다는 것이다.[21]

---

20) 권오승, 전게서, 118면
21) 기스기 신, 전게논문, 68면, 주3).

2) 美·日 構造調整協議

일본 경제는 1970년대 초반의 오일쇼크를 극복하고 구조개선에 성공하여 순조로운 경제성장을 지속하였으나 무역수지의 대폭적인 증가로 미국과 통상마찰을 빚기 시작하였다. 그래서 1986년부터 미·일 구조조정협의가 시작되었는데, 표면적인 목적은 양국간 무역마찰을 해소하고 무역불균형의 원인이 되고 있는 구조적인 문제를 협의하여 그 개선책을 마련하고자 하는 것이었다. 그러나, 미국의 실제적인 의도는 미국의 통상법에 의해 문제를 해결하고자 하는 경우 양국간 관계의 악화우려가 있으므로 일본 거래관행이 구조적인 문제에 대해 자주적인 해결책을 촉구하고자 한 것이었다.[22]

미국은 일본에 대해 여러 가지 요구를 하였으나 주요한 내용은 일본 경제에 깊이 뿌리내리고 있는 경쟁제한적인 거래관행을 개선하라는 것이었다. 미국은 일본이 자본주의 사회의 기본적인 원칙인 獨禁法의 정신을 무시하고 무역지상주의 경제정책을 추진한 것이 무역수지 불균형의 원인이 되고 있다는 인식을 하고 있었다. 그래서 미국은 獨禁法 운용을 엄격히 하여 기업들 간 공정하고 자유로운 경쟁을 회복시켜야 한다는 점을 강조하였다. 이러한 요구가 계기가 되어 일본은 獨禁法을 강화하는 다수의 조치를 취하게 되었는데 주요한 것으로는 과징금의 인상과 형사벌의 강화, 경쟁제한적 정부규제의 폐지 및 적용제외 입법의 축소, 公正取引委員會의 심사체제 정비 등을 들 수 있다. 미·일 구조조정협의는 결과적으로 일본 정부가 獨禁法을 본격적으로 강화하게 된 중요한 계기가 되었고 통계적으로 살펴보더라도 公正取引委員會 심사부문의 정원이 1989년 129명에서 1996년 236명으로 2배 가까이 증가하였고 법적 조치는 1989년 7건에서 1996년 21건으로 크게 증가하였다.[23]

---

22) 권오승, 전게서, 119면.

4. 오늘날의 일본 獨禁法

오늘날도 일본의 獨禁法 집행강도는 그다지 높지 않다는 평가를 받고 있지만 몇 몇 분야에서는 법의 집행강화 및 적정절차의 확보를 위한 조치들이 마련되어 왔다. 예컨대, 일본 특유의 행정문화에서 관행화되다시피 해 온 입찰담합에서의 행정지도를 근절하기 위해 2003년에「入札談合 등 關與行爲의 排除 및 防止에 관한 法律」24)를 제정하여 공공기관이나 소속 직원에 대한 조사 및 제재를 할 수 있게 해 주었다. 2005년의 법 개정은, 형사기소를 위한 犯則調査權의 도입으로 조사권을 강화하였고 기타 절차적인 측면에서 큰 변화를 가져왔다. 2009년 개정되어 2010년부터 시행되고 있는 현행법은 과징금 제도의 범위를 확대하는 등 법집행강도를 한층 강화하였다. 주목할 점은 2009년 내에 사건처리절차를 재검토하여 새로운 조치를 취한다고 하여 추가적인 개정을 예고하고 있다는 점이다. 현재 국회에 제출 중인 법안에서는 公正取引委員會에 의한 심판절차를 폐지하는 다소 의외의 내용이 포함되어 있는데 세부적인 내용은 뒷부분에서 상술한다.

---

23) 기스기 신, 전게논문, 82-84면.
24) 정확한 법률명칭은 「入札談合等關與行爲の排除及び防止に關する法律」(改正 평성 18년 법률 제10호)이다.

제2절 일본 公正取引委員會의 지위와 권한

1. 公正取引委員會의 소속

일본의 독점규제법 집행기관은 公正取引委員會이다. 미국의 FTC가 입법, 사법, 행정의 삼부에 속하지 않는 제4부로서 독립적인 조직인데 반하여 일본의 公正取引委員會는 행정부에 소속되어 있다. 公正取引委員會는 내각부설치법 제49조 제1항 및 3항1)과 獨禁法 제27조 제2항2)에 의하여 설치되었고, 원래는 내각부에 속하고 있었는데 2001년의 '中央省廳等 改革'에 의해 그 소속이 총무성의 외국(外局)으로 바뀐 적이 있었다.

2001년의 中央省廳改編은 일본 정부가 2001년의 '中央省廳等 改革基本法'에 근거하여, 2001년 1월 6일에 시행한 中央省廳等의 개편 및 통합을 지칭한다. 이 개편은 割據主義에 의한 폐해를 없애고, 내각의 기능을 강화하며, 사무와 사업을 감량하고 효율화하는 것 등을 목적으로 하였다. 그래서 개편을 통하여 1府(총리부) 및 22省廳은 1府(내각부) 12省廳으로

---

1) 일본 內閣府 설치법 제49조 제3항
   "이전 2개 항의 위원회 또는 청(이하에서는 '위원회' 또는 '청'이라 한다)의 설치 및 폐지는 법률로 정한다."
2) 일본 獨禁法 제27조 제2항
   "公正取引委員會는 내각총리대신의 관할에 속한다."

바뀌게 되었고, 법령이나 정부의 공문서에서는 이를 가리켜 "中央省廳等改革"이라는 표기를 정식으로 사용한다. 이 개혁에 의해 公正取引委員會 總務省의 外局으로 편제가 되어 대외적으로 보기에는 위상이 격하된 것으로 보일 수 있었다. 또한 總務省이 통신 등의 사업법규제를 소관하는 관청이기 때문에 公正取引委員會의 독립적인 업무수행에 저해된다는 비판이 제기되었다.3)

그래서, 다시 2003년 4월 9일에 '公正取引委員會를 內閣府 外局으로 이전시키기 위한 관계 법률의 정비에 관한 법률'4)이라는 긴 이름의 법률에 의해 公正取引委員會는 總務省의 外局에서 다시 내각부의 外局으로 전환되어 內閣總理大臣의 관할에 속하게 되었다.

2. 公正取引委員會의 독립성

公正取引委員會는 內閣總理大臣의 관할에 있지만, 合議體로서 위원회의 결정은 상급기관의 지휘감독을 받지 아니하고 의사결정의 독립성이 인정된다. 일본 獨禁法 제28조에서는 "公正取引委員會의 위원장과 위원은 독립하여 그 권한을 행사한다"고 규정하고 있다. 일본 獨禁法 제27조 제2항에서 '管轄'이라는 표현을 사용한 이유는 그 권한을 행사하는데 있어서 지휘감독을 받지 않는다는 사실을 나타내기 위해서라고 한다.5)

公正取引委員會의 독립성이라고 하면 무엇보다도 公正取引委員會를 관할하고 있는 內閣總理大臣으로부터의 독립을 의미한다.6) 이를 위해 위

---

3) 白石忠志, 獨占禁止法, 有斐閣, 平成 18年(2006), 367면, 주1) 참조.
4) 정확한 법률명칭은 「公正取引委員會の內閣府の外局に移行させるための關係法律の整備に關する法律」(평성 15년 법률 제23호)이다.
5) 菊地元一·佐藤一雄·波光巖·瀧川敏明, 續 コンメタール 獨占禁止法, 勁草書房, 1995. 3면.

원장 및 위원의 자격, 보수7), 임명절차와 파면요건을 법에서 규정하고 있고 배제조치명령이나 과징금 명령 등 합의의 내용에 대해 비공개 하도록 법에 규정하고 있는 등 직무의 독립성을 보장해 주고 있다. 이러한 측면에서 公正取引委員會는 독립행정위원회로서 인정받고 있다. 즉, 위원장 및 위원의 임명에 있어서 내각총리대신 또는 국회의 영향을 받고 예산이 국회에 의해서 통제되며 매년 그 활동을 국회에 보고하여야 하며 公正取引委員會의 결정에 대하여 사법심사가 가능하다. 하지만, 일단 위원장 및 위원이 임명되고 예산이 결정된 이후에는 사건의 조사나 심판개시결정 및 위법성 판단에 대하여 완전히 독립적으로 의사결정을 할 수 있다는 의미이다.8)

公正取引委員會의 홈페이지에서도 公正取引委員會의 성격을 소개하면서, 公正取引委員會는 행정위원회로서 타 기관의 지휘감독을 받지 않고 독립적으로 직무를 수행하는 특징이 있다고 스스로의 성격규정을 하고 있다.9) 그러나, 公正取引委員會의 독립성은 獨禁法에서 구체적으로 인정되고 있는 것에 미치고 일반 행정기관과 같은 사무에는 미치지 않는 것으로 이해되고 있다.10) 예컨대, 사무총국직원의 인사관리, 복무규율, 예산 및 회계사무, 公正取引委員會를 당사자로 하는 소송사무, 법령 등의 제·개정사무를 들 수 있다.

이러한 公正取引委員會의 독립성에 대해서는 행정의 최고결정기관이 내각이라고 규정하고 있는 일본 헌법 제28조 및 행정각부는 내각의 지휘감독을 받게 하고 있는 헌법 제65조 및 제72조에 반한다는 이유로 위헌성

---

6) 白石忠志, 전게서, 368면.
7) 일본 獨禁法 제36조
    ① 위원장 및 위원의 보수는 별도로 정한다.
    ② 위원장 및 위원의 보수는 재임 중 그 의사에 반하여 감액당하지 아니한다.
8) 松下滿雄, 경제법개설, 동경대학출판부, 2006, 244면.
9) 일본 公正取引委員會 홈페이지(www.jftc.go.kr)
10) 白石忠志, 전게서, 369면.

이 있다는 주장이 자유민주당과 재계로부터 제기되어 왔다. 특히 1977년 법개정시 당시 참의원이었던 青木一男은 내각의 지휘감독권을 직무에 대한 지휘감독권이라는 전제하에 公正取引委員會의 독립성은 내각의 지휘감독권을 규정한 헌법위반이라고 주장하였다.[11] 그러나, 독점금지 정책은 자유주의 경제체제의 기본인 경쟁의 유지를 위한 것으로 통상의 행정부처보다는 정치나 행정으로부터 독립한 전문기관이나 재판소에 의하여 집행되는 것이 바람직하다는 점에서 헌법이 전제로 하고 있는 민주주의에 반하지 않는 것이라고 인정되어 왔다. 그 외에도 內閣總理大臣은 위원장 및 위원의 임명권이나 예산편성권 등에 의해 公正取引委員會를 콘트롤할 수 있다는 점, 公正取引委員會가 국회의 통제를 받고 있다는 점 등을 들 수 있다.[12] 현재 일본 내에서의 학설은 합헌설이 통설이다.[13] 今村 교수에 의하면 행정권이 내각에 속하기 때문에 행정작용에 대해서 반드시 내각의 지휘감독권이 미쳐야 한다는 것은 지나치게 경직적인 것이라고 한다.[14]

3. 公正取引委員會의 권한

일본 公正取引委員會의 권한은 다수의 獨禁法 교과서 및 실무관련 서적들에서 행정적 권한, 준입법적 권한, 준사법적 권한으로 분류하고 있다.[15] 여기서도 그러한 분류에 따라 살펴 본다.

---

11) 厚谷襄兒, 獨占禁止法論集, 有斐閣, 1999, 277면.
12) 丹宗曉信·岸井大太郎 編, 獨占禁止手續法, 有斐閣, 2002, 31면; 厚谷襄兒, 상게서, 276-278면.
13) 川越憲治 編著, 實務 經濟法講義, 民事法研究會, 2007, 20-21면.
14) 菊地元一·佐藤一雄·波光巖·瀧川敏明, 전게서, 10-12면.
15) 일본 公正取引委員會의 권한은 소관법령에 따라서 분류할 수도 있는데, ① 「獨禁

1) 행정적 권한

公正取引委員會는 기본적으로 행정기관으로서 행정적 권한을 보유하고 있는데, 그 권한은 獨禁法 및 기타 관련 법령에서 정하고 있으며 가장 핵심적인 것은 조사권한과 인가 및 신고수리 권한이다.[16]

獨禁法 제40조에서는 일반조사권에 대하여 규정하고 있는데, 公正取引委員會가 그 직무를 수행하기위해 필요한 경우 사업자 등에 대해 출두를 명하고 필요한 보고나 정보, 서류의 제출을 명할 수 있다. 이 권한은 獨禁法 운용전반을 위해 인정된 것이기 때문에 대상을 특정하고 있지 않다.[17] 그리고 獨禁法 위반사항에 관한 조사권은 동법 제47조에서 규정하고 있다. 또한 2005년 법 개정에서는 형사권의 발동을 위한 범칙조사권한을 도입하였는데, 獨禁法 제89조에서 제91조에 정해진 형사벌 부과를 위한 조사를 위하여 公正取引委員會 직원이 판사로부터 영장을 발부받아 압수·수색을 할 수 있는 권한을 부여하였다. 법 개정이전에는 행정조사를 통해 확보한 증거가 이후 형사절차에서 어떻게 취급되어야 하는지 의문이 있었고 그러한 행정조사권만으로는 형사상 소추가 제약되는 측면이 있었다.[18]

인가권으로서 獨禁法 제11조 제2항에 의한 금융회사의 주식보유 인가와 부당경품류 및 부당표시방지법 제10조에 정한 공정경쟁규약의 인정을 들 수 있다. 사업자가 인가의 신청을 하면 公正取引委員會는 법적인 요건

法」에 의한 권한, ② 獨禁法의 관련 법이라 할 수 있는 「경품표시법」 및 「하청대금지불지연 등 방지법」에 의한 권한, ③ 獨禁法 적용제외에 관한 개별법조문에 의한 권한 등으로 분류할 수 있다. 그러나 소관법령에 의한 분류는 일반 행정부처와는 상이한 公正取引委員會의 특성을 부각시키기 어렵다는 단점이 있다.

16) 菊地元一·佐藤一雄·波光嚴·瀧川敏明, 전게서, 8면.
17) 상게서, 41면.
18) 瀨領眞悟, "2005年法改正後の獨禁法の狀況と課題", 「競爭法研究」, 한국경쟁법학회편, 제16권, 법문사, 2007.11, 34면.

의 검토하여 인가여부를 결정하게 된다. 또한, 獨禁法 제8조 제2항에 따라 사업자단체를 결성한 경우에는 '公正取引委員會 規則'이 정하는 바에 따라 신고를 하여야 하고, 회사가 합병을 하는 경우에는 법 제15조 제2항에 따라 신고를 하여야 한다. 신고를 접수하면 필요한 사항의 누락이 없는지 또는 獨禁法 상 문제가 없는지 검토하여 당사자에 대하여 시정할 것을 행정지도하거나 경우에 따라서는 안건에 대해 조사할 수도 있다.

2) 준입법적 권한

公正取引委員會는 법률에 의해 내부규칙, 법위반사건처리절차, 인가신청절차 등 규칙제정권을 부여받고 있다.[19] 이들 중 내부규칙 및 사건처리절차에 관한 규칙제정권은 公正取引委員會가 독립적으로 업무를 수행하기 위해 중요한 역할을 하는 것이고[20], 獨禁法 제2조 제9항에 의한 불공정한 거래방법의 지정이나 「公正取引委員會 審査 및 審判規則」과 같이 사실상 법률에 준하는 것들도 있다. 松下滿雄 교수에 따르면 법에서 정한 행위유형의 테두리 내에서 公正取引委員會가 불공정한 거래방법을 指定하면 거기에 해당하는 행위는 불공정한 거래방법이 되는 것이고 해당하지 않는 행위는 불공정한 거래방법이 되지 않는다는 점에서 公正取引委員會의 지정은 중요하다고 지적한다.[21] 일본도 다른 현대 행정국가와 마찬가지로 굳이 公正取引委員會가 아닌 일반 행정기관도 법률의 위임을 받아 사실상 법률에 준하는 효력을 지닌 많은 입법작용을 하고 있는 것이 사실이지만 公正取引委員會가 다루는 경제사건의 특수성 및 독립기관으

---

19) 일본 獨禁法 제76조
　　公正取引委員會는 그 내부규칙, 사건처리절차 및 보고, 인가 또는 승인의 신청 기타 사항에 관하여 필요한 절차에 의하여 규칙을 제정할 수 있다.
20) 菊地元一·佐藤一雄·波光嚴·瀧川敏明, 전게서, 216면.
21) 松下滿雄, 전게서, 246면.

로서의 지위 때문에 입법작용의 범위와 정도가 상대적으로 더 넓기 때문에 준입법기관이라고 칭하는 것으로 이해할 수 있다.

3) 준사법적 권한

公正取引委員會의 준사법적 권한은 조사한 사건의 법위반여부에 대해 일차적으로 판단을 하여 배제조치명령이나 과징금납부명령을 내릴 수 있는 권한이다. 그리고 그러한 권한은 법원의 권한과 유사하기 때문에 그러한 권한의 행사절차는 법원의 재판절차와 대단히 유사하다. 다만 公正取引委員會도 행정기관이기 때문에 법원의 절차를 그대로 따르지는 않고 사법절차의 핵심인 대심적 절차에 충실한 편이라고 할 수 있다.

司法省도 법위반혐의가 있는 사건에 대하여 조사를 할 수 있지만 법위반여부의 최종판단은 법원이 하게 되는 반면 公正取引委員會는 법원의 판단이전에 일차적으로 법위반여부의 판단을 할 수 있고 피심인이 그 처분의 당부를 다투는 경우에만 법원이 그 처분의 적법여부를 판단하게 된다. 그리고 公正取引委員會의 절차가 사법절차와 대단히 유사하기 때문에 1심 법원은 원칙적으로 동경고등재판소가 될 뿐만 아니라[22] 소위 實質的 證據의 原則에 따라 당해 사건에서 公正取引委員會가 인정한 사실은 그것이 실질적 증거에 입각하는 경우 재판소를 구속한다는[23] 점에서 公正取引委員會는 사실상 제1심 법원으로 대우를 받고 있는 셈이다.

이러한 준사법적 권한이야말로 公正取引委員會를 일반 행정기관과 구별되게 하는 가장 특징적인 것이라 할 수 있다.

---

22) 일본 獨禁法 제85조.
23) 일본 獨禁法 제80조 제1항.

제3절 일본 公正取引委員會의 조직

1. 개요

일본 公正取引委員會는 다음의 <그림 4>에서 보는 바와 같이 5명으로 구성된 합의체로서의 公正取引委員會와 이를 보좌하는 사무총국으로 구성되어 있다. 우리나라와 같은 부위원장 제도나 비상임위원 제도는 없다.

〈그림 4〉公正取引委員會 조직도

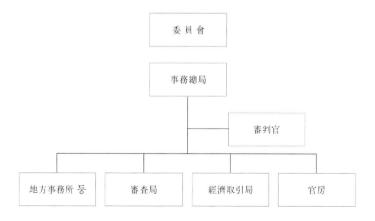

당초 위원회 정원은 7명 이었는데 1952년 법 개정이후 5명으로 되었다.[1]

사무총국은 크게 조사를 담당하는 심사국과 독금법정책 및 인가나 승인을 담당하는 經濟取引局, 행정을 담당하는 官房으로 나누어져 있다. 심판관은 위원회 직속이 아니라 사무총국 소속으로 되어 있다.

2. 委員

1) 위원의 임명 및 임기

公正取引委員會의 獨禁法 운용은 단순한 법령의 적용이 아니라 고도로 이해관계가 상반되는 경제적 현상에 대한 판단을 전문적이고 중립적으로 하여야 하는 것이다.[2] 따라서 이러한 업무를 수행할 수 있는 위원의 자격을 법에서 정하고 있다. 우선 사회의 경륜을 반영하기 위해서 연령이 35세 이상이 되도록 하고 있고 법률 또는 경제에 관한 학식과 경험이 있는 자로 정하고 있다.[3] 그리고, 70세가 되면 퇴임하도록 하고 있다.[4] 종래에는 65세로 규정하고 있었는데, 노령화 추세를 반영하여 5년 연장한 것이다.

위원의 임명권한은 內閣總理大臣에게 있다.[5] 위원장 및 위원의 임명권이 내각총리대신에게 있기 때문에 내각총리대신은 일정한 범위 안에서 獨禁法 집행에 간접적인 영향을 미칠 수 있다. 하지만, 정치적 중립성을

---

1) 菊地元一·佐藤一雄·波光巖·瀧川敏明, 續 コンメタール 獨占禁止法, 勁草書房, 1995, 13면.
2) 菊地元一·佐藤一雄·波光巖·瀧川敏明, 전게서, 13면.
3) 일본 獨禁法 제29조 제2항.
4) 일본 獨禁法 제29조 제3항.
5) 菊地元一·佐藤一雄·波光巖·瀧川敏明, 전게서, 14면.

보장하기 위해 위원의 임명 시에 兩院의 동의를 얻도록 규정하고 있기 때문에 중의원이나 참의원 중 어느 하나의 동의를 얻지 못하면 임명할 수 없다.6) 다만, 국회의 폐회 중이거나 중의원의 해산으로 인해 양원의 동의를 얻을 수 없는 경우에는 내각총리대신은 법에 정한 자격에 해당하는 자 중에서 우선 임명을 한 후 사후적으로 최초로 열리는 의회에서 승인을 얻으면 된다.7) 만약 사후적으로 승인을 얻지 못하는 경우는 그 때까지의 위원자격이 무효로 되는 것이 아니라 파면이 되게 되고 그 이후 위원자격을 상실하게 된다.8)

법에서는 '위원장 및 위원'이라는 표현을 계속해서 사용하고 있는데, 위원장은 단순히 위원 중 1인이 아니라 위원과는 별도로 위원장으로 임명이 된다. 법에서 위원장의 권한으로서 위원장은 公正取引委員會의 업무를 통할하고 公正取引委員會를 대표한다고 규정하고 있는데,9) 일본 국가 행정조직법 제10조의 "각 대신, 각 위원회의 위원장...은 그 기관의 사무를 統轄하고 직원의 복무를 統轄한다"는 규정에 대응되는 것이다.10) 하지만 이 규정은 위원장이 위원회의 의장역할을 맡고 일반 사무처리상의 총괄권한을 갖는다는 의미이지 위원회 의사의 최고결정권자라는 의미는 아니다. 그것은 위원회 의사결정에 관한 다수결 원칙 등 기타 규정들에서 합의제 기구의 성격에 특유한 규정들을 두고 있기 때문이다.11)

위원의 임기는 5년이며 위원장이나 위원은 再任할 수 있다. 임기를 5년으로 한 것은 위원들의 中立性과 獨立性을 보장해 주기 위한 것이다. 미

---

6) 일본 獨禁法 제29조 제2항.
7) 일본 獨禁法 제30조 제4항.
8) 일본 獨禁法 제31조 제6항.
9) 일본 獨禁法 제33조 제1항.
   "위원장은 公正取引委員會의 업무를 통할(總理)하고, 公正取引委員會를 대표한다."
10) 菊地元一·佐藤一雄·波光嚴·瀧川敏明, 전게서, 21면.
11) 상동.

국 FTC의 위원임기가 7년인 것을 감안하면 그 보다는 짧지만 우리나라 公正去來委員會 위원의 임기가 3년인 것을 감안한다면 그 보다는 긴 편이다. 우리나라 공정거래법에서 위원장이나 부위원장, 위원이 1차에 한하여 연임할 수 있다고 규정하고 있는데 獨禁法에서는 재임될 수 있다고 규정하고 있다.12) 1차에 한하여 연임할 수 있다는 것과 재임될 수 있다는 것의 차이점이 분명한 것은 아니지만 문법적으로만 본다면 연임은 임기만료 후 연달아 임명된다는 의미이고 재임은 연속성과 상관없이 다시 임명될 수 있다는 의미이다.

일본 公正取引委員會의 위원들은 우리나라와 마찬가지로 대체로 경제관료들이 임명되는 경우가 많았다. 이러한 현상에 대해 公正取引委員會의 권한행사의 독립성을 위해 경제관료가 아닌 법률가나 학자 등의 전문가가 일정 수 임명되는 관행이 필요하다는 지적도 있다.13) 위원의 임명권자는 內閣總理大臣이다.14) 하지만 일본 정치구조의 특성상 天皇의 認證을 받도록 하고 있다. 여기서 天皇의 認證이라는 것은 임명행위의 성립요건이나 효력발생요건은 아니고 天皇의 권위로써 임명행위가 정당한 절차로 성립하였다는 것을 공적으로 확인해 주는 것에 불과하다.15)

위원장과 위원은 官吏 즉 국가공무원신분으로 정하고 있다.16) 미국 FTC의 위원장이나 위원 또는 우리나라 公正去來委員會의 위원장이나 위원이 연방공무원 또는 국가공무원 신분인 것과 마찬가지이다.17)

---

12) 일본 獨禁法 제30조 제2항.
13) 菊地元一·佐藤一雄·波光嚴·瀧川敏明, 전게서, 14면.
14) 일본 獨禁法 제29조 제2항.
15) 菊地元一·佐藤一雄·波光嚴·瀧川敏明, 전게서, 14면.
16) 일본 獨禁法 제29조 제4항.
17) 영국에서 방송통신업무를 담당하는 OFCOM(Office of Communication)은 우리나라의 방송통신위원회와 유사한 역할을 하고 방송통신분야와 관련하여서는 영국의 경쟁법도 집행할 수 있는 권한을 부여받고 있는 조직이지만 OFCOM은 공무원조직이 아니라 특수법인형태로 되어 있다. 그래서 우리나라 방송통신위원회의 위원에 해당

2) 위원의 파면

일본의 獨禁法에서는 위원장과 위원의 파면요건에 대하여 규정하고 있다. 이 규정은 위원장이나 위원이 파면될 수 있는 경우를 정해둠으로써 위원의 직무집행을 엄하게 규율하는 반면 그러한 경우에 해당하지 않으면 신분이 철저히 보장되도록 함으로써 직무수행의 독립성을 보장하기 위한 것이다.

법에서 정하고 있는 요건으로는 6가지가 있는데, (i)파산절차의 개시결정이 내려진 경우 (ii)면직징계를 받은 경우 (iii)이 법 위반으로 처벌받은 경우 (iv)금고 이상의 형사판결을 받은 경우 (v)公正取引委員會가 심신의 장애로 업무수행을 할 수 없다고 결정한 경우 (vi)이 법 제30조 제4항[18]의 경우 양원의 사후승인을 얻지 못한 경우 등이다. 파면요건에 해당하면 내각총리대신은 파면을 시켜야 할 의무가 있는 것이지 재량이 인정되는 것은 아니다.[19]

3) 委員의 의무

위원은 앞에서 살펴본 바와 같이 상당한 수준의 獨立性을 보장받고 있는 반면에 통상의 공무원 이상의 직무수행 상의 의무를 지고 있다. 첫째 정치적 중립의 의무, 둘째는 내각총리대신의 허가가 있지 않는 한 보수를 받는 직무에 종사하지 말아야 할 의무, 셋째는 영리를 목적으로 하는 업

하는 역할을 맡고 있는 자를 기업에서 사용하는 명칭인 이사(director)라고 부르며 그들은 공무원 신분이 아니다. 다만, 신분보장이나 연금 등 여러 가지 측면에서 공무원에 준하여 대우하여 줄 뿐이다.

18) 임기만료나 결원이 생긴 경우 위원임명 시에 국회가 폐회하거나 중의원이 해산되어서 내각총리대신이 일단 임명한 후 사후에 최초로 구성되는 의회에서 승인을 받아야 하는 경우이다.

19) 菊地元一·佐藤一雄·波光嚴·瀧川敏明, 전게서, 20면.

무를 하지 말아야 할 의무이다.[20] 다만, 이 의무는 위원장과 위원들뿐만 아니라 政令으로 정하는 직원에게도 공통적으로 적용되는 의무이지만 실제로 정령으로 정한 직원이 없기 때문에 위원장과 위원들에게만 적용이 되는 의무라 할 수 있다. 일반 직원들은 국가공무원법의 적용을 받기 때문에 사실상 본조와 거의 동일한 의무를 지니는 것으로 볼 수 있다.

公正取引委員會의 위원장, 위원, 직원은 사건에 관한 사실의 유무나 법령의 적용에 관한 의견을 외부에 발표하여서는 아니 된다.[21] 이것은 현재의 사건에 대해서뿐만 아니라 과거의 사건에 대해서도 마찬가지로 적용이 된다. 다만, 법률에서 규정하고 있거나 법률에 관한 연구결과를 발표하는 경우는 예외이다. 법률에서 규정하고 있는 것은 심판절차에서 위원 혹은 심판관이 심판지휘로써 행하는 것, 심사관이 심판절차과정에서 의견을 발표하는 것, 위원의 소수의견 부기 등이다. 또한 과거의 사건에 대해서도 원칙적으로는 의견을 외부에 발표하여서는 아니 되지만 연구결과의 발표는 허용이 된다고 해석이 된다. 직원 개인의 연구발표는 獨禁法 운용을 개선하는데 많은 도움이 된다.

또한, 公正取引委員會의 위원장, 위원 및 직원이거나 이었던 자는 직무상 취득한 사업자의 비밀을 누설하거나 이를 부정되게 사용하여서는 아니 된다.[22]

4) 위원회의 議事

위원회 의결을 위해서는 최소한 3인 이상의 위원이 출석하여야 하는데, 위원장은 반드시 출석하여야 한다.[23] 만약 위원장이 사고로 출석할 수 없

---

20) 일본 獨禁法 제37조.
21) 일본 獨禁法 제38조 제1항.
22) 일본 獨禁法 제39조.
23) 일본 獨禁法 제34조 제1항.

는 경우에는 위원장을 대리하는 자가 위원장으로 간주된다.[24] 위원회는 위원장이 사고로 업무를 수행할 수 없는 경우를 대비하여 미리 위원장을 대리하는 자를 정해 두어야 한다.[25] 위원회 의결은 다수결에 의하는데 만약 출석자의 가부 동수인 경우에는 위원장이 결정을 내린다.[26] 다만, 위원장과 위원의 심신상의 사고로 인한 직무집행 불능에 관한 표결에 있어서는 다수결이 아니라 본인을 제외한 전원일치의 결정에 의한다.[27] 위원의 파면에 관한 결정에는 특히 신중을 기하여야 하기 때문이다.

3. 事務總局

1) 개요

公正取引委員會의 사무를 처리하기 위한 조직으로 事務總局을 두고 있다.[28] 事務總局을 총괄하는 자는 사무총장인데, 우리나라 公正去來委員會의 사무처장에 해당하는 직위로서 사무총국의 업무전반을 관장한다. 다만, 公正取引委員會가 심판관을 지정하여 행하도록 한 업무는 제외된다.[29] 사무총국에는 官房과 局을 두고 있다.[30] 官房은 주로 행정적인 업무를 수행하는데 局內 사무의 종합조정, 심판사무, 홍보, 인사 등의 업무

---

24) 일본 獨禁法 제34조 제2항.
25) 일본 獨禁法 제33조 제2항.
26) 일본 獨禁法 제33조 제2항.
27) 일본 獨禁法 제34조 제3항.
28) 일본 獨禁法 제35조 제2항.
   公正取引委員會의 세부조직형태는 獨禁法 및 국가행정조직법 제7조 제7항 및 公正取引委員會 사무총국조직령에 의해 정해진다.
29) 일본 獨禁法 제35조 제3항.
30) 일본 獨禁法 제35조 제4항.

를 담당한다. 局은 經濟取引局, 審査局을 두고 있다. 經濟取引局은 경제
실태조사, 인가, 경제법령 조정, 불공정한 거래방법의 지정, 하청대금지불
지연 방지법 관련 업무, 부당경품 및 부당표시방지법 관련 업무 등을 담
당한다. 審査局은 과거 公正去來委員會의 조사국과 유사한 업무를 담당
하는데, 사건조사 및 심판개시결정, 과징금납부명령, 고발 등의 업무를 담
당한다.

2) 審判官

일본 公正取引委員會도 미국의 행정법판사(ALJ)와 유사한 역할을 하는
審判官을 두고 있다. 심판관은 사무국 소속 직원 중에서 선정하는데, 심
판절차를 진행함에 있어 필요한 법적, 경제적 지식을 가져야 하고 공정한
판단을 할 수 있으리라고 公正取引委員會가 인정하는 자 중에 임명이 된
다.[31] 미국 FTC의 행정법판사가 통상 사무국 직원이 아닌 자 중에서 선
발하는 것과 대조가 된다. 심판관 제도를 둔 취지는 합의제인 위원회가
모든 사건을 심의한다는 것은 물리적으로 곤란할 뿐만 아니라 조사에 관
여하지 않은 공정하고 중립적인 전문가에게 심의를 맡긴 후 그 결론을 존
중한다는 적극적인 의미가 있다고 설명된다.[32]

일본식 심판관 제도는 미국식 행정법판사 제도에 비하여 심판관의 신
분보장이 상대적으로 취약한 반면 내부직원 중에서 충원하는 방식을 채
택하고 있어 심판관이 법에 대한 전문성과 경험이 풍부하다는 장점이 있
다. 현재 7명을 정원으로 하고 있는데[33], 실제로는 수석 심판관, 차석심판
관, 기타 심판관으로 구성된다고 한다.

심판관은 심판개시결정과 심결을 제외하고 준비절차, 증거조사, 청문

---

31) 일본 獨禁法 제35조 제9항.
32) 村上政博·栗田 誠 編, 獨占禁止法の手續, 中央經濟社, 2006, 86면.
33) 公正取引委員會 사무총국 조직령 제22조.

등 위원회가 위임한 심판절차의 일부를 수행하는데 위원회가 별도로 범위를 제한하지 않는 한 심결을 제외한 위원회의 모든 권한을 행사할 수 있다.[34] 심판관은 심판절차를 종결한 후 심결안을 작성하여 서명한 후 사건기록과 함께 위원회에 제출한다.

3) 검찰관 및 변호사 등

사무총국 직원 중에 법률전문가를 반드시 포함하도록 하고 있는데, 법에서는 검찰관, 임명 시 변호사인 자 또는 변호사의 자격을 갖는 자를 포함하여야 한다고 규정하고 있다.[35] 다만, 검찰관인 직원이 관장하는 사무는 獨禁法 위반사건에 한 한다.[36] 이 규정은 1949년 개정 전에 검찰관인 직원이 담당하는 업무는 獨禁法을 위반하는 범죄에 한정한 것을 개정하여 범위를 넓힌 것이라고 한다.[37] 그래서 범죄의 대상만이 아니고 행정제재의 대상으로서의 사건도 포함하는 것으로 해석이 된다. 하지만, 수사와 소송에 관한 지식이 풍부한 검찰관의 직무를 사무국 업무 전반으로 확대하는 것이 입법론적으로 바람직하다는 지적이 있다.[38]

그리고, 사무총국 직원 중에 변호사 등을 두게 하고 있는 것은 법률업무를 전문적으로 처리할 필요가 있기 때문인데, 검찰관의 업무가 법위반 사건으로 한정되어 있는데 반하여 변호사 등의 업무는 제한이 없다.

---

34) 일본 獨禁法 제56조.
35) 일본 獨禁法 제35조 제10항.
36) 일본 獨禁法 제35조 제11항.
37) 菊地元一·佐藤一雄·波光巖·瀧川敏明, 전게서, 28면.
38) 상게서, 29면.

4) 지방사무소

公正取引委員會는 사무총국 소속으로 7개의 지방사무소를 두고 있다. 각 지방사무소는 당해 지역에서 獨禁法 위반사건을 탐지하고 조사한다. 특히, 경품표시법과 하청대금 지불지연등 방지법의 업무는 지역과 밀접한 법집행이 요구되기 때문에 지방사무소업무의 큰 비중을 차지한다.[39]

---

39) 상게서, 30면.

제4절 일본 公正取引委員會의 법집행절차

　　일본 公正取引委員會의 사건처리절차를 그림으로 나타내어 보면 [그림 5]와 같다. 우리나라와 비교한다면 심판절차 이전에 명령을 한다는 점이 특이한 것으로 볼 수 있다. 이러한 절차는 미국식의 3면구조(대심구조)와 EU 위원회의 2면 구조가 결합한 일본식의 독자적인 절차라는 평가가 있다.[1] 아래에서는 단계별로 살펴 본다.

---

1) 村上政博·栗田　誠　編, 獨占禁止法の手續, 中央經濟社, 2006, 19-24면.

〈그림 5〉일본 公正取引委員會의 사건처리절차

1. 사건의 단서

일본 公正取引委員會가 사건의 조사에 착수하게 되는 단서는 다양하지만 가장 대표적인 것은 신고인데, 獨禁法 제45조 제1항에서는 "누구든지이 법률의 규정에 위반하는 사실이 있다고 생각하는 때에는 公正取引委員會에 대하여 그 사실을 신고하고 적당한 조치를 취하여 줄 것을 구할수 있다"고 규정하고 있다. 위반행위의 상대방이든지 아니면 제3자 이든지 상관이 없다. 일본의 동경변호사회에서 만든 公正取引法 가이드는, 익명에 의한 추상적인 신고로는 公正取引委員會가 좀처럼 심사를 개시하지 않으려고 하기 때문에 가능하면 서면으로 신고자의 주소 및 성명, 위반자의 주소 및 성명과 구체적인 위반사실의 적시 즉 6하 원칙에 따른 세부사항을 적시하여 제출하라고 권고하고 있다.[2] 또 될 수 있는 한 위반행위를 뒷받침한다고 생각되는 자료의 사본 예컨대 계약서의 사본이나 사진 등을 첨부하여 신고하라고 권고하고 있다.

신고인에 대하여는, 公正取引委員會 규칙으로 정한 요건에 따라 서면으로 구체적인 사실을 적시하여 신고한 경우 公正取引委員會는 적당한 조치를 취하거나 취하지 않은 결과를 신속히 통지해 주어야 한다.[3] 우편이나 전기통신을 통해 구체적 사실을 적시하여 신고한 경우 신고인에게 처리결과를 통지한다. 만약 신고인이 처리결과에 대하여 의문을 제기하는 경우는 公正取引委員會 내부에 설치된 심리회에서 재검토하여 검토결과를 회신한다.

신고가 있으면 公正取引委員會는 사건에 필요한 조사를 하여야 한다고 법에 규정이 되어 있는데[4], 이것이 公正取引委員會에게 구체적인 청구를 요구할 수 있는 청구권인지가 문제가 된 적이 있다. 일본 最高裁判所에 의하면 신고는 公正取引委員會의 심사절차개시의 직권발동을 촉구하는 단서에 불과할 뿐이고 구체적인 청구권을 부여한 것은 아니라고 하면서 조치요구에 대해 불문에 붙이는 결정은 취소소송의 대상이 되는 행정처분에 해당하지 않는다고 판시하였다.[5] 이러한 최고재판소의 판결에 대하여 대부분의 학설은 이를 지지하지만 일부 학설은 신고자 중 피해자에 대한 不問措置는 심결확정의 전제로서 인정되는 무과실손해배상책임소송을

---

2) 公正去來委員會(역), 公正取引法 가이드, 1997, 346면.

3) 일본 獨禁法 제45조 제3항.

4) 일본 獨禁法 제45조 제2항.

5) 最判 소화 47년(1972).11.16.

제기할 수 없어 법적 이익이 침해될 수 있으므로 이를 구제할 필요가 있다고 주장한다. 하지만, 법문에서 신고인 중 피해자를 달리 취급하고 있지 않고 일반 손해배상소송이나 금지청구가 가능하며 公正取引委員會가 개인의 직접적인 피해구제를 목적으로 하지 않는 이상 그러한 주장은 무리라는 반론이 있다.[6]

또한 公正取引委員會는 獨禁法의 규정에 위반하는 사실 또는 독점적 상태에 해당하는 사실이 있다고 생각하는 때에는 직권으로 적당한 조치를 취할 수 있다고 규정하고 있다. 그 외에도 「公正取引委員會 심사에 관한 규칙」[7]에 의하면 과징금 감면제도를 이용하는 사업자의 보고, 중소기업청의 청구, 각 부처로부터의 통지 등이 나열되어 있다.

이러한 사건의 단서가 포착이 되면 사무총국의 심사부장은 사실의 개요와 관계법조를 가능한 한 명확히 하여 동 사건의 심사개시 필요여부에 관한 의견을 붙여 위원회에 보고를 한다.[8] 위원회는 조사의 필요가 있다고 인정되는 사건에 대하여 당해 사건을 담당할 심사관을 지정하여 심사하도록 한다.[9] 이를 일본에서는 '立件'이라고 한다.

2. 審査

2005년 법 개정으로 獨禁法 제101조 이하에서 규정하고 있는 犯則調査權이 도입되기 이전만 하더라도 일본의 학자 및 실무자들은 일본 公正取引委員會의 조사를 조사의 대상을 기준으로 일반조사권과 사건조사권으로 나누거나 혹은 강제성 여부를 기준으로 임의조사권과 강제조사권으로

---

6) 丹宗曉信·岸井大太郎 編, 獨占禁止手續法, 有斐閣, 2002, 51-52면.
7) 公正取引委員會の審査に關する規則(평성 17년, 公正取引委員會規則 제5호).
8) 상기 規則 제7조 제1항, 제2항.
9) 상기 規則 제7조 제3항.

나누어 검토하여 왔다. 이러한 절차들은 모두 행정적인 조치를 취하기 위한 조사이고 원칙적으로 형사적인 조치를 취하기 위한 조사는 아니었다. 그런데, 2005년 법 개정으로 犯則調査權를 도입하여 형사적인 처벌을 위한 조사권을 도입하였다. 종래 일본의 獨禁法 집행은 주로 행정적인 조치에 의존하여왔다. 우리나라의 공정거래법과 비교할 때, 공정거래법 위반사항은 기의 대부분 시정명령이나 과징금 등의 행정적인 조치와 함께 형사벌이 규정되어 있는 반면 일본의 獨禁法은 카르텔 등 일부의 행위에 대해서만 형사벌이 규정되어 있고 그동안 그나마도 법집행이 활발하지 않았다는 평가를 받아 왔다. 그래서 이러한 犯則調査權의 도입은 법 집행의 강화를 위한 일환으로 평가될 수 있다.

여기에서는 기존의 조사권을 행정조사로 묶어 살펴보고 추가로 최근 새로 도입된 범칙조사에 대하여 살펴 본다.

1) 행정조사

행정조사는 최종적으로는 獨禁法 운용을 위한 정보수집이나 배제조치명령 또는 과징금 납부명령을 위한 조사이다. 獨禁法 제40조에서는 일반 조사권에 대하여 규정하고 있는데, 公正取引委員會가 그 직무를 수행하기위해 필요한 경우 공공기관(公務所), 특별법에 의해 설립된 법인, 사업자나 사업자단체 등에 대해 출두를 명하고 필요한 보고나 정보, 서류의 제출을 명할 수 있다. 이 권한은 獨禁法 운용전반을 위해 인정된 것이기 때문에 대상을 특정하지 않고 있다.[10)]

반면 獨禁法 위반사항에 관한 조사권은 동법 제47조에서 규정하고 있

---

10) 菊地元一·佐藤一雄·波光巖·瀧川敏明, 續 コンメタール 獨占禁止法, 勁草書房, 1995, 41면.

다. 동법 제47조에서는 "사건에 관하여 필요한 조사를 하기 위하여"라고 규정하고 있는데 이것은 동법 제40조에서 "그 직무를 수행하기 위하여 필요한 경우"라는 표현과 구분이 된다. 하지만, 많은 경우 양자는 구분이 쉽지가 않다. 그래서 구체적인 경우에 어떠한 조사권을 발동할 것인가는 公正取引委員會의 재량에 맡겨져 있다고 본다.[11] 동법 제47조에 의한 사건 조사를 위하여 公正取引委員會는 다음과 같은 조치를 취할 수 있다.

(i) 사건관계인 또는 참고인에게 출두를 명하여 사건에 관하여 심문하여 調書를 작성하거나 의견서 또는 보고서의 제출을 받는 것 (ii) 감정인에게 출두를 명하여 감정을 시키는 것 (iii) 장부서류나 기타의 물건소지자에 대하여 당해 물건의 제출을 명하거나 제출물건을 유치하는 것 (iv) 사건관계인의 영업소나 기타 필요한 장소에 입회하여 업무나 재산상황, 장부서류나 기타 물건을 검사하는 것.

만약 公正取引委員會의 조사권에 불응을 하게 되면 동법 제94조에 의하여 징역이나 형벌 등의 처벌을 받을 수 있다. 우리 공정거래법이 유사한 사안에 대하여 과태료를 부과할 수 있도록 한 것과 비교하면 대단히 강력한 조치이다.[12] 그런데, 이러한 일본의 조사권이 일본헌법 제35조에 규정된 영장주의와 관련하여 위헌성이 있지 않은가 하는 논의가 있다.[13] 왜냐하면 조사에 불응하는 경우 형사처벌을 받을 수 있기 때문이다. 그러나, 일본에서는 법 제47조의 조사권이 헌법상 영장주의에 반하는 것은 아니라는 것이 일반적인 견해이다. 이와 관련된 판결로서는 川崎民商 최고재판소 판결이 있는데 이 판결은 소득세법상의 조사권과 관련된 것이다. 이 판결에서는 소득세법상의 조사권은 공평하고 확실한 소득세의 부과 및 징수를 위한 자료를 수집하기 위한 것으로서 그 목적이 행정목적을 달성하기 위한 것이므로 조사의 결과 형사책임으로 이어지는 경우가 있다

---

11) 상동.

12) 공정거래법 제69조의 2.

13) 白石忠志, 獨占禁止法, 有斐閣, 平成 18年(2006), 394면.

하더라도 그것만으로는 영장주의에 위반하는 것은 아니라고 보았다. 또한 조사에 불응하는 자에게 형벌이 부과되어 조사권이 상대방을 간접적으로 강제하는 것이 사실이긴 하지만 당해 권한으로 달성하고자 하는 공익상의 목적을 고려한다면 그 정도로는 불합리한 것이라고 볼 수 없다고 판시하였다.[14)]

또한 일본 헌법 제38조의 自己負罪拒否特權과의 관계가 문제될 수 있다. 왜냐하면 조사불응의 경우 형사처벌이 가능하므로 영장주의와 마찬가지의 문제가 생길 수 있기 때문이다. 헌법 제38조의 취지가 형사상 책임을 질 수 있는 자에게 불이익한 진술을 거부할 수 있는 특권을 부여하고하는 것이기 때문에 조사에 불응하는 경우도 自己負罪拒否特權이 있어야하지 않느냐 하는 문제가 생긴다. 일본에서는 公正取引委員會의 조사권과 自己負罪拒否特權의 관계에 대하여도 영장주의에서 논의한 것과 마찬가지의 논리로 당해 조사권이 행정목적 달성을 위한 것이고 공익상의 목적을 위해 불가피한 것이라는 논리로 최소한 법문만으로 본다면 헌법상으로 문제가 되지 않는다는 것이 대체적인 견해이다.[15)] 다만, 행정조사에서의 진술이 형사책임으로 연결되는 경우에서는 법 제94조에 의한 조사불응 책임을 물을 수 없다는 견해가 유력하게 주장되고 있다.[16)]

2) 犯則調査

公正取引委員會로부터 지정을 받은 직원은 범칙사건을 조사할 수 있는데, 여기서 범칙사건이란 법 제89조에서 91조에 규정된 형사벌에 관한 사건을 말한다. 범칙조사에 대하여 獨禁法 및 「公正取引委員會 犯則調査에 관한 規則」[17)]에서 그 절차를 규정하고 있다.

---

14) 상게서, 395면.
15) 상게서, 396면.
16) 상게서, 397면.

범칙조사를 담당하는 직원은 범칙혐의자나 참고인 등에 대하여 출두를 요구하여 질문을 하거나 소지하거나 보유하고 있는 물건을 검사할 수도 있고 임의로 제출받아 영치할 수도 있다.[18] 범칙조사에서 주목할 만한 부분은 그 직원은 이러한 임의조사권뿐만 아니라 강제조사권도 행사할 수 있다는 점이다. 범칙조사를 담당하도록 지정을 받은 직원은 조사를 위해 필요한 경우 公正取引委員會를 관할하는 지방재판소 또는 간이재판소의 재판관에게 허가장을 발부받아 임검, 수색, 압수까지 할 수 있다.[19] 公正取引委員會를 관할하는 지방재판소와 간이재판소는 각각 동경지방재판소와 동경간이재판소이다. 만약 긴급을 요하는 경우에는 임검이나 수색 등의 대상이 되는 장소나 신체, 물건 등의 소재지를 관할하는 지방재판소 또는 간이재판소의 재판관이 발부하는 허가장에 의해 그렇게 할 수 있다.[20]

범칙조사를 담당한 직원이 조사를 종료한 경우 그 결과를 위원회에 보고하여야 한다.[21] 만약 위반행위가 악질이고 중대하다고 판단하는 경우에는 경찰청과 고발협의회를 경유한 후 검사총장에게 고발한다.[22]

일본에서 문제가 되는 것은 행정조사를 통해 얻은 정보나 자료를 단서로 하여 범죄조사를 하는 것이 허용되는가 하는 점이다. 조세법과 관련된 일본 最高裁判所의 판결은 이를 긍정하고 있다.[23] 하지만, 이 판결은 행정조사권이 범칙조사를 위한 수단으로서 활용된다면 이는 위법한 것일

---

17) 「公正取引委員會の犯則事件の調査に關する規則」(평성 17년, 公正取引委員會規則 제6호).
18) 일본 獨禁法 제101조.
19) 일본 獨禁法 제102조 제1항.
20) 일본 獨禁法 제102조 제2항.
21) 일본 獨禁法 제115조.
22) シテイユーワ法律事務所 編, 獨禁法のしくみ、中央經濟社, 평성 18년(2006년), 164면.
23) 最判 昭和 51년7월9일. 白石忠志, 전게서, 401면에서 재인용.

수 있다는 가능성을 시사해 준다. 즉 행정조사를 위해서는 필요하지도 않은 것인데도 불구하고 범칙조사를 위해 행정조사를 이용한 경우는 위법일 수 있다는 것이다.[24]

3) 不問處分

심사종료 후 법위반혐의가 없거나 조사의 필요성이 없는 사건은 조사중지(打切) 결정을 하거나 법위반을 미연에 방지하기 위해 주의촉구를 하거나 법위반의심은 있지만 증거라 확실하지 않은 경우는 경고를 하기도 한다. 이러한 처분 등을 통칭하여 일본에서는 不問處分이라고 부른다.[25] 이 중 警告는 일종의 행정지도로서 법위반의심이 되는 행위를 적시하여 중지하라고 하는 것인데 법집행이 투명하지 못하다는 이유로 비판이 있어 사전에 원칙적으로 의견진술 등의 기회를 부여하고 있다.

문제는 당해 불문처분에 대하여 불만이 있는 신고인 등이 항고소송을 제기할 수 있느냐 하는 것이다. 앞에서 신고는 公正取引委員會의 심사절차개시의 직권발동을 촉구하는 단서에 불과할 뿐이고 구체적인 청구권을 부여한 것은 아니고 그래서 취소소송의 대상이 될 수 없다는 취지의 일본 최고재판소 입장을 살펴보았지만, 국가배상청구소송을 제기하는 것은 가능하다고 본다. 즉, 公正取引委員會의 공무원이 권한을 행사하여야 할 조리상의 법적 의무가 있음에도 불구하고 이것을 행사하지 않는 것이 獨禁法의 궁극적인 목적에 반하고 불합리한 경우에는 권한의 불행사가 위법한 것이라는 고등재판소의 판례가 있다.[26]

---

24) 상게서.
25) 岸井大太郎 등 5인 공저, 經濟法(제5판), 有斐閣, 2008, 41면.
26) 大阪 高裁 평성 10.1.29. 상게서, 41면에서 재인용.

3. 배제조치 명령 및 과징금 납부명령

배제조치 명령은 미국 FTC의 'cease and desist order'에 해당하고 우리나라 공정거래위원회의 '시정명령'에 해당한다. 公正取引委員會는 조사를 마친 후 법위반행위가 있다고 인정하는 경우 심판절차를 거치지 않고 피조사인에게 의견진술 또는 증거제출 기회를 부여한 후 배제조치 명령 또는 과징금 납부명령을 발할 수 있다. 이것은 2005년 법 개정에서 가장 중요한 부분 중의 하나이다. 동시에 勸告審決 제도는 폐지되었다. 하지만, 배제조치 명령 및 과징금 납부명령에 불복하면 정식의 심판을 청구할 수 있다는 점에서 구조적으로는 구법상의 勸告制度와 유사한 기능을 하는 것으로 볼 수 있다. 2005년 개정 법 이전에 일본의 公正取引委員會는 조사 후 법위반행위가 있다고 판단하는 경우에 원칙적으로 위반행위를 배제하기 위해서 필요한 조치를 결정하여, 상대방에 대하여 위반사실 및 배제조치 명령안을 기재한 권고서를 교부함으로써 권고를 하였다. 동시에 권고를 응락 한 때에는 권고와 같은 취지의 심결을 하겠다는 취지를 기재한 통지서를 첨부하였다. 상대방은 일정 기간 내(통상 2주간 내지 1개월)에 권고를 응락할지 않을지를 결정하여 회답하여야 했다. 상대방이 응락하는 경우에는 권고와 동일내용의 심결을 하고 권고를 거절하는 경우에는 권고서와 동일내용의 심판개시결정서에 의해서 심판절차를 시작한다. 대부분의 사건은 권고심결에 의해서 종료하였다.27) 이러한 절차의 변경에 대해 위원회 제도 및 준사법 절차의 이상을 후퇴시킨 것이라는 비판도 제기되고 있다. 2005년 개정 전후를 비교할 때, 구법의 권고심결은 심판청구가 없이 확정된 배제조치 명령에, 동의심결은 심판청구를 취하하여 확정된 배제조치 명령에, 심판심결은 심판청구에 따라 이루어진 배제조치

---

27) 岸井大太郎 등 5인 공저, 전게서, 35면.

명령에 비교될 수 있다는 견해가 있다.[28]

1) 배제조치 命令

公正取引委員會의 조사결과 법위반행위가 있다고 인정되어 배제조치 명령을 하고자 하는 때에는 배제조치 명령의 상대방에게 우선 의견진술 및 증거제출의 기회를 부여해 주어야 한다.[29][30] 종래 勸告審決 제도의 문제점으로 지적된 것은 권고 이전에 피조사인으로부터 공식적으로 의견을 듣거나 증거제출을 받을 수 있는 절차가 결여되어 사건처리의 공정성을 해한다는 것이었다. 개정법에서 의견진술 등의 기회를 부여한 것은 절차의 공정성을 확보하기 위한 것과[31] 심판의 장기화에 대한 폐해를 시정하기 위한 것을 들 수 있다. 獨禁法 개정 이후 문제가 된 490개 사 중 배제조치명령을 거부하여 심판개시 된 비율은 1.1%에 불과하다고 한다. 종래 권고에 대해 거부하여 심판개시 된 비율은 2003년부터 2006년 기간 중 30.3%였다고 한다.[32]

배제조치 명령을 위하여는 다음과 같은 사실을 서면으로 통지해 주어야 한다.[33] ①배제조치 명령안 ②公正取引委員會가 인정한 사실 및 법령의 적용 ③公正取引委員會에 대하여 의견을 진술하고 증거를 제시할 수 있다는 사실 및 기한. 정당한 이유가 있다고 인정하는 때에는 직권이나

---

28) 川越憲治 編著, 實務 經濟法講義, 民事法研究會, 2007, 329면.

29) 일본 獨禁法 제49조 제3항.

30) 일본 獨禁法 제8조의4에 규정된 독점적 상태에 관한 조치는 2005년 개정 법에서 심판청구 전에 배제조치 명령을 하도록 하는 대상은 아니다. 이 조치는 종전과 마찬가지로 公正取引委員會가 심판개시결정을 한다.

31) 岸井大太郎 등 5인 공저, 전게서, 38면.

32) 瀬領眞悟, "2005年法改正後の獨禁法の狀況と課題", 「競爭法硏究」, 한국경쟁법학회편, 제16권, 법문사, 2007.11, 55면.

33) 일본 獨禁法 제49조 제5항.

신청에 의하여 의견진술 등의 기한을 연장해 줄 수 있다.[34) 의견의 진술은 서면주의가 원칙이지만 특히 필요하다고 인정하는 때에는 구두로 의견을 진술 할 수 있다.[35)

이러한 절차를 거친 후 배제조치 명령을 할 때에는 서면으로 하여야 하고, 그 내용으로 법위반행위를 제거하거나 제거된 것을 확보하기 위해 필요한 조치와 위원회가 인정한 사실 및 법률의 적용을 기재하여야 한다. 배제조치 명령은 위원장 및 위원의 合議에 의하는데[36) 위원장 및 표결에 참여한 위원은 서명·날인하여야 한다.[37) 배제조치 명령을 받은 자는 등본 송달일 60일 이내에 심판을 청구할 수 있다.[38) 이 기간은 불변기간은 아닌 것으로 해석된다.[39) 이러한 청구가 없으면 배제조치 명령은 확정이 된다.[40) 심판청구가 있는 경우 통상의 행정처분과 같이 執行不停止가 원칙이지만[41) 公正取引委員會는 필요하다고 인정하는 경우 배제조치 명령의 전부 또는 일부를 집행정지할 수 있다.[42) 그 집행정지의 결정을 위해서는 명령을 신속히 집행해야 할 필요성과 집행정지를 하는 경우 경쟁회복에 장애가 되는지 여부 등을 종합적으로 고려하여야 한다.[43) 배제조치명령이 확정되기 전에는 被審人은 재판소에서 정한 보증금이나 유가증권을 공탁하고 집행을 면할 수 있다.[44)

---

34) 公正取引委員會の審査に關する規則 제24조 제2항.
35) 상기 規則 제26조.
36) 일본 獨禁法 제69조.
37) 일본 獨禁法 제49조 제1항.
38) 일본 獨禁法 제49조 제6항.
39) 瀨領眞悟, 전게논문, 55면.
40) 일본 獨禁法 제49조 제7항.
41) 岸井大太郎 등 5인 공저, 전게서, 39면.
42) 일본 獨禁法 제54조 제1항.
43) 岸井大太郎 등 5인 공저, 전게서, 39면.
44) 일본 獨禁法 제70조의 6.

2) 과징금 납부명령

2005년 법 개정 이전에는 배제조치 명령을 위한 심판절차가 개시된 경우에는 그 절차가 종료된 이후에만 과징금 납부명령을 할 수 있었다.[45] 따라서 두 개의 절차를 동시에 진행할 수 없었다. 우리나라 공정거래위원회는 과징금 납부명령은 항상 시정명령과 같이 내려진다. 그에 반해 일본 公正取引委員會가 배제명령과 과징금 납부명령을 별개의 절차로 하였던 것은 두 개의 목적과 취지가 다르다고 보았기 때문이다. 그 중에 특히 중요한 것은 배제명령의 대상이 되지 않는 경우에도 과징금을 납부하기 위해서라고 한다. 예컨대, 위반행위가 종료되어 배제명령의 필요성은 없어졌지만 부당이득을 환수하기 위하여 과징금 납부명령이 필요한 경우이다. 실제로 1988년 橫須賀 미군 담합사건에서는 배제명령없이 과징금 납부명령만 행해졌다고 한다.[46] 하지만 개정법에서는 이 규정을 폐지하여 배제조치 명령을 위한 절차와 과징금 납부명령을 위한 절차를 동시에 진행할 수 있게 되었다. 과징금 납부명령을 위한 절차는 배제조치 명령을 위한 절차와 마찬가지로 사전에 과징금 납부명령안과 公正取引委員會가 인정한 사실 및 법령의 적용 등에 대해 서면으로 통지를 하고 의견진술 등을 들은 후 납부명령을 한다.[47] 과징금 납부명령은 2005년 법 개정 이전에도 상대방에게 의견진술 등의 기회를 부여하고 있었다. 즉, 배제조치 명령과 과징금 납부명령이 이원적인 절차로 되어 있었지만 법 개정 이후 절차가 일원화 되었다. 다만, 과징금 납부명령서에는 납부해야 할 과징금액 및 계

---

45) 구 獨禁法(2005년 개정 이전 법) 제48조의2.
46) 菊地元一·佐藤一雄·波光嚴·瀧川敏明, 전게서, 79면. 우리나라는 위반행위가 종료한 경우에 향후 그러한 행위를 반복하지 말라는 의미에서 선언적 시정명령을 하거나 법위반으로 인한 시정명령 수명사실 공표명령을 내리면서 동시에 과징금 납부명령을 한다.
47) 일본 獨禁法 제50조 제6항.

산의 기초, 과징금에 관련된 위반행위 및 납부기한을 명시하여야 하여 위원장 및 위원이 서명날인하여야 한다.[48] 납부명령은 등본의 송달일로부터 효력이 발생하는데[49] 납부명령에 불복하는 경우에는 등본송달일로부터 60일 이내에 公正取引委員會에 심판청구를 할 수 있다.[50] 2005년 법 개정 이전에도 과징금 납부명령에 불복하는 경우 심판창구를 할 수 있도록 규정하고 있었다. 즉, 배제조치 명령은 公正取引委員會가 권고를 한 후 불복하는 경우에 심판개시결정을 하여 심판절차를 시작하였으나 과징금에 대해서는 권고없이 납부명령을 하고 그에 불복하는 경우 被審人의 심판청구에 따라 심판절차를 시작하였다.

문제는 심판절차 중 과징금 납부명령의 효력에 관한 것이다. 구 법에서는 과징금 납부명령에 불복하여 심판청구를 하여 심판절차가 개시된 경우 당해 과징금 납부명령은 효력이 상실되었다.[51] 심판개정 법 제70조의9 제2항 및 제3항에 의하면 과징금 납부명령의 효력은 그대로 있는 것을 전제로 하여 납부기한이 지난 경우 연체금을 부과하도록 하고 있다.[52]

4. 審判

1) 심판절차

(1) 개요

公正取引委員會는 심판절차를 개시한 이후 직접 심판절차를 진행할 수

---

48) 일본 獨禁法 제50조 제1항.
49) 일본 獨禁法 제50조 제3항.
50) 일본 獨禁法 제50조 제4항.
51) 구 獨禁法(2005년 개정 이전 법) 제49조 제3항.
52) 瀨領眞悟, 전게논문, 55-56면.

도 있지만 위원들이 모든 사건을 처음부터 일일이 검토하는 것은 비효율적일 수 있기 때문에 심판관을 지정해서 심판절차의 일부 또는 전부를 담당하게 할 수 있다. 통상은 대부분의 사건을 심판관이 일차적으로 담당하여 심결안을 작성하여 위원회에 보고하고 심사관측과 피심인측에 송달한후 14일 이내에 이의신청이 제기되는 경우에만 심판절차를 진행한다.53) 다만, 審決은 위임할 수 없다.54)

公正取引委員會의 이러한 절차는 우리나라보다는 미국 FTC와 유사하다. 미국의 FTC도 행정법판사(ALJ)가 일차 결정(initial decision)을 내리면 피심인측과 심사관측에서 이의신청을 할 수 있고 그 경우에만 위원회가 사건을 심리하는 것이 일반적인 절차이다. 즉, 미국의 FTC나 일본의 公正取引委員會의 위원회가 심판을 주재하는 것은 행정법판사나 심판관이 일차적으로 내린 결정에 심판의 당사자가 異議를 제기하거나 위원회 스스로 재검토하기로 하는 경우에 한정되는 것이 대부분이다.

공정한 사건처리를 위해 당해 사건에 관해 심사관의 직무를 행한 적이 있거나 기타 당해 사건의 조사에 관여한 적이 있는 직원은 심판관으로 지정될 수 없다.55) 그리고, 사무총국의 산하에 있지만 조직내부에서 직능의 분리를 위하여 심판관은 심판사무에 관하여는 사무총장의 업무상 지휘를 받지 않는다.56) 심사관과 피심인은 심판기일에 출석하여 주장을 하고 증거를 제출할 수 있다.57) 公正取引委員會 또는 심판관은 심사관이나 피심인측에서 제출한 증거를 채택하지 아니하는 경우에는 그 이유를 명시하여야 한다.

---

53) 「私的獨占の禁止及び公正取引の確保に關する法律第五十三條第一項に規定する 審判手續に關する規則」제73조, 제75조.
54) 일본 獨禁法 제56조 제1항 본문.
55) 일본 獨禁法 제56조 제1항 단서.
56) 屋宮憲夫, 「審査·審判手續, 獨禁法の理論と展開[2]」, 日本經濟法學會 編, 三省堂, 2002, 309-310면.
57) 일본 獨禁法 제58조, 제59조.

(2) 직접진술 기회부여

公正取引委員會는 결정을 내리기에 앞서 심사관이나 피심인들로부터 직접 의견진술을 듣는 것이 가장 이상적이긴 하지만 효율성을 고려하여 심판절차의 일부 또는 전부를 심판관에게 위임함으로써 직접적인 의견청취 없이 최종결정이 내려 질 수 있다. 그래서, 피심인이나 그 대리인 중에는 심판관이 아니라 위원회에게 직접 진술을 하기를 원하는 자들이 있다. 그래서 법에서는 피심인 측에서 위원회에 직접 진술하겠다고 신청하는 경우 그러한 기회를 부여해 주어야 한다고 규정하고 있다.[58] 일본에서 실제로 문제가 된 사건이 있었는데 그 사건은 1995년의 東芝 케미컬사건이다. 이 사건에서 직접진술과 관련된 쟁점은 당초에 직접진술 기회를 부여해 준 이후에 처분을 내렸지만 그 처분이 법원에서 취소되어 파기환송된 경우 상대방이 다시 신청을 하지 않더라도 직접진술의 기회를 부여해 주어야 하는 것인가 하는 점이었다.[59]

원고의 주장은, 당초의 심결이 부적격 위원이 심판 및 심결에 참여하였다는 절차상의 하자로 인해 취소된 것이기 때문에 당초 심결의 절차 중 그 위원이 관여한 부분은 전부 위법한 것으로 다루는 것이 당연하고, 그 결과 그 위원이 관여한 직접진술 청취 및 심결은 당연히 그 효력을 잃어버렸다는 것이었다. 그리고 심판절차에서 직접진술기회를 부여하는 것은 가능한 한 간접심리에 의한 폐해를 방지하고 처분권자인 위원회가 사건기록 외 피심인이 행한 직접진술에 근거하고 피심인의 방어권을 보장하기 위한 것이기 때문에 적법하게 구성된 위원회가 행하는 것이 당연하다는 것이었다.

이에 대해 피고인 公正取引委員會는, 당시의 법 제53조의2의 2[60] 규정

---

58) 일본 獨禁法 제63조.
59) 平成 7년9월25일 東京高裁 平6 (行 ケ) 144호.
60) 公正取引委員會는 제51조(심판절차의 일부위임)의 규정에 따라 심판관에게 심판절

에 의한 피심인 또는 그 대리인에 대한 직접진술 기회의 부여는 사건의 환송이 이루진 경우라 하더라도 피심인 등의 신청이 있을 때에만 행하면 족한 것이고 원고는 신청을 하지 아니하였다는 점을 지적하였다. 또한 피심인으로서 직접진술 할 수 있는 절차상의 권리는 당초에 처분을 위하여 1992년 7월 15일에 실시된 직접진술에 의해 충족되었다고 해야 한다고 주장하였다.

이에 대해, 동경고등재판소는 환송사건에서 직접진술기회 부여 문제에 대하여 원고의 주장을 받아들이면서도 그렇다고 하여 동 처분이 위법한 것은 아니라는 취지의 판결을 하였다. 즉, 당초 심결을 취소하고 사건을 피고에게 환송한 이유는 특정 위원이 당초 심결에 관여한 것이 준사법절차로서의 公正取引委員會 심판절차에 있어서 공정성의 확보라고 하는 기본원칙에 반한다고 보았다. 당시의 행정사건소송법 제33조 3항에 규정에 비추어 사건을 환송받은 피고는 직접진술의 청취를 위해 열렸던 1992년 7월 15일의 심판기일절차를 포함한 심판절차를 다시 하지 않으면 안 된다고 판단하였다. 또한, 公正取引委員會는 당시의 심사심판규칙 제72조 제2항에서 사건이 환송된 경우 심판을 열 필요가 없다고 인정을 할 때에는 직접 심결을 할 수도 있다는 것을 근거로 원고에 대하여 다시 직접진술의 기회를 부여하지 않고 심결을 하여도 위법이라고 할 수는 없다고 주장하였다. 이에 대하여 원고는 당시의 심사심판규칙 제72조 제2항은 본건 사건과 같이 심결절차의 위법에 의해 환송된 사건에서조차 피고에게 직접진술을 청취할 것인지 말 것인지에 대한 재량을 인정한 것은 아니라고 주장하였다. 이에 대해 동 재판소는, 당시의 심사심판규칙 제72조 제2항은 위원회가 당시의 법 제83조에 의한 사건의 환송이 있던 경우 심판을 열 필요가 없다고 인정한 때에 곧바로 심결을 할 수 있는 취지를 정하고

차의 일부를 행하게 한 경우에 있어서 피심인 또는 대리인의 요청이 있을 때에는 이들이 직접 公正去來委員會에 대해 진술할 기회를 부여하여야 한다.

있지만, 심판절차 자체가 위법이라는 이유에 의하여 심결이 취소되고 환송된 경우에까지 적용이 된다는 의미는 아니라고 판단하였다. 행정소송사건법 제33조의 규정에 비추어 보아도 당연한 결론이라는 것이다.

따라서 동 재판소는, 원고에 대하여 법 제53조의2의 2 및 심사심판규칙 제68조의 3에 의한 직접진술의 기회를 부여하지 않고 내린 심결은 절차상 하자가 있다고 보았다.

하지만, 동 재판소는 그것만으로 본 건 심판절차가 위법으로서 심결이 취소되어야 하는지에 대하여는 검토가 필요하다고 보았다. 직접진술기회의 부여란 피심인의 방어권보장을 위한 것으로서 민사소송법상 직접심리주의의 원칙과 동일한 원리를 도입한 것으로 볼 수는 있지만, 公正取引委員會의 절차는 민사소송과 기본적으로 취지를 달리하고 있고 간접심리를 허용하고 있으며 변론갱신의 절차도 마련되어 있지 않다는 사실 등을 감안하여 판단하여야 하고 따라서 심판절차에 하자가 있기 때문에 곧 심결이 위법이라고 할 수는 없으며 피심인의 방어권 행사에 실질적인 영향이 있었는지를 판단하여 위법여부를 결정하여야 한다는 논리였다.

이러한 전제에서 동 재판소는, 최초사건에서 위원회는 피심인으로부터 의견을 청취하였고 본 소송에서 원고가 주장한 내용도 환송 전 심판 때의 주장과 같은 취지인 점 등을 감안하면 환송사건에서 직접진술의 기회를 부여하지 않은 것은 원고의 권리보호에 실질적인 영향을 미친 것으로 보기 어렵다고 보았다. 결국 피고의 심판절차에 하자가 있다는 원고의 주장은 이유가 있지만 그 절차의 하자가 법 제82조 제2호에 정한 심결취소 사유에 해당한다고 말할 수는 없다고 결론을 내렸다.

2) 심판의 법적 성격

(1) 개요

일본 公正取引委員會 심판절차의 기본적인 성격에 대해 일본 법원은 처음에는 규문적인 것으로 이해를 하였으나, 1990년대 들어 東芝 케미컬 사건을 계기로 기존의 입장을 변경하여 對審主義에 준하는 것임을 분명히 해 주었다.

처음 동경고등재판소가 이 문제를 다룬 것은 바로 1953년의 新聞販路協定事件[61]에서이다. 이 사건에서 문제가 된 것은 당초 조사에 관여하지 않은 자(入江一郎)가 심판관으로 임명되었는데 심판계속 중 심사관을 지휘·감독하는 심사부장으로 임명되었다. 동 심판관은 그대로 심판을 계속하여 심결안을 작성하였는데 이러한 것은 심판관의 결격사유가 있어 위법한 것이 아닌가 하는 점이 쟁점이었다. 그런데, 동경고등재판소는 公正取引委員會 사건처리절차의 성격을 대심구조 즉 3면 구조로 이해하지 않고 규문소송구조 즉 2면 구조로 이해하여 심판관이 심사관을 지휘할 수 있는 지위에 있다고 하여 위법이라고 할 수는 없다고 판결하였다. 동 재판소에 의하면 公正取引委員會의 구조는 원고와 피고의 분쟁을 위원회가 판단하는 형태가 아니라 위원회가 심판청구자이자 심판자인 동시에 사업자는 방어라고 하는 糾問訴訟的 構造라는 것이었다.

1990년 대 들어 東芝 케미칼 같은 사건이 발생하게 된 것도 1953년 신문판로협정사건의 영향이 남아있기 때문이라고 볼 수 있다. 公正取引委員會가 자신들 심판절차의 성격이 대심주의가 아님을 주장한 것도 그러한 맥락에서 이해할 수 있다. 두 차례의 東芝 케미칼 판결의 의의는 무엇보다 公正取引委員會의 심판절차가 규문주의적 절차가 아니라 사법절차와 동일하진 않다 하더라도 사법절차의 기본원칙이 지켜지는 절차 즉 준

---

61) 昭和 28년3월9일 東京高裁 (行 ナ) 10호.

사법적 절차임을 분명히 하였다는데서 찾을 수 있다.

(2) 제1차 東芝 케미칼 사건(1994년)[62]

① 사건의 개요

이 사건의 쟁점은 크게 3가지였는데, 여기서는 사건조사 당시 심사부장의 직에 있었던 자가 위원이 되어 심결에 참가한 것이 헌법 제31조, 제32조[63]의 관점에서 일본 독금법[64] 제82조 제2호[65]의 심결취소 사유에 해당하는 것은 아닌지 여부에 대한 원·피고의 주장과 동경고등재판소의 판결에 대해 살펴본다.[66]

이 사건은 원고 東芝 케미칼 및 7개 경쟁사업자간의 카르텔에 관련된 사건인데 7개 사업자는 公正取引委員會의 권고를 수락하여 1989년 8월 8일 권고심결[67]이 내려졌지만, 東芝 케미칼은 권고를 수락하지 않아 같은 날짜에 심판개시결정이 내려졌다. 동 심판절차는 1차적으로 심판관이 행하였는데 동 심판관은 위법하다는 취지의 심결안을 작성하여 원고에게

---

62) 平成 6년2월25일 東京高裁 平4 (行 ケ) 208호.
63) 일본 憲法 제32조. 누구든지 재판소에 대해 재판을 받을 수 있는 권리를 박탈당하지
    아니한다.
64) 본 사건에서 인용되는 일본 獨禁法 조항은 당시의 獨禁法 조항이다.
65) 제82조(심결의 취소) 재판소는 公正取引委員會의 심결이 다음 각호의 1에 해당하는
    경우에는 이를 취소할 수 있다.
    1. 심결의 기초가 되었던 사실을 입증하는 실질적인 증거가 없는 경우
    2. 심결이 헌법 기타의 법령에 위반하는 경우
66) 나머지의 쟁점은 일본 獨禁法 제82조 제1호에서 정한 실질적인 증거의 유무 및 東
    芝 케미칼에 의한 공술조서 제출명령 신청을 심판관이 각하한 처분의 합법성에 대
    한 것이었는데, 동경고등재판소는 이러한 쟁점들에 대해서는 판단하지 않은 채 본
    문의 쟁점에 대하여서만 위법이라고 판단하여 본 사건을 公正取引委員會에 환송
    하였다.
67) 일본 獨禁法 제53조의2의 2.

송달하였고, 원고는 이에 대해 이의신청을 하였으며 피고 公正取引委員會는 직접진술을 청취한 후 1992년 9월 16일 본 건 심결[68]을 하기에 이르렀다. 문제가 된 것은, 본 건 심결을 한 公正取引委員會의 위원 중 植木위원이 1987.6.30부터 1990.2.28까지 公正取引委員會 사무국 심사부장으로서 재임하던 기간 중에 본 건 사건의 조사를 총괄하고 지휘하였으며 公正取引委員會 위원으로 임명되고 나서는 직접진술 청취기일에 입회하여 의견을 청취하고 본 건 심결에 관여하여 심결서에 서명날인까지 하였다는 점이었다. 이에, 원고의 대리인은 상기 직접진술 청취기일에 植木위원이 合議에 관여하는 것은 심판의 공정성에서 문제가 있을 수 있으므로 合議에서 회피해야 할 것이라고 완곡히 주장하였다.[69]

② 원·피고의 주장 및 동경고등재판소의 판단

가. 원고의 주장

행정위원회의 경우 조사 및 소추기능과 심판 및 결정기능이 조직상 통합되어 있는 그 자체로는 적법절차(due process) 보장에 반하는 것이라고 할 수 없다. 하지만, 해당 위원회를 구성하고 있는 특정한 위원이 조사 및 소추에도 관여하여 심판 및 결정을 행하기에 앞서 片面的인 정보를 취득하고 있는 등으로 인해 공정한 직무를 행사하는 것이 의심되는 구체적인 사정이 있을 때에 심판 및 결정에 관여한 것은 적법절차의 보장에 반하는 것이다. 그 이유로는, 公正取引委員會 사무국 심사부장은 사건의 단서가 있는 경우 의견을 첨부하여 위원회에 보고하고 위원회가 사건의 조사가 필요하다고 인정할 때에는 심사관을 지정하여 사건을 심사하게 한다(심사·심판규칙 제9조). 심사부장은 심사관을 지휘하고 사건 조사결과를 숙

---

68) 일본 獨禁法 제54조 제2항의 심판심결.

69) 당시만 해도 일본의 행정풍토에서 사업자가 정부의 행위에 대해 노골적으로 비판을 하는 것은 쉽지 않았던 것으로 보인다.

지하여 위원회에 보고하는 자리에 있다는 점을 들었다.

본 건 위원 중 한 명인 植木위원은 심사부장으로서 본 건 관련 증거자료의 수집 등을 지휘하고 조사절차상 작성된 각종 보고서의 수신자였으며 사건관련 각종 의사결정에 관여하였다. 그래서 이 위원은 단지 형식적으로만 사건에 관여한 데 그친 것이 아니라 본 건 조사에 실질적으로 관여하였고 본 건 심결 이전에 일방적으로 얻은 지식으로 예단을 형성하여 심결에 임했을 가능성이 있다. 그리고, 일본 獨禁法 및 관련 규칙에 의하면 公正取引委員會가 심판절차나 심결을 행하기 위해서는 위원장 및 두 사람 이상의 위원만 출석하면 족하기 때문에 植木위원을 본 건 심판절차에 참여시키지 않는 것이 법령상 가능했고 본 위원을 본 건 심결에 관여시키지 않으면 안되는 특별한 사정도 없었다.

따라서, 植木위원이 관여한 본 건 심결은 행정절차에 있어서도 적정절차를 보장한 헌법 제31조[70])에 위반하고, 또한 본 건 심판·심결절차는 재판의 제1심 절차에 준한 기능을 하기 때문에 헌법 제32조의 공정한 재판을 받을 권리에도 반하는 것이다.

나. 피고의 주장

公正取引委員會는 총리부에 소속된 外局이지만 법률 또는 경제에 관한 학식경험이 있는 자 중에서 총리가 중의원과 참의원 양 의회의 동의를 얻고 임명한 위원장 및 4명의 위원으로 구성된 합의체 행정기관이다. 그리고, 외부로부터 지휘·감독을 받지 않고 독립적으로 그 권한을 행사하는 구조로 되어 있으며 시장경쟁정책의 실현이라는 정책목적 달성을 위해 기본적으로 행정절차에 의해 행정활동을 하는 행정기관이다. 公正取引委員

---

70) 일본 憲法 제31조.
　　누구든지 법률이 정하는 절차에 의하지 아니하면, 그 생명 혹은 자유를 박탈당하거나 기타의 형벌을 부과 받지 아니한다.

會의 기본적인 구조는 정책목적을 효율적으로 달성하기 위한 규문적인 것이다. 비록 사무국에 審査官제도와 심판관제도가 마련되어 있고 심판절차가 소송절차와 유사하게 되어 있긴 하지만 그것은 어디까지나 사무처리절차를 효율화하고 피심인의 방어권보장을 하기 위한 취지에서일 뿐이고 그렇다고 하여 행정기관의 본질을 벗어난 것으로 볼 수는 없다. 따라서 일본 獨禁法 제51조의 2[71]에 따라 심사기능과 심판기능이 분리되어 있지만 위원회 자체에서 그러한 기능의 분리가 요청되는 것은 아니다.

원고가 주장한 것과 같이 심사부장이 사건에 일정부분 관여하는 것은 사실이지만, 심사부장은 사건의 단서에 접하고 위원회에 보고시 회의에 참석하며 심사관에게 사건처리의 방침을 지시하고 조사보고를 받긴 하지만 심사관과 달리 직접 사건을 조사하는 것은 아니다. 원고가 지적하는 각종 보고서도 심사관이 작성한 것으로서 그 작성자가 심사부의 직원이어서 형식상 수신자로 지정된 것이지 보고의 내용 하나하나에 접하는 것은 아니다.

따라서 公正取引委員會의 사건처리절차를 살펴보면 전문성이 있는 합의체가 주체가 되고 공개적인 심리를 통해 국민의 감시아래 대심적인 절차로서 의사결정을 하기 때문에 공정성이 확보되어 있는 것으로서 심사부장이었던 植木위원이 심결에 관여하였다 하더라도 헌법 제31조 및 제32조의 위반이 있었다고 할 수 없다.

다. 동경고등재판소의 판단

일본 獨禁法에 정한 심판절차는 위반행위의 존부 등을 심리할 목적으

---

71) 제51조의2(심판절차의 일부위임) 公正取引委員會는 심판개시결정을 한 뒤 심판관으로 하여금 公正取引委員會 규칙이 정하는 바에 따라 제46조제1항각호(조사를 위한 강제처분)의 처분 외에 그 후의 심판절차(심결을 제외)의 일부를 행하게 할 수 있다. 다만, 당해사건에 대해서 심사관의 직무를 행한 적이 있는 자, 기타 당해 사건의 심사에 관여한 적이 있는 자에 대해서는 그러하지 아니하다.

로 청문을 행하고 이것에 근거해 행정처분인 심결을 행하는 행정절차로
서 일반적인 행정절차와는 달리 對審構造型의 쟁송적 청문절차를 채택하
고 있다.

그 근거로서, 심판절차의 시작에 있어서 사건의 개요를 기재한 심판개
시결정서의 등본을 피심인에게 송달하고 심판기일을 발송일 30일 이후로
정하여 피심인을 심판기일에 출석시킨다(일본 독금법 제50조). 피심인에
게 변명을 위한 준비기간 및 답변을 제출할 권리를 부여하고 있으며 참고
인 또는 감정인의 신청권, 변호인 선임권등의 권리를 보장하고 있다(동법
제51조, 제52조)는 점과 또한 증거불채용의 이유설명, 심판의 공개, 사실
인정 및 법령의 적용 등을 보장하고 있다. 이러한 규정은 형사소송법규나
민사소송법규와 유사한 것으로서 행정절차 중에서도 사법절차에 상당히
유사한 것으로서 당사자에게 고지, 청문 및 방어의 기회를 준다고 하는
적정절차의 이념을 충족시키고자 한 것으로 볼 수 있다. 이처럼 公正取引
委員會의 심판절차는 준사법적 절차로서의 성격이 강하기 때문에 절차의
주재자인 심판자는 직무를 공정하게 행하여야 하고 그 전제로서 심판자
는 공평하고 편파적이어서는 아니 된다. 그래서 본 법에서는 심판절차의
주재자에 관하여 公正取引委員會가 심판절차의 일부를 심판관에게 위임
하여 행하게 할 수는 있지만, 해당 사건에서 심사관의 직무를 행한 자나
기타 해당 사건의 심사에 관여한 자에 대하여는 제한하고 있는데, 이것은
사무국 직원의 단계에서 조사·심사기능과 심판기능을 분리한 것이다.

한편, 公正取引委員會 위원에 대해서는 이와 같은 직능분리를 규정하
고 있지 않은데 이는 행정위원회의 성격상 조사, 소추, 심판, 심결의 권한
을 모두 소유하지 않을 수 없기 때문이다. 하지만 公正取引委員會의 시정
명령이나 과징금은 사업자의 활동에 커다란 불이익을 미칠 수 있고, 소위
실질적 증거의 법칙에 따라 公正去來委員會가 인정한 사실은 이를 입증
할 만한 실질적인 증거가 있는 경우에는 법원을 구속하기 때문에(법 제80

조72)) 법원의 1심과 동일시되고 원고는 심결의 기초가 된 사실의 인정을 다투는 기회를 상당히 제약 당한다는 점을 감안한다면 위원에 대해서도 심판관과 동일한 정도 내지 그 이상의 직무의 공정성이 요구된다. 비록 직능분리의 규정이 마련되어 있지 않다 하더라도 준사법적 절차의 기본 원칙으로서 위원의 공정성이 요구되는 것이다.

따라서 조사, 기소, 심판의 권한을 모두 보유한 행정위원회의 성격과 준사법기관으로서의 공정한 직무수행의 조화라는 관점에서 피심인의 이익, 公正取引委員會 측의 필요성과 이익, 잘못된 심결이 될 위험의 정도를 고려하여 결정하여야 한다. 公正取引委員會의 구성원인 일부 위원이 위원으로 임명되기 전 특정한 사건의 심사에 스스로 깊게 관여한 경우는 동위원회의 의사, 의결정족수(법 제34조 제1항)73)에 비추어 해당 위원이 동위원회의 구성원으로서 위 사건의 심결에 참여함으로써 증진되는 공적 이익이 있다고 하기는 곤란하다. 한편 위 위원이 심결에 참여하는 때에는 잘못된 결론의 심결이 될 가능성과 그것에 의하여 피심인측의 경제활동의 자유가 부당하게 제한될 위험이 있는 것 등에 미루어 보면, 위원은 심결에 관여할 자격을 잃는다. 또한 植木위원이 본 건 심결에 관여하는 것은 본 건 심사의 총괄책임자로서 이미 예단, 편견이 있는 사람이 심결에 관여하는 것을 의미할 뿐 아니라 실제로 본 건 심판절차로 조사된 증거에 머물지 않고 그 이외의 증거에 의해 형성된 구체적 심증이나 구체적 의견을 갖고 본 건 심결에 임한 것이다. 그것은 피심인이 다투지 않은 사실 및 공지의 사실을 제외하고는 심판절차에 있어서의 증거조사 결과에 따

---

72) 제80조(위원회의 인정사실의 구속력) 제77조 제1항(심결취소의 소의 제기)에 규정하는 소송에 대해서 公正取引委員會가 인정한 사실은 이를 입증할 만한 실질적인 증거가 있을 때에는 재판소를 구속한다. ② 전항에 규정하는 실질적인 증거의 유무는 재판소가 이를 판단하는 것으로 한다.

73) 제34조(議事) 公正取引委員會는 위원장 및 2인 이상의 위원의 출석이 없으면 의사를 시작하고 의결을 할 수가 없다. ② 公正取引委員會의 의사는 출석자의 과반수로서 이를 결정한다. 가부동수인 때는 위원장의 결정한 바에 의한다.

라서만 인정해야 할 것으로 규정되어 있는 법 제54조의3[74])에 위반되며 나아가 잘못된 심결이 될 위험이 존재한다고 보아야 한다. 植木위원이 심결에 관여한 것은 公正取引委員會의 공평성 내지 공평한 외관이 손상되는 사유가 있다고 하여야 하며 게다가 본 건 심결에 植木위원을 관여시키지 않더라도 의사, 의결정족수 조항이 비추어 아무런 문제가 없었던 것이므로 원고가 심결 전에 이 위원이 심결에 관여하면 안 된다고 한 요청을 받아들였어야 했다. 결국 植木위원이 관여한 본 건 심결은 본 법이 정한 준사법절차에 관한 법의 기본원칙에 위반하여 위법하다고 보아야 한다. 당해 사유는 심판의 공정성이라고 하는 준사법절차의 기본원칙에 반하는 것이라고 판단하여 본 건을 公正取引委員會에 환송한다.[75])

(1). 제2차 東芝 케미컬 판결(1995년)[76])

公正取引委員會는 환송된 사건에 관하여 피심인으로부터 직접진술을 청취하기 위한 심판기일을 다시 열지 않고 문제가 된 植木위원을 제외하였지만 旧 심결에 관여한 위원 한 명(股野)이 참여한 채 4명의 합의체를 구성하여 1994년 5월 26일 당초 심결과 같은 취지의 심결을 하였다. 이에 대해 東芝 케미칼은 다시 심결에 불복해 동경고등법원에 심결의 취소를 구하는 소송을 제기하였다. 제2차 사건의 쟁점은 여러 가지가 있었지만 여기서는 당초의 심결(1992년 9월 16일 심결)에 관여한 위원이 본 건 심

---

74) 제54조의3(증거에 의한 사실인정) 전2조의 심결에 있어서 피심인이 다투지 않는 사실 및 공지의 사실을 제외하고는 심판절차에서 조사한 증거에 의해 사실을 인정하여야 한다.

75) 아사히 신문사 외 26명 심결취소청구사건에서도 심사부장이 심판관에 지정된 것이 문제가 되었는데, 이 사건에서는 심사부장이 당해 사건에 관여하지 않았다는 점과 심판절차가 기본적으로 규문주의적 구조라는 점을 들어 법위반이 아니라고 판시하였다.

76) 平成 7년9월25일 東京高裁 平6 (行 ケ) 144호.

결에도 관여한 것이 절차상 위법한 것인지 여부에 대하여 살펴본다.

① 원·피고의 주장

최초심결에 관여한 위원의 결격 문제에 대해 원고는 다음과 같이 주장하였다. 우선, 본 건 심결에 관여한 특정 위원은 위법으로 결정된 당초 심결을 행한 위원회의 합의체에 참여하였고 이미 원고에 대하여 피의사실을 인정한 심결을 행하여야 한다는 입장을 명확히 하고 있었기 때문에 심결에서 배척해야 할 예단과 편견을 갖고 있다. 따라서 그 위원이 합의체의 구성원으로서 본 건 심결의 합의 및 심결의 성립에 관여한 것은 증거에 의하지 않고 예단이나 편견에 의한 사실인정을 하게 될 우려가 있어 법 제54조의 3(증거에 의한 사실인정)에 위반하고 나아가 공정한 판단이 흐려질 위험을 내포하고 있다. 그리고, 피고는 이 위원을 제외하고도 위원회를 구성할 수 있었고 이 위원의 관여는 형사소송법 제20조 제7호의 제척원인인 前審關與에 비교될 수 있다.

이에 대해 피고인 公正取引委員會는 다음과 같이 답변하였다. 특정 위원은 본 건 사건의 심사에 깊게 관여한 자가 아니고 당사자와의 일정한 신분관계나 사건의 결과와 직접 관계가 있는 재산적 이해를 갖고 있던 자도 아니고 사건에 관하여 개인적 편건이나 예측을 나타내는 등의 언동도 하고 있지 않기 때문에 공평성이 의문시되는 객관적인 사유가 있거나 공평성의 외관이 손상되는 사유가 있다고 할 수 없다. 따라서 특정 위원이 본 건 심결에 관여한 것은 심판자의 공정성을 해친다고 할 수 없다.

② 東京高等裁判所의 판단

소송에서 재판관이 상소심에서 환송된 사건의 원판결에 관여한 경우 형사소송법 제20조 제7호는 이를 제척사유로 하고 있고, 민사소송법도 일반적인 제척사유로 하고 있지는 않지만 동법 제407조 제3항에 원판결에 관여한 재판관은 환송 후의 재판에 관여할 수 없도록 하고 있는 것은 재판의 공정에 만전을 기하기 위한 것으로 해석된다. 公正取引委員會의 심결절차는 준사법적 절차로서의 성격을 갖고 심결취소소송에서 실질적으로 前審으로서 기능한 것을 감안하면 법원의 절차와 마찬가지로 공정성의 확보를 위해 엄격한 절차의 운용을 기하는 것이 당연한 것을 지적한 원고의 주장은 일리가 있다. 또한 당초 심결에 관여한 특정 위원이 새로운 합의체에 참여하는 것은 합의에 영향을 줄 가능성이 있기 때문에 공평성의 외관을 확보한다는 관점에서 본다면 동 위원을 배제하고 합의체를 구성하는 것이 바람직하였다.

하지만, 公正取引委員會의 기구 상 환송사건을 심리를 할 때 최초의 심결에 관여한 위원을 항상 제외하도록 하면 합의체를 구성하지 못하게 될 가능성도 있고 이러한 사태를 피하는 것은 공익을 지키는데 중요한 것이기 때문에 이러한 점에서 公正取引委員會 기구상 환송 전 심결에 관여한 위원이 환송 후의 심결에 관여했다고 해서 그 심결이 위법으로 되는 것은 아니라고 해석하는 것이 타당하다. 따라서 본 건 심결에 문제가 된 위원이 관여한 것이 실제로는 필요가 없었던 것이어서 운용상 배려가 부족했다고 평가를 받을 수 있을지 몰라도 이것만으로 위법한 조치가 있었다고 할 수는 없다.

(4) 판결의 의미

東芝 케미칼 사건은 公正取引委員會의 심판절차가 기본적으로 행정절차임에도 불구하고 규문적인 절차가 아니라 대심주의에 입각한 절차임을 분명히 해 주었다는 점에서 의미가 있다. 특히, 조사·소추를 담당한 직원이 심판관이나 위원의 역할을 맡게 된다면 사건처리의 공정성이 무너지게 된다는 점을 분명히 지적함으로써 조직 내부의 기능분리가 필요함을 지적하였다. 그러나, 村上政博 교수는 公正取引委員會는 행정위원회이고

이러한 기능분리가 위원들에게까지 엄격하게 적용되는 것은 아니라고 지적한다. 즉, 위원들이 심사관인 직원들에게 사건 조사를 시키는 과정에서 중간보고를 요구하고 그 보고에 근거하여 그 후의 사건처리과정에 관여하였다고 하여 그 위원이 당해 사건에서 심결할 자격을 스스로 잃는 것은 아니라고 설명한다.[77]

또한, 公正取引委員會의 절차가 대심적인 절차라 하더라도 기본적으로는 行政節次이기 때문에 민·형사상 절차와 같이 엄격한 것은 아니라는 점도 분명히 해 주었다. 東寶審決 取消請求事件과 和光堂審決 取消請求事件에서는 司法節次에서의 訴狀에 해당하는 심판개시결정서의 기재사항과 심판의 대상이 일부 다른 경우가 문제가 되었다. 법원은 公正取引委員會의 절차가 법원에서의 민·형사상 소송절차가 아니기 때문에 엄격한 의미의 訴因이나 本案의 문제를 발생시키지 않고 심판의 대상이 심판개시결정서와 기본적으로 동일하고 피심인의 방어기회를 봉쇄하지 않는다면 심판개시결정서와 심판대상이 일부 상이하더라도 위법은 아니라고 판시하였다.

5. 심결

2005년 법 개정 이전에는 권고심결, 동의심결, 심판심결 이 세 가지가 있었다. 이 중 권고심결은 심판개시결정 이전에 상대방이 公正取引委員會의 권고를 수락하는 경우 그 수락내용을 그대로 명령하는 심결이고, 동의심결은 심판개시결정 이후에 상대방이 심판개시결정서의 내용을 인정하면 그대로 명령하는 심결이며, 심판심결은 심판을 마친 후 위원회가 내

---

77) 村上政博, "公正取引委員會の事件處理手續の性格(3)", 「公正取引」 NO.557, 1997.3, 70면.

리는 심결이다. 이 중 권고심결 제도는 2005 법 개정으로 없어졌고 지금
은 동의심결과 심판심결만 남아 있다.

1) 심판심결

심판관에 의해 심판절차가 행하여 지는 경우 심판관은 심판절차를 종
료한 후 지체없이 심결안을 작성하여 위원회에 제출하고 심사관과 피심
인에게 통지해 주어야 한다.[78] 이 경우 公正取引委員會는 이의신청이[79]
있으면 그 내용을 검토하여 이유가 있으면 심결안과 다른 심결을 하거나
직접 심판을 열어 검토하거나 혹은 심판관에게 심판절차 재개지시를 할
수 있다. 만약 이의신청의 이유가 없으면 심판관의 심결안의 내용대로 심
결을 할 수 있다.[80] 그래서, 일본 公正取引委員會의 심결은 미국 FTC와
마찬가지로 심판관이 행한 1차적인 판단을 재심하는 절차라고 할 수 있
다.

심결은 문서에 의하여야 하고 심결서에는 公正取引委員會가 인정한 사
실 및 법령의 적용, 과징금 납부심결에 대하여는 과징금계산의 기초를 적
시하고 위원장 및 위원의 합의에 출석한 위원들의 서명날인이 있어야 한
다.[81] 또한 사실의 인정은 피심인이 인정하거나 공지의 사실이 아닌 한
심판절차에서 조사한 증거에 의하여야 한다.[82] 그리고 법에 규정은 없지
만 기본적으로 自由心證主義에 따라 증거의 증명력은 심판관 또는 위원
의 자유로운 판단에 맡겨 진 것으로 보고 있다. 심증의 정도는 형사사건

---

78) 「私的獨占の禁止及び公正取引の確保に關する法律第五十三條第一項に規定す
    る審判手續に關する規則」제73조.
79) 동 규칙 제75조.
80) 동 규칙 제78조.
81) 일본 獨禁法 제70조의2 제1항.
82) 일본 獨禁法 제68조.

보다는 약해도 되지만 민사사건보다는 강해야 한다는 견해가 있다.[83)

심결서에는 소수의견을 부기할 수 있고[84) 실제로 소수의견을 부기한 사건으로는 東武鐵道 외 1명 사건을 들 수 있다.[85) 그러나, 법원과 같이 의무적으로 기재하여야 하는 것은 아니다.[86) 심결은 被審人측에 심결서의 등본을 송달한 때에 발생한다. 심결은 심결취소소송 기간이 경과하거나 동 소송에서 심결이 취소되지 않으면 확정이 된다.

2) 同意審決[87)

(1) 同意審決의 성격

同意審決 제도는 미국 FTC의 동의명령(consent order) 제도를 참고하여 1959년[88) 개정 시에 도입된 것으로서 심판절차가 개시된 이후 미국의 동의명령과 유사하게 조사 상대방이 시정명령안을 만들어 公正取引委員會에 제출하면 公正取引委員會는 그 내용을 검토한 후 타당하다고 인정되면 승낙하여 그대로 처분을 하는 제도이다. 2005년 법 개정 이전에는 권고제도 하에서 상대방이 권고서만으로도 公正取引委員會에 의한 사실의 인정이나 법률의 적용에 대해 알 수 있지만 심판절차에서 구체적인 주장이나 증거를 주고 받기 전에는 분명하지 못한 점이 있을 수 있기 때문에 심판절차가 개시된 후 사실상 및 법률상의 쟁점이 더 분명해 진 이후에

---

83) 菊地元一·佐藤一雄·波光嚴·瀧川敏明, 전게서, 147면.
84) 일본 獨禁法 제70조의2 제2항.
85) 하지만, 이러한 경우는 특이한 사례이고 대부분의 사건은 위원 全員一致의 결정을 한다고 한다. 村上政博, "公正取引委員會の組織と權限", 「獨禁法の理論と展開 [2]」, 日本經濟法學會 編, 三省堂, 2002, 254면.
86) 菊地元一·佐藤一雄·波光嚴·瀧川敏明, 전게서, 153면.
87) 조성국, "독점규제법 사건의 합의해결에 대한 국제동향과 시사점", 「중앙법학」 제8집 제2호, 2006, 357-363면 참조.
88) 菊地元一·佐藤一雄·波光嚴·瀧川敏明, 전게서, 129면.

신속히 사건을 종결하기 위한 것으로 설명이 되었었다.[89] 하지만, 종래에도 公正取引委員會의 권고를 불수락한 사업자가 심판과정 도중에 동의심결을 신청하는 경우는 그렇게 흔하지 않았고, 정부와 타협할 의사가 있는 사업자라면 대부분 권고에 응하여 권고심결을 받는 경우가 많았다.

동의심결은 개정된 일본 獨禁法 제65조에서 규정하고 있는데 동 법 제8조의4(독점적 상태) 제1항의 경우에만 활용이 가능하도록 하고 있다.[90] 즉, "公正取引委員會는 제8조의4 제1항에 관한 사건에 있어서 제53조 제1항의 규정에 따라 심판개시결정을 한 후 피심인이 심판개시결정서에 기재된 사실 및 법률의 적용을 인정하고 公正取引委員會에 대하여 그 후의 심판절차를 경유하지 않고 심결을 수용하겠다는 취지를 문서로써 신청하고 독점적 상태에 관한 상품 또는 역무에 있어서 경쟁을 회복시키기 위하여 자발적으로 구체적 조치에 관한 계획서를 제출한 경우에 적절하다고 인정되면 후속 심판절차를 경유하지 않고 당해 계획서에 기재된 구체적 조치와 동일한 취지의 심결을 할 수 있다."

그런데, 개정법은 구 法과 비교할 때 제도 그 자체는 유지하되 적용범위를 대폭 축소한 것으로 볼 수 있다. 종래는 동의심결을 할 수 있는 행위의 유형을 제한하지 않았으나 법 개정으로 인해 제8조의4 제1항이 적용되는 독점적 상태에 대한 사건으로 그 범위를 제한한 것이다. 그 이유는 개정법에서 법 제8조의4 제1항의 대상인 독점적 상태가 아닌 대부분의 행위에 대하여는 배제조치 명령을 우선적으로 하도록 하고 있고 이 명령 이전에 의견진술이나 증거제출의 기회가 부여되고 있기 때문에 굳이 심판절차가 개시된 이후라고 하여 배제명령을 수용하지 않은 상대방이 이를 수용하기 어렵고, 설사 심판절차 개시 이후에 수용하고자 하는 경우에

는 피심인이 심판청구를 취하하면 되는 것이 되므로 동의심결제도 그 자체가 불필요하다는 입장인 것으로 보인다.

이에 반해 독점적 상태에 관한 처분은 상대방이 심판청구를 하는 것이 아니라 公正取引委員會에서 심판개시결정을 하여야 하는 것이므로 동의명령 제도를 유지한 것으로 이해할 수 있을 것이다. 한편 독점적 상태에 관한 규정은 사실상 거의 활용이 되고 있지 않기 때문에 동의심결도 활발히 활용되기를 어려울 것이다.[91] 그러나, 정경이 유착되고 행정지도가 보편화된 일본 특유의 행정문화 속에서 비공식적으로는 사실상 처분 시에 동의심결과 유사한 과정이 이루어진다고 볼 수도 있을 것이다.

(2) 同意審決의 발령 절차

개정법에 규정된 동의심결의 신청은 우선 심판개시결정 이후에 가능하다. 미국의 동의명령은 심판개시결정 전후를 막론하고 가능하며 오히려 심판개시 전에 이루어지는 것이 보편적임을 감안하면 일본의 동의심결제도는 독특한 것으로 볼 수 있다. 일본 獨禁法 제65조 및 公正取引委員會의 「사적독점금지 및 공정거래의 확보에 관한 법률 제53조 제1항에서 규정하는 심판절차에 관한 규칙」[92]에 의하면 被審人은 심판개시 후 최종심결 전까지 동의심결을 신청할 수 있다.[93] 公正取引委員會는 심판관이 심리를 주재하여 결정안을 제출한 후 그 결정에 대해 불복하는 경우에만 위원들이 결정안을 재검토하여 審決을 내린다. 그래서 동의심결의 신청은 심판절차 진행 중에는 행정법판사(ALJ)에게 하도록 하는 미국의 절차와

---

91) 그래서 종래에도 권고심결에 비해 동의심결의 활용도는 그다지 높지 않았는데 동의심결의 대상이 좁아진 개정 법에서는 활용도가 더 낮아질 것으로 보인다.

92) 「私的獨占の禁止及び公正取引の確保に關する法律第五十三條第一項に規定する審判手續に關する規則」(2005.10.19 公正取引委員會規則 第9号).

93) 예컨대 (株)資生堂에 대한 건의 경우 1995.7.26에 심판개시결정이 있었고, 동년 10.2에 동의심결신청이 있었으며 동의심결은 동년 11.30에 내려졌다.

유사하게 심판관에 의한 심판절차에서는 심판관에게 하도록 규정하고 있다.[94] 신청을 받은 행정심판관은 의견을 첨부하여 위원회에 제출한다. 최종적으로 신청을 수용할 것인지 여부는 위원들이 결정한다.

피심인은 심판개시결정서에 기재된 사실 및 법률의 적용을 인정하고 후속 심판절차를 경유하지 않고 심결을 수용하겠다는 취지를 문서로 신청하여야 한다. 그리고 독점적 상태에 관한 사건에서 경쟁을 회복시키기 위해 필요한 조치를 자발적으로 강구해 내어 계획서를 제출하여야 한다. 公正取引委員會는 피심인의 계획이 적절한 것인지 판단한 후 적절하다고 인정하면 후속 심판절차를 생략하고 계획서에 기재된 조치와 동일한 내용의 심결을 하게 된다.[95] 피심인의 계획이 적절하다고 인정된다는 의미는 그 계획서에 기재된 구체적인 조치가 실행되면 위법행위를 배제하기에 충분한 것으로 인정된다는 의미이다.[96]

미국의 동의명령제도와 다른 점은, 미국의 경우 민간인의 의견수렴을 위해 60일간이나 동의명령안의 내용을 연방관보(Federal Register)에 게재하는 것에 비해 일본은 이러한 의견수렴절차가 생략되어 있다는 것이다.

(3) 同意審決의 법적 효력

同意審決은 기본적으로는 심판심결과 동일한 행정처분이다. 종래 일본에서는 정식의 심판절차를 거친 심판심결과 상대방의 수락 내지 동의를 전제로 하는 권고심결 및 동의심결 모두 정식의 행정처분이라는 점에서는 동일하다고 보아 왔다. 권고심결이 폐지된 개정법에서도 달리 볼 이유가 없다. 이들의 작성 및 송달[97]이나 불이행에 대한 재재(형벌 부과)[98]에

---

94) 「私的獨占の禁止及び公正取引の確保に關する法律第五十三條第一項に規定する審判手續に關する規則」 제38조 제2항.

95) 일본 獨禁法 제65조.

96) 菊地元一·佐藤一雄·波光嚴·瀧川敏明, 전게서, 133면.

서 동일하게 취급하고 있는 것도 그러한 이유에서이다.[99] 그리고 법에서
는 심결에 대하여 소송이 가능하다고 규정할 뿐 동의심결을 제외하고 있
지는 않지만,[100] 종래부터 해석상 동의심결은 피심인이 위반사실을 인정
한 것이기 때문에 피심인이 인정한 사실 및 법률의 적용에 대하여는 취소
소송의 대상이 되지 않는 것으로 본 견해가 일반적이었다. 다만, 동의심결
의 내용이 피심인이 제출한 배제조치계획과 상이하다든지 동의심결이 公
正取引委員會의 부당한 압력에 의한 것인 경우에는 취소소송이 가능하다
고 보아 왔다.[101]

또한, 實質的 證據의 법칙과 관련하여 민사소송이나 형사소송에서 동
의심결에서 인정된 사실이 법원을 구속하는지 여부가 문제될 수 있다. 公
正取引委員會로부터 처분을 받았다 하더라도 피해자 등이 손해배상을 위
해 獨禁法 제25조에 의거하여 민사소송을 제기할 수 있고 公正取引委員
會가 형사고발을 한 경우에는 형사소송이 진행될 수 있다. 하지만, 실질적
증거의 법칙의 근거가 되는 獨禁法 제80조 제1항은 행정소송 중 취소소
송에 대한 규정이고, 손해배상소송의 근거가 되는 동법 제25조에서는 법
원이 公正取引委員會가 인정한 사실에 구속된다는 내용이 없다. 형사소
송도 마찬가지이다. 정식의 심판절차를 경료한 심판심결의 사실인정이
민·형사 소송에서 법원을 구속하는 힘이 없다면 그러한 절차가 일부 생략
된 동의심결은 당연히 법원을 구속할 수 없다. 일본 최고재판소도 出光興
産 권고심결 취소청구소송[102]에서 實質的 證據의 법칙은 취소청구소송에

97) 일본 獨禁法 제70조의2 제1항, 제2항, 제3항.
98) 일본 獨禁法 제90조.
99) 다만, 법위반상태에 관한 조치는 영업의 양도 등 강력한 것이 수반되기 때문에 통
    상의 심결에서 출석과반수를 의결정족수(법 제34조 제2항)로 하는 것보다 강화된
    형태인 3인 이상의 의견일치를 요구한다(법 제69조 제3항).
100) 일본 獨禁法 제77조.
101) 菊地元一·佐藤一雄·波光嚴·瀧川敏明, 전게서, 134면.
102) 昭和 53年4月4日 最高裁第三小法廷 昭50 (行ツ) 112号.

서만 인정되고 민사적 손해배상소송에서는 인정되지 않는다고 판시한 바있다.

하지만, 앞의 사건에서 일본 최고재판소는 피심인이 위반행위의 존재를 자인한 同意審決은 公正取引委員會가 증거에 의해서 법위반을 인정한 審判審決과 비교할 때 강약의 차이는 있지만 事實上의 推定力이 작용하는 현상을 부인할 수 없다고 판시하였다. 즉 정식의 심판절차를 거쳐 公正取引委員會가 증거를 토대로 내린 심판심결에 비해 동의심결은 정식의 심판절차에서 증거를 통한 논박이 이루어진 것은 아니기 때문에 사실상의 추정력 심판심결보다 못한 것이긴 하지만 사실상의 추정력은 있다고 본 것이다. 또한 公正取引委員會에 의한 동의심결 후 소비자에 의해 손해배상소송이 제기된 사건인 松下電器 칼라텔레비전사건 판결103)에서 동경고등재판소는 준사법적 권한을 가진 전문적인 조직체인 公正取引委員會에 의한 확정심결은 獨禁法 위반행위가 있음을 사실상 추정해 줄 수 있는데 동의심결도 마찬가지라고 판시한 바 있다. 그러나 일본 최고재판소가 의미하는 사실상의 추정력이 어느 정도의 것인지는 분명하지 않다.

6. 불복절차

일본 公正取引委員會의 심결에 대해서는 公正取引委員會에 대한 이의신청 혹은 일반행정처분에 대한 불복을 허용해 주는 行政不服審査法에 의한 불복신청을 할 수가 없다.104)이것은 심판관 제도와 연관시켜 이해할 수 있다. 우리나라는 심판관제도가 없기 때문에 공정거래위원회의 처분에 대해 공정거래위원회에 다시 이의신청을 하는 구조이지만, 심판관제도가

---

103) 昭和 52年9月19日 東京高裁 昭46 (行ケ) 66号, 99号.
104) 일본 獨禁法 제70조의22.

있는 일본의 公正取引委員會나 행정법판사(ALJ) 제도가 있는 미국의 FTC는 일차결정을 심판관 또는 행정법판사(ALJ)가 행하고 그 결정에 대해 이의가 있는 경우 위원회가 다시 판단하는 구조이기 때문에 내부적으로 재심의 기회가 있는 것으로 이해할 수 있다. 그래서 다시 행정청 내부에서 불복을 허용해 줄 필요성은 없다고 할 수 있다.

그대신, 피심인은 심결을 송달받은 날부터 30일 이내에 법원에 항고소송을 제기할 수 있다.[105] 단, 법 제8조의4 제1항에 대한 심결은 소제기 기간이 3개월이다. 소제기 기간인 30일은 불변기간으로 본다.[106] 전속관할법원은 동경고등재판소인데[107] 이것은 公正取引委員會가 준사법적인 절차로 운영이 되기 때문에 사실상 1심 법원으로 인정해 준다는 의미이다. 미국 FTC의 처분에 대해 연방항소법원(the Court of Appeals of the United States) 을 전속관할로 하고 있고[108], 우리나라 公正去來委員會의 처분에 대해 서울고등법원을 전속관할로 하고 있는 것[109]과 같은 취지인 것으로 볼 수 있다. 그리고, 獨禁法 사건의 전문성을 고려하여 전담재판부를 설치하도록 하고 있는데 5인의 합의체로 구성하도록 하고 있다.[110]

獨禁法도 미국 FTC와 유사하게 소위 '실질적 증거의 법칙'을 채택하고 있는데, 公正取引委員會가 인정한 사실을 입증할 수 있는 실질적인 증거가 있는 경우에는 이것이 법원을 구속하도록 하고 있다.[111] 이성적인 사

---

105) 일본 獨禁法 제77조 제1항.

106) 일본 獨禁法 제77조 제2항.

107) 일본 獨禁法 제85조 제1항.

108) 15 U.S.C. §45(d).

109) 공정거래법 제55조. 다만, 우리나라에서는 공정거래법상 손해배상청구소송에 대해서는 전속관할규정을 두고 있지 않은데 반해 일본에서는 獨禁法 상 손해배상청구소송에 대해서도 동경고등법원을 전속관할로 하고 있다(일본 獨禁法 제85조 제2호). 아마 獨禁法 상 손해배상청구 소송을 제기하기 위하여서는 배제명령이나 심결이 확정되어야 하기 때문인 것으로 이해할 수 있을 것이다(일본 獨禁法 제26조 제1항).

110) 일본 獨禁法 제87조 제1항, 제2항.

람이 합리적으로 판단하여 사실인정에 이를 수 있다면 그 증거는 실질적인 증거라 할 수 있다.[112] 이것은 미국 법원의 입장과 비슷한데, 제3항소법원은, 합리적인 이성이 결론을 지지하는 것으로 받아들일 수 있는 그러한 증거가 기록 속에 있다면 실질적인 증거는 존재한다고 판시한 바 있다.[113] 즉 법원은 독자적인 입장에서 사실을 새롭게 인정하는 것이 아니라 公正取引委員會가 인정한 사실인증이 합리적인 근거가 있는지 심사한다는 의미이다.[114] 이것은 公正取引委員會가 법원보다 전문성이 우수하고 公正取引委員會의 심판절차가 준사법적이기 때문에 이를 존중하자는 취지이다.[115] 미국이나 일본의 이러한 사법심사 구조는 FTC나 公正取引委員會를 사실상 제1심의 사실심 법원으로 인정하고 이후의 사법심사는 법률심으로 운영하고자 하는 것으로 이해가 된다.

따라서, 소송단계에서 증거의 제출은, 公正取引委員會가 정당한 이유없이 증거를 채택하지 않은 경우와 公正取引委員會의 심판절차에서 당해 증거를 제출할 수 없었고 또한 이를 제출할 수 없었다는 것에 대하여 중대한 과실이 없었던 경우로 제한이 된다.[116] 법원은 새롭게 제출한 증거가 이유가 있어 公正取引委員會가 당초 인정한 증거를 취소할 필요가 있다고 인정하는 경우 당해 사건을 公正取引委員會에 환송하여 당해 증거를 취소한 후에 적당한 조치를 취할 것을 명하도록 하고 있다.[117]

---

111) 일본 獨禁法 제80조.
112) 昭和 28년8월29일 東京高裁 昭和25 (行 十) 10호.
113) 695 F.2d 681, 686(3rd. Cir. 1982).
114) 昭和 50년7월10일 最判 昭和46 (行 ツ) 82호.
115) 岸井大太郎 등 5인 공저, 전게서, 48-49면.
116) 일본 獨禁法 제81조 제1항.
117) 일본 獨禁法 제81조 제3항.

7. 기타의 절차

1) 專屬告發制度

獨禁法 제89조부터 91조까지 법위반행위에 대한 형사벌이 규정되어 있다. 그리고 公正取引委員會는 범칙의 심증을 얻은 경우 이를 검사총장에게 고발하여야 한다.[118] 법문에 '고발하여야 한다'라고 규정되어 있음에도 불구하고 일본에서는 公正取引委員會가 재량권을 갖는다는 것이 통설로 되어 있다.[119] 일본에서는 그 근거로서, 두 가지의 대표적인 견해가 있다. 石井良三에 의하면, 이 규정은 일본 형사소송법 제239조 제2항의 "관리나 공리는 직무집행에 있어서 범죄가 있다고 생각하는 때에는 고발하여야 한다"는 규정에 대응되는 것인데 이 규정은 관리 등에게 재량권을 부여하고 있는 것으로 해석이 되고 있기 때문에 獨禁法도 마찬가지로 해석하여야 한다는 것이다. 今村成和에 의하면, 일본에서는 公正取引委員會 중심주의를 채택하고 있는데 배제조치 명령뿐만 아니라 형사적 처벌에 대하여도 公正取引委員會의 판단을 존중해 주어야 한다는 것이다. 동경고등재판소도 행정목적 달성을 위하여 公正取引委員會에 재량권이 인정된다는 입장을 표명한 바 있다.

그리고 이러한 형사벌을 부과하기 위하여는 公正取引委員會에 의한 고발이 있어야 한다.[120] 이러한 專屬告發制를 두고 있는 이유는 獨禁法의 전문기관인 公正取引委員會로 하여금 위반행위가 국민경제에 미치는 영향과 기타 제반 사정을 종합적으로 고려하여 형사재제를 할 수 있도록 하기 위한 배려 때문이다.[121]

---

118) 일본 獨禁法 제74조 제1항.
119) 菊地元一·佐藤一雄·波光巖·瀧川敏明, 전게서, 311면.
120) 일본 獨禁法 제96조 제1항.

또한 이러한 고발권 행사가 자의적으로 되지 않도록 하기 위해 「獨占禁止法 違反行爲에 대한 刑事告發 및 犯則事件의 調査에 관한 公正取引委員會 방침」[122]이 제정되어 여기에 제시된 기준에 맞추어 고발권을 행사하여야 하고, 일단 고발을 하고 나면 公正取引委員會는 이를 취소할 수 없다. 고발기준은 크게 두 가지인데, 첫째는 일정한 거래분야의 경쟁을 실질적으로 제한하는 가격카르텔, 공급량제한 카르텔, 시장분할협정, 입찰담합, 공동보이콧 기타 위반행위로서 국민생활에 광범한 영향을 미치는 악질적이고 중대한 사안이다. 이것은 경성카르텔(hardcore cartel)에 대해 형사적으로 처벌하는 국제추세에 따른 것으로 보인다. 둘째는, 반복적인 법위반사업자 및 업계와 배제조치명령을 따르지 않는 사업자 중에서 公正取引委員會의 행정처분만으로는 법목적을 달성할 수 없다고 판단하는 사안이다. 또한, 검찰당국과의 정보교환 및 원활한 협조를 위하여 '告發問題協議會'를 개최하도록 하고 있다.

고발에 대해 공소의 제기는 원칙적으로 검찰의 起訴便宜主義[123]에 따르지만 검찰이 公正取引委員會의 고발에 대해 공소를 제기하지 않는 경우에는 檢事總長이 法務大臣을 경유하여 그 취지와 이유를 문서로 기재하여 內閣總理大臣에게 보고하여야 한다.[124] 이것은 고발문제에 대한 公正取引委員會의 전문적인 판단을 존중해 주기 위한 것이다.

2) 私訴

獨禁法의 집행은 대부분 公正取引委員會에 의해 공적으로 집행되지만

---

121) 岸井大太郎 등 5인 공저, 전게서, 50면.
122) 평성 17년10월6일「獨占禁止法違反に對する刑事告發及び犯則事件の調査に關する公正取引委員會の方針」.
123) 일본 刑事訴訟法 제247조.
124) 일본 獨禁法 제74조 제3항.

피해를 입거나 입을 우려가 있는 자가 법원에 금지청구 또는 손해배상청구를 통해 사적으로 집행이 되기도 한다. 이것은 피해를 입거나 입을 우려가 있는 私人에 의해 제기되는 것이기 때문에 통상 '私訴'라고 불려지며 미국의 'private action'에 해당하는 것이다.

우선 사적독점이나 부당한 거래제한 또는 불공정한 거래로 인해 피해를 받은 자는 손해배상청구소송을 제기할 수 있다.[125] 피해를 입은 자가 민법에 의한 손해배상청구소송[126]을 제기하는 것도 가능하지만 일반적으로 獨禁法상 피해는 피해의 입증이 쉽지 않기 때문에 민법에 의한 손해배상청구를 보다 용이하게 하기 위해 獨禁法에 특별히 규정한 것이다. 獨禁法에 의한 손해배상청구소송에서는 사업자가 無過失賠償責任을 지게 되어 있기 때문에 사업자가 고의나 과실이 없었다는 것을 입증하더라도 배상책임에서 벗어날 수 없다.[127] 다만, 이 소송은 심결이 확정된 이후가 아니면 재판상 주장할 수 없도록 하고 있는데 이것은 전문성이 있는 公正取引委員會의 판단을 먼저 받은 후 법원의 판단을 받도록 하자는 취지이다.[128]

또한, 법 제8조 제1항 제5호[129] 또는 법 제19조(불공정한 거래방법)의 위반행위로 인해 심각한 피해나 피해를 입을 우려가 있는 자는 당해 행위의 예방 또는 금지하여 줄 것을 법원에 청구할 수 있다.[130] 금지청구의 대상이 되는 행위를 이렇게 좁힌 것은 금지행위의 청구가 주로 당사자 간 분쟁의 성격이 강한 행위유형으로 한정하고 사적 분쟁의 수준을 넘어 공익적인 차원의 분쟁에 대하여는 사인에 의한 금지청구에 맡기지 않고 공

---

125) 일본 獨禁法 제25조 제1항.
126) 일본 民法 제709조.
127) 일본 獨禁法 제25조 제2항.
128) 岸井大太郎 등 5인 공저, 전게서, 55면.
129) 사업자단체가 사업자로 하여금 불공정한 거래행위를 하도록 시키는 행위.
130) 일본 獨禁法 제24조.

적인 당국인 公正取引委員會가 직접 조사하여 처리하겠다는 취지로 이해
되고 있다. 그러나, 사소의 제기에 특별한 제한을 두고 있지 않는 미국과
비교해 본다면 기업의 입장을 지나치게 배려한 반면 법집행의지가 약한
것으로 보일 수도 있다고 생각된다. 이 경우 법원은 전문성이 있는 公正
取引委員會의 의견을 존중하고 獨禁法 운영의 정합성을 고려하여 公正取
引委員會에 의견을 구할 수 있다.

8. 2010년 사건처리절차 개정안

公正取引委員會는 2010.3.12에 심판제도폐지를 골자로 하는 파격적인
개정안을 국회에 제출하였다. 종래에 公正取引委員會가 소추와 심판의
기능을 겸유하는데 따른 비판이 많았었는데, 이러한 비판에 대응하여 심
판절차를 동경지방법원에 넘겨주고 公正取引委員會는 내부직원이 의견청
취 정도만 하는 비교적 간략한 절차만을 수행하기로 한 것이다. 이러한
사건처리절차는 EU 경쟁위원회의 사건처리절차와 상당히 유사한 측면이
있다. 2005년 법개정 내용 중 파격적인 부분이 심판절차 이전에 배제명령
및 과징금부과명령을 내리도록 한 것이 상당히 파격적인 것이었는데, 금
번에는 아예 심판제도를 폐지해버리도록 하고 있어 더욱 더 파격적인 것
으로 받아들여지고 있다. 그런데, 2005년 개정 때와 마찬가지로 금번의
개정도 일본 내에서 많은 비판을 받고 있어 향후 처리여부가 관심의 대상
이 되고 있다.

제5절 일본 독점규제법 집행조직 및 절차의 시사점

일본은 獨禁法 제정 당시부터 미국의 영향을 많이 받았고 독점규제법 집행기관인 公正取引委員會의 조직 및 법집행절차도 미국 FTC의 영향을 많이 받았다. 그러나, 전반적으로 본다면 미국 FTC와 비교할 때 비교적 최근까지도 獨禁法의 집행이 그다지 활성화되지 못하였다.

조직적인 측면에서 본다면 소위 公取委 中心主義를 채택하여 獨禁法 정책 및 집행을 公正取引委員會로 一元化하고 있다. 하지만, 公正取引委員會가 內閣總理大臣 소속으로 되어 있어 FTC와 같은 수준의 독립성은 보장받고 있지 않다. 심지어 초기에는 업무의 독립성에 대해 재계와 학계로부터 위헌성 주장이 제기되기도 하였다. 물론 지금은 독립적인 업무처리에 대해 별다른 논란은 없다. FTC와 마찬가지로 심사기능과 심판기능을 동일한 기관이 수행함에 따른 불공정성 문제를 보완하기 위해 심판관 제도를 두고 있지만, 심판관의 소속이 事務總局일뿐만 아니라 그들 중 다수가 내부에서 승진하여 발탁된다는 점에서 여전히 公正性의 문제를 안고 있다. 반면 事務總局 중심으로 일사불란하게 업무가 처리된다는 점에서 합의제 기구의 문제점인 비효율성 문제가 그다지 심각하게 제기되지는 않는 편이다. 한편 公正取引委員會 직원들의 전반적인 구성이 법률전문가나 경제전문가 위주가 아니기 때문에 이러한 문제점을 보완하기 위

해 전문성이 필요한 일정한 직위에는 변호사자격증 소지자가 근무하도록
하고 있다. 아직까지 본격적인 경제분석을 담당하는 부서를 설치하고 있
지는 않다.

절차적인 측면에서 살펴본다면, 개별 사건처리에서 독립성이 문제가 되
는 경우는 찾아보기 어렵고 심의의 구조도 대심주의를 일찍이 확립하고
심판관에 의한 심의를 하도록 하여 형식적인 측면에서는 공정한 사건처
리를 위한 절차를 잘 구축하고 있다고 보여 진다. 하지만, 정경이 유착된
일본 특유의 행정문화에서 공식적인 절차에 의한 사건처리보다는 비공식
적인 행정지도에 의한 사건처리가 지금도 관행적으로 이루어지고 있다.
최근 법 개정에서 사실상 강제성이 있다고 평가받아 온 勸告審決 制度가
폐지된 것에서 알 수 있는 것처럼 공식적인 제도와 실제 운영이 괴리되는
현상도 자주 있어 왔다. 다만, 우리와 유사한 법체계를 가지고 있으면서도
수많은 신고사건 중 공익적으로 의미 있는 사건만 선별하여 조사역량을
효율화하는 것은 우리에게 시사하는 점이 있다고 생각된다. 예컨대, 2004
년의 경우 2607건의 신고 중 조사에 착수한 것은 139건에 불과하고, 2005
년의 경우 2734건의 신고 중 조사에 착수한 것은 107건에 불과하다고 한
다.[1]

---

1) 村上政博·栗田 誠 編, 獨占禁止法の手續, 中央經濟社, 2006, 65면.

제6장

유럽연합(EU) 독점규제법 집행조직 및 절차

제1절 EU 독점규제법의 역사와 집행메커니즘

1. EU의 개요

EU의 출발은 3개의 조약에 의해 탄생한 별도의 경제공동체로 거슬러 올라간다. 1951년 파리조약(Treaty of Paris)에 의해 탄생한 유럽석탄철강공동체(European Coal and Steel Community; ECSC)[1], 1957년 EURATOM 조약에 의해 탄생한 유럽원자력공동체(European Atomic Energy Community; EURATOM), 1957년에 체결되어 1958.1.1부터 발효한 「유럽경제공동체의 설립에 관한 조약」(Treaty establishing the European Economic Community; EEC) 즉, 로마조약(Treaty of Rome)에서 비롯되었다. 이를 통틀어 EC(ECs)라고 부르고 있으며 당초에는 서로 다른 3개의 조약에 의해서 별도의 위원회(commission)와 이사회(council)로 운영되어오다가 1965년 Merger Treaty에 의해 하나의 집행위와 이사회로 통합되게 되었다.

유럽의 통합은 1991년에 체결되어 1993.1.1에 발효된 「유럽연합 창설조약」(Treaty establishing the European Union; TEU) 즉 마스트리히트 조약(Treaty of Maastricht)에 의해 기존의 경제분야 협력(1st pillar) 이외에 외교 및 안보(2st pillar), 내무 및 사법(3st pillar) 분야로 확대되어 소위 말

---

1) 2002년 7월에 조약이 종료되어 사라짐.

하는 '3주 체제'를 형성함으로써 유럽 연합(European Union; EU)으로 통칭되게 되었다. 또한, EU창설조약에 의해 기존의 유럽 경제공동체를 지칭하는 'EEC'라는 이름이 없어지고 단순하게 EC(European Community)로 개칭되었다. 따라서, 엄밀히 말하면 EC라고 할 때는 과거의 EEC를 지칭하는 것이고, 복수의 ECs라고 할 때는 ECSC, EURATOM, EC를 합친 경제공동체를 의미한다. 그러나, 일반적으로 EC와 ECs를 구별하지 않고 EC를 3개 공동체 전체(European Communities)를 지칭하는 것으로 통용되어 왔다.

그리고, 마스트리히트 조약은 1997년 암스테르담 조약(Treaty of Amsterdam) 조약으로 개정되었다. 당초 로마조약은 제85조부터 제90조에서 경쟁관련 규칙들을 규정하고 있었는데 암스테르담 조약으로 개정되면서 해당 조항들이 제81조에서 제86조로 바뀌게 되었다. 2004년 유럽헌법(Constitution for Europe) 제정을 위한 조약이 합의되었으나 프랑스와 네델란드의 반대로 무산된 후, 2007년 이사회(Council)는 개혁조약(Reform Treaty) 즉 리스본 조약(Lisbon Treaty)에 합의하였는데, 2009년 12.1부터 발효되었고 현재 유럽 연합의 회원국은 27개 국가이다.

2. EU 경쟁법의 法源

현재 EU 독점규제법인 경쟁법2)의 제1차 法源은 리스본 조약이다. 이

---

2) 경쟁법과 관련하여도, '유럽연합(EU) 경쟁법'이라는 용어와 'EC 경쟁법'이라는 용어가 혼용되어 사용되고 있다. 그러나, 엄밀히 말한다면 경쟁법의 근거가 당초 로마조약에 포함되어 있었기 때문에 'EC 경쟁법'이라는 용어가 더 적합하다고 한다. Alison Jones & Brenda Sufrin, EC Competition Law, 3rd ed. Oxford University Press, 2008, p.95. 일본의 越知保見 교수도 'EC Competition Law'라는 표현이 보편적으로 사용되고 있다고 지적한다. 越知保見, 日米歐 獨占禁止法, 商事法務, 2005,

조약은 EU가 활동하고 회원국인 개별 국가들 간의 관계를 규율하는 가장
기본적인 법으로 기능한다. EU 경쟁법의 기본적인 규정은 조약 제81조에
서 제86조인데, 특히 조약 제81조(카르텔의 금지)와 제82조(시장지배적
지위의 남용금지)가 가장 핵심적인 규정이다.[3] 그와 더불어 조약에서는
경쟁법 해석에 있어서 중요한 원칙을 제시해 주고 있는데, EU의 활동은
경쟁이 왜곡되지 않도록 하기 위한 체제를 구축하도록 하고 있다. 이 규
정은 법률적 효과가 없는 단순한 선언적 규정이 아니라 조약상의 경쟁법
규정을 실제로 해석하는데 있어서 중요한 역할을 수행한다.[4]

2차적 法源은 EU 조약 제249조에서 규정하고 있다. 유럽의회 및 이사
회와 위원회는 규칙(regulation)을 제정하고, 지침(directive)을 발하고, 결정
(decision)을 채택하고, 권고(recommendation)를 행하며, 意見(opinion)을
제시할 수 있다(동 조약 동조 1단).

규칙(regulation)은 2차적 法源 중에서 가장 중요한 역할을 하고 있는데,
일반적으로 적용되고 모든 회원국을 구속하며 직접 적용이 된다. 따라서
규칙은 이를 편입하기 위한 국내입법절차가 없이 각 회원국을 직접 구속
한다. 본 논문의 주제와 관련하여 의미있는 규칙으로는 조약 제81조 및
제82조의 집행절차에 관한 규칙으로 1962.2.6에 제정된 「EEC조약 제85조
및 제86조에 규정된 경쟁법규 집행에 관한 규칙」(Regulation Nr. 17/62)이
있었으나 현재는 이 規則상의 집행절차를 대폭 개정하여 2002.12.16에 제
정되고 2004.5.1부터 발효된 「EC조약 제81조 및 제82조에 규정된 경쟁법
규 집행에 관한 규칙」(Regulation Nr. 1/2003)이 있다.[5] 또한, 1989년에 제

9면. 하지만, 본서에서는 편의상 'EU 경쟁법'이라는 표현을 사용하기로 한다.

3) 현 리스본 조약에서는 제101조, 제102조이다. 아직까지는 대부분의 문헌에서 구 조
   항(TEU)에 따라 서술하고 있기 때문에 여기에서도 구 조항에 따라서 서술한다.

4) Case 6/72, Europemballage Corporation and Continental Can Co Inc v. Commission
   [1973] ECR 215.

5) 권오승, 경제법(제6판), 법문사, 2008, 103면.

정된 뒤 2004.5.1부터 개정되어 시행되고 있는「기업결합의 통제에 관한 규칙」(Regulation Nr. 139/2004)을 들 수 있다.

지침(directive)은 추구하는 목적에 대해 각 회원국을 구속하지만 형식과 수단에 관하여는 회원국 법집행당국에 맡겨져 있다(동 조약 동조 3단). 따라서 이를 집행하기 위한 별도의 국내입법절차가 필요하다. 결정(decision)은 그것이 내려지는 당사자에 대해 구속력이 있다(동 조약 동조 4단). 개별적인 것이라는 점에서 앞의 것들과 차이가 있다. 권고(recommendation)와 의견(opinion)은 구속력이 없다(동 조약 동조 5단).

EU의 모든 법 영역에서와 마찬가지로 EC의 경쟁법에는 많은 不文의 原則이 존재한다. 不文法의 중요한 역할이 중요한 것은 한편으로는 공동체의 법이 기본적인 사항만 규정을 하고 2차 법에 많은 것을 위임하고 있으며 이것도 충분하지 않다면 기존의 갭을 보충하도록 법원의 관할권에 맡기고 있기 때문이다.6)

3. EU 경쟁법의 집행메커니즘

1) 경쟁법의 적용방식

우선 EU 조약 81조 및 82조는 사전에 특별한 결정이 없이도 바로 적용이 된다. 조약 81조 및 82조와 각 국 경쟁법 간의 관계를 살펴보면, 회원국 경쟁법 집행기관 또는 각국 법원이 국가 경쟁법을 적용하는 경우, 동시에 조약 81조 및 82조를 적용하여야 한다. 단, 회원국 경쟁법 집행기관이나 법원이 국가의 합병통제법률을 적용할 때는 적용되지 않고, 조약 81

6) Jurgen Schwarze, "Judicial Review of European Administrative Procedure,"「Public Law」, 2004, p.148.

조 및 82조의 목적과는 다른 목적을 절대적으로 추구하는 국가의 법률규정 적용은 가능하다.

위원회와 회원국 경쟁법 집행기관 및 법원 간 관할사항에 대하여 살펴보면, 위원회와 회원국의 경쟁법 집행기관 및 법원은 조약 81조 및 82조의 집행과 이 규정에서 정한 권한을 가지게 된다. 위원회는 제소 또는 직권으로 조약 81조 및 82조의 위반이 있다고 결정할 수 있고, 결정에 의해 기업이나 사업자단체가 그러한 법위반을 종료하도록 요구하고 행해진 법위반에 비례하고 법위반을 효과적으로 종료할 수 있는 행태적 또는 구조적 조치를 부과할 수 있다. 구조적 조치는 동일한 효과를 갖는 다른 조치가 없거나 그것이 더 부담이 되는 경우에만 부과할 수 있으며 정당한 이익이 있다면 법위반이 과거에 행해졌다고 결정할 수도 있다. 또한, 심각하고 회복할 수 없는 경쟁에 대한 피해의 위험 때문에 긴급한 경우 위원회는 직권으로 결정에 의해 법위반행위의 prima facie의 토대위에서 잠정적 조치를 명할 수 있다.

조약 81조 및 82조의 적용에 관한 공동체의 이익이 요구하는 경우, 위원회는 신청 또는 직권에 의해 조약 81(1)의 조건이 성취되지 않았거나 81(3)의 조건이 충족되지 않았기 때문에 조약 81조가 사업자단체의 합의나 결정 또는 공동행위에 적용될 수 없다고 결정할 수 있다.

2) 위원회와 각 회원국의 협조

다수의 국가들로 구성된 EU의 특성상 위원회와 회원국 경쟁법 집행기관 간 협력에 대해 특별히 규정하고 있다. (i) 회원국 경쟁법 집행기관은 조약 81조 및 82조에 의거 법집행을 할 때 위원회에게 서면으로 최초의 공식조사를 위한 조치를 시작하기 전 또는 직후 통지해 주어야 한다. 이러한 정보는 다른 회원국의 경쟁법 집행기관도 얻을 수 있게 해 주어야 한다. (ii) 법위반행위가 종료되어야 한다고 요구하거나 약속을 수령하거나 일괄면제 규정의 혜택을 철회하는 결정을 채택하기 30일 이전에 회원국의 경쟁법 집행기관은 위원회에게 통지해 주어야 한다. (iii) 위원회가 Chapter III에 따른 결정을 채택하기 위해 절차를 시작하는 것은 회원국 경쟁법 집행기관이 조약 81조 및 82조를 적용하기 위한 권한을 배제한다. 회원국 경쟁법 집행기관이 어떤 사안에 대해 이미 조사를 하고 있으면 위원회는 각국 경쟁법 집행기관과 협의한 후 절차를 시작할 수 있다.

조약 81조 및 82조를 적용하기 위해 위원회와 회원국 경쟁법 집행기관은 비밀정보를 포함하여 사실이나 법률의 자료를 교환하거나 증거로 활용할 수 있다. 그리고, 하나의 당국이 사건을 다루고 있다는 사실은 다른 당국들이 절차를 중지하거나 제소를 거부할 수 있는 충분한 근거가 된다. 위원회는 회원국 경쟁법 집행기관이 그 사건을 다루고 있다는 이유로 제소를 거부할 수 있다.

조약 81조 및 82조의 적용을 위한 절차에서 각국 법원은 위원회에게 보유하고 있는 정보나 공동체 경쟁규칙의 적용에 관한 의견을 제출해 달라고 요구할 수 있고, 회원국은 위원회에 조약 81조 및 82조의 적용에 관한 각국 법원의 서면판결의 사본을 제출하여야 한다. 각국 법원 및 회원국의 경쟁법 집행기관이 이미 위원회 결정의 대상이 된 조약 81조 및 82조하의 합의, 결정, 행위에 관해 결정할 때, 위원회가 이미 채택한 결정에 상반되는 결정을 할 수는 없다. 이것은 공동체차원에서 일관성있는 결정을 하기 위하여서이다.

제2절 EU 경쟁법 집행조직

1. EU 주요 기관

EU는 통일국가나 연방국가가 아니기 때문에 엄밀한 의미의 3권 분립체제를 갖추고 있는 것은 아니다. EU 조약에서는 5개의 주요한 기관을 규정하고 있는데, 유럽의회(European Parliament), 이사회(Council), 위원회(Commission), 유럽법원(European Court of Justice; ECJ), 감사원(Court of Auditors)이 그것이다.

1) 유럽의회(European Parliament)

우선 유럽의회는 EU 주민들을 대표하도록 만들어진 기관이다. 회원국별로 할당된 인원에 따라 선출되며 국내 입법부에 상응하는 정도의 입법적 권한을 갖고 있는 것은 아니다.[1] 자문적 권한 및 감독적 권한을 보유하고 있으며 입법에 있어서도 일정한 권한을 보유하고 있다. 다른 기관들과 더불어 입법에 참여하는 방식은 4가지로 구분되는데, 협의절차(consultation procedure) 및 협력절차(cooperation procedure), 공동결정절차

---

1) 김대순, EU법론, 삼영사, 1995, 55면.

(codecision prodecure), 동의절차(assent)가 있다. 하지만, 직접 법안을 만들어 제안할 수 있는 권한을 보유하고 있는 것은 아니며 필요한 경우 위원회가 법안을 제출해 줄 것을 요구할 수 있을 뿐이다. EU의 다음 발전단계는 위원회의 법안제출독점권을 깨뜨리는 것이다.[2]

2) 이사회(Council)

이사회는 회원국 대표들로 구성된 최고의 의사결정기구로서 입법기능을 담당하고 있고, 위원회에 권한을 위임하여 EU의 활동을 수행하도록 한다. 理事會는 회원국의 각료급 대표로 구성되며 회원국 당 1명이 배정되고 임기는 5년이다. 일반적인 문제를 토의할 때는 통상 외무장관들이 모여서 이사회를 구성하는데 이를 '일반이사회'(general Council)로 부르기도 하고, 전문적인 사항을 토의할 때는 관련 부처의 각료들로 구성이 되는데 '전문이사회'(specialized Council)라고 부르기도 하며 개별적으로 지칭할 때는 농업에 관한 이사회이면 '농업이사회'(Agricultural Council)라고 지칭하기도 한다.[3]

이사회의 의장직은 종래 6개월 간격으로 회원국 간에 돌아가면서 맡았지만 리스본 조약체결 이후 상임의장직이 신설되었다. 그리고 이사회의 모임은 비공개로 진행되며 의사록도 공표하지 않는다. 이사회의 결의는 별도의 규정이 없는 한 과반수의 찬성에 의해 결정이 되지만, 중요한 사안은 가중다수결(qualified majority)에 의해 회원국별 차등 표결 방식 및 일정 회원국 이상의 찬성 등의 조건이 붙어 있다.[4] EU의 조약과 같이 대

---

2) 상게서, 58면.

3) 상게서, 45면.

4) 총 투표수는 345표인데, 영국·독일·프랑스·이탈리아는 29표, 스페인·폴란드는 27표를 행사할 수 있는 반면 말타(Malta)는 3표밖에 행사하지 못한다. 앞의 6개 국가를 G6라고 칭하기도 하는 이들의 투표수는 전체의 49.3%이고 이들의 협조 없이 안건을

단히 중요한 사안은 만장일치로 결정이 된다.

3) 위원회(Commission)

EU의 주요 기관 중 본 논문의 주제와 관련하여 가장 중요한 기관은 위원회이다. 위원회는 회원국별 1명 총 27명이 선임되는데 회원국 및 유럽의회의 동의를 받아야 한다. 위원장(president) 및 5인의 부위원장, 위원들의 임기는 5년이다. 위원장은 이사회에서 지명하고 유럽의회에서 과반수의 찬성을 얻으면 인준된다.

위원들은 독립성이 충분히 보장될 수 있는 사람들이 선임이 되어야 하고 EU의 이익을 위하여서만 일을 하여야 하며 출신 국가나 다른 기관의 지시를 받아서는 아니 된다. 각 회원국도 위원회의 독립성을 존중해 주어야 한다. 위원들은 독립적인 직무의 수행을 위해 영리 및 비영리를 불문하고 다른 직업에 종사하여서는 아니되며 취임할 때 이러한 사항을 유럽법원(ECJ)에서 선서하여야 한다.

위원직은 사망이나 사임에 의하여 종료될 수 있고, 직무수행에 요구되는 조건을 충족시키지 못하거나 심각한 비행이 있는 경우에는 위원회나 이사회의 신청에 의해 강제로 종료될 수 있다. 새로 선임된 위원의 임기는 처음부터 시작되는 것이 아니라 이전 위원의 잔여기간이다. 한편 이사회가 2/3의 투표에 의해 이사회 전체 위원을 해임시킬 수도 있다.

위원회의 행정조직은 사무총국(Directorate General)[5]인데 분야별로 임무가 부여되어 있고 위원들은 전문가들로 구성된 사무국(Directorates) 및 법무실(Legal Service)의 협조를 얻어 직무를 수행한다.[6] 위원들은 각자 한 분야씩을 담당하고 있고 위원들의 업무를 보조하는 비서실이 별도로

통과시키는 것은 사실상 불가능하다.

5) 사무총국은 대체적으로 본다면 국가의 정부부처에 해당한다고 볼 수 있다.

6) D. Lasok, Law & Institutions of the European Union, Butterworths, 1994, p.190.

설치되어 있다.

위원회는 준사법적인 권한으로 법위반 사건을 조사하고 소추하며 법위 반행위에 대해 시정명령 및 과징금납부명령을 할 수 있다. 긴급한 경우에 는 최종결정을 하기 전에 잠정적 조치명령을 할 수도 있다.

準立法的인 권한으로는 조약이나 이사회의 규칙(Council Regulation)을 집행하기 위한 위원회 규칙(Commission Regulation), 위원회 고시 등을 제 정할 수 있다. 예컨대, 조약 제81조 및 제82조에 의한 사건처리 절차인 Commission Regulation No 773/2004 또는 Council Regulation No 17/62의 제19조 제1항 및 제2항의 집행을 위한 Commission Regulation No 99/63 을 들 수 있다.[7)

4) 유럽법원(European Court of Justice; ECJ)

EU의 사법조직은 2심을 원칙으로 하는데 1심 법원(Court of First Instance; CFI)과 유럽법원(ECJ)으로 구성되어 있다. 1심 법원(CFI)은 유럽 법원(ECJ)의 업무감경을 위해 도입된 것으로 1989년에 설치되었으며 취 소소송, 부작위소송, 손해배상청구소송, 공직소송 등에 대하여 1심으로서 관할권을 갖는다. 1심법원과 2심법원인 유럽법원은 각각의 관할사항을 담 당하는데, 1심 법원의 관할사건에 관하여는 1심 판결의 법률문제에 대하 여만 유럽법원에 제소할 수 있다.

EU 조약의 해석 및 적용에 대한 사법적 권한을 가지는 유럽법원은 1회 원국 당 1인의 재판관으로 구성되고, 임기는 6년이며 연임도 가능하다.

---

7) 위원회 고시(Notice)의 예로는 「Commission Notice on the Handling of Complaints by the Commission under Articles 81 and 82 of the EC Treaty」(2004/C 101/05)를 들 수 있다. 준입법 권한에 대한 위원회 결정(Decision)의 예로는 「Commission Decision of 23 May 2001 on the terms of reference of hearing officers in certain competition proceedings」를 들 수 있다.

재판관은 총 27명인데 3년 마다 13명 혹은 14명이 교체된다.[8] 재판소장은 재판관들이 동료 중에 선출하며 임기는 3년이고 연임이 가능하다. 그리고 8인의 보조판사(avocate-general)[9]가 보좌한다. 제1심 법원의 재판관도 대부분 유럽법원 재판관과 비슷한 규정의 적용을 받는다.

5) 監査院(Court of Auditors)

감사원은 EU 기관들의 회계감사를 담당하는데, 각 회원국별 1인으로 구성이 된다. 전문성이 있는 자들 중에서 선발하는데 유럽의회의 의견을 구한 뒤 이사회의 가중다수결(qualified majority)에 의하여 선출한다. 임기는 6년이며 직무수행에 있어 독립성을 보장받는다.

2. EU의 경쟁법 집행 조직

1) 개요

유럽 공동체 위원회에는 각 분야를 담당하는 위원들이 26명이 있는데 경쟁법 집행을 담당하는 위원도 그 중의 한 명이다. 위원회의 업무집행을 위한 행정조직으로서 26개의 사무총국(DGs)이 있다. 경쟁담당 사무총국 즉 경쟁총국(DG Comp)은 이러한 26개의 총국 중 하나로서 경쟁법 담당 위원과 함께 경쟁법의 집행을 담당하고 있다. EU의 경쟁당국의 대체적인 모습은 다음의 <그림 6>과 같다.

---

8) 유럽법원규정(Statute of the Court of Justice) 제9조 제1단.
9) 프랑스 법률시스템에서 유래된 것으로 이들의 임무는 사건에 대하여 의견을 제시하는 것이며 이것이 당사자나 판사를 구속하지는 않는다.

〈그림 6〉 EU 경쟁법 집행기관 조직도

2) 경쟁담당 위원(Commissioner)

EU 위원회에서 경쟁법의 집행을 담당하는 위원은 경쟁담당 위원이다. 이를 보좌하는 비서실과 경쟁총국(DG Comp)이 설치되어 있다. EU 경쟁담당 위원의 역할을 일반 국가 경쟁법 집행기관의 위원의 역할과 비교하기는 어렵다. 유럽 공동체가 개별 국가와는 다른 속성을 많이 지니고 있기 때문이다.

일단 사건의 조사 및 소추의 역할은 경쟁총국이 담당하고 다음 항목에서 다루는 청문주재관이 공정하고 객관적인 입장에서 청문을 주재한다. 청문주재관은 경쟁담당위원 직속이고 청문의 결과를 주로 피심인의 청문권이 보장되었는지의 측면에서 작성하여 경쟁담당 위원에게 보고를 한다.[10] 청문주재관의 청문 내용은 모두 기록이 되어 있기 때문에 이를 바

---

10) Alison Jones & Brenda Sufrin, EC Competition Law, 3rd ed. Oxford University Press, 2008, pp.1201-1202.

탕으로 비서실의 보좌관들의 도움을 얻어 위원회가 최종결정을 하는데 참고가 되는 자료를 작성한다. 공식적인 최종결정은 위원회의 단순다수결에 의해 내려진다. 다만, 절차적인 성격의 결정은 경쟁담당 위원이 단독으로 내린다.[11]

3) 청문주재관(Hearing Officer)

피조사인의 청문권을 존중해 주고 독립적이고 공정한 청문을 실시하기 위해 1982년에 청문주재관 제도를 도입하였다. 청문주재관의 역할은 미국의 행정법판사(ALJ) 정도의 독립성과 의결서 초안 작성권까지 가지고 있는 것은 아니지만 청문을 공정하게 주재하고 위원에게 조언하는 역할을 담당한다.

EU 경쟁법 집행절차에 대한 비판은 EU 초기부터 있어왔는데, 가장 핵심적인 내용은 FTC 등 미국의 독립규제위원회에 가해졌던 것과 유사하게 하나의 기관이 조사관(investigator), 소추자(prosecutor), 심판관(judge)의 역할을 겸하고 있기 때문에 절차의 공정성과 투명성이 떨어진다는 것이었다. 이에 대한 보완책으로 마련된 것이 바로 독립적인 청문의 주재자로서 1982년에 청문주재관(hearing officers) 제도를 도입한 것이다.[12]

청문주재관의 역할에 대해서는 2001년의 「청문주재관에 관한 위원회 결정」(Commission Decision 2001/462)[13]에 자세히 나와 있다. 당초 청문주재관의 역할은 구두청문에만 제한이 되어 있었으나 1994년부터는 위원회절차 전반으로 확대가 되었다.

EU의 청문주재관 제도는 미국의 행정법판사(ALJ) 제도를 본 딴 것이긴

11) D. Lasok, op. cit., p.563.
12) Alison Jones & Brenda Sufrin, op. cit., p.1190.
13) 「Commission Decision of 23 May 2001 on the terms of reference of hearing officers in certain competition proceedings」(2001/462/EC,ECSC).

하지만 여러 가지 면에서 미국식 행정법판사에 비해서는 독립성이나 권한이 부족한 편이다. 미국 FTC의 행정법판사는 인사적인 측면에서 FTC의 일반직원들과는 달리 FTC가 아닌 별도의 인사 관련 조직인 인사관리처(Office of Personnel Management) 및 실적제도보호위원회(Merit Systems Protection Board)의 관장을 받고 있지만, EU의 청문주재관은 일반직원들과 큰 차이가 없는 임용절차를 거친다. 다만, 경쟁법 담당 집행위원의 직접적인 통제를 받고 있는데, 경쟁총국(Comp DG)이 아니라 경쟁법 담당 위원의 소속으로 되어 있어 조사직원으로부터 독립된 점은 주목할 만 하다. 하지만, 청문주재관의 인사적인 측면에서의 독립성에 대해서는 임용이나 면직, 전직의 절차가 투명하게 이루어지도록 하여야 한다는 선언적 의미의 언급이 있을 뿐이다.[14)]

그리고, 미국 FTC의 행정법판사는 청문을 마친 후 독자적인 결정문(initial decision)을 작성하고 청문의 양 당사자인 피심인이나 심사관이 그 결정에 대해 불복하지 않고 위원회가 그 결정에 대해 이의가 없다면 그 결정은 그대로 확정이 된다. 하지만 EU 청문주재관은 청문을 주재하지만 독자적인 결정문을 작성하지는 않고 단지 경쟁법 담당 위원에게 청문권과 관련된 절차적인 부분에 관해 권고적인 의견을 제시할 뿐이다.[15)] 다만, EU에서도 청문주재관의 독립성을 존중해 주기 위해 노력을 하고 있고 특히 구두청문에서 철저한 독립성을 보장해 주고 있다. 즉 구두청문은 청문주재관이 '완전히 독립하여'(in full independence) 행하도록 하고 있다.[16)]

---

14) 상기 결정 서문.
15) 상기 결정 제13조 제1항.
16) 「Commission Regulation(EC) No 773/2004 of 7 April 2004 relating to the conduct of proceedings by the Commission pursuant to Articles 81 and 82 of the EC Treaty」 773/2004, 제14조 제1항.

4) 경쟁총국(DG Comp)[17]

각 사무총국은 여러 개의 국(Directorates)으로 나누어지며 각 국은 다시 여러 개의 과(units)로 나누어진다. 책임자는 총국장(Director General)이다. 이 총국에는 700명이 넘는 직원이 EU의 경쟁사건을 조사하고 경쟁정책을 입안하고 있다. 경쟁담당 사무총국에는 3명의 부총국장(Deputy Director-General)이 있는데 그 중 운영담당 부총국장이 가장 핵심적인 역할을 한다. 운영담당 총국장이 관장하는 局(Directorates)은 9개가 있는데, 이 중 A국은 전반적인 경쟁정책 입안 및 평가를 담당하고 R국은 서류 및 전산관리를 담당한다. 사건을 담당하는 5개의 국이 있는데 산업별로 업무가 분장되어 있다. B국은 에너지와 환경을, C국은 정보통신 및 미디어를, D국은 금융 및 보건을, E국은 기초산업 및 제조업·농업을, F국은 운송 및 우정업무를 담당하고 있다. 나머지 부총국장은 경쟁사건과 국가보조금 사건의 정책수립 및 집행을 지원하는 임무 등을 맡고 있다.

실무적으로 본다면 위원회의 결정은 사무총국에서 마련되는 것이고 농업이나 통신같은 전문분야에서는 그 분야의 사무총국과 협의를 거치는 것이 상례이다.[18]

EU의 경쟁총국도 조사, 소추, 결정문 초안 마련 등의 역할을 동시에 수행한다. 그래서, Cimenteries CBR SA v. Commission 사건에서 그러한 절차가 공평성의 원칙을 위반한 것이 아닌지 여부가 문제가 되었으나, 1심 법원(CFI)는 최종결정은 사무총국이 아니라 위원회가 집단적으로 결정을 내린 것이기 때문에 절차의 위반은 아니라고 판시한 바 있다.[19]

---

17) 경쟁총국은 1999년 여름까지는 'DG IV'라고 약칭하였으나 그 이후부터는 'DG Comp'로 약칭하고 있다. Alison Jones & Brenda Sufrin, op. cit., p.100.

18) D. Lasok, op. cit., p.563.

19) Cases T-25/95, [2000] ECR II-491.

5) 자문위원회(Advisory Commitee)[20]

자문위원회는 위원회와 회원국들의 의견을 소통하는 통로역할을 하는
데, 위원회가 시정명령이나 과징금납부명령 등의 결정을 내리기 전에 자
문위원회와 협의를 하여야 한다.[21] 이러한 자문위원회의 의견을 듣도록
하고 있는 것은 각 회원국들의 이해관계를 무시할 수 없는 EU 그 자체의
특성에서 비롯된 것으로 보인다. 規則 1/2003에서는 반드시 자문위원회와
협의를 거쳐야 하는 결정들에 대해 규정하고 있는데 다음과 같다.

> (a) 조약 제81조 및 제82조 위반 관련 결정(Regulation 1/2003, 제7조)
> (b) 잠정적 조치(interim measures) 결정((Regulation 1/2003, 제8조)
> (c) 동의명령(commitments) (Regulation 1/2003, 제9조)
> (d) 적용불가 결정(finding of inapplicability) (Regulation 1/2003, 제10
> 조)
> (e) 과징금(fines) (Regulation 1/2003, 제23조)
> (f) 이행강제금(periodic penalty payments) (Regulation 1/2003, 제24조
> 제2항)
> (g) 일괄적 적용면제 규칙적용에 관한 결정 (Regulation 1/2003, 제29
> 조 제1항)

자문위원회는 회원국들의 경쟁법 전문가들로 구성이 되고 위원회가 내
리고자 하는 결정문의 초안을 검토하여 위원회와 서면이나 대면회의를
통해 의견을 취합한 후 그것을 위원회에 전달하는 것이 가장 핵심적인 임
무이다.

---

20) 정확한 명칭은 'Advisory Committee on Restrictive Practices and Dominant
Positions'임.
21) 이사회 규칙(Regulation) No. 1/2003, 제14조 제1항.

자문위원회의 議事定足數는 사전에 정해져 있지 않기 때문에 일부 위원이 참석하지 않더라도 상관없으며[22] 의견은 결정문 초안에 첨부되지만 사후에 공개되지는 않는다.[23] 이처럼 의견을 공개하지 않는데 대해서는 많은 비판이 제기되어 왔고 피심인의 방어권행사를 위해 최소한 관련 기업에게는 공개되어야 한다는 주장이 있어 왔다.[24] 그러나, 유럽법원(ECJ)은 이러한 주장을 받아들이지 않았다. Musique Diffusion Francaise et al. v. Commission 사건[25]에서 유럽법원은 자문위원회의 의견이 구속력이 있는 것이 아니고 위원회는 피심인 기업들이 주장한 사실만을 감안하여 결정을 내릴 수 있는 것이라는 점과 만약 의견이 공개되어 그 의견에 대한 피심인의 반박을 허용한다면 절차를 재개하는 것과 마찬가지가 되므로 당초의 입법취지와 맞지 않다는 이유를 들었다.

---

22) 이사회 규칙(Regulation) No. 1/2003, 제3항.
23) 이사회 규칙(Regulation) No. 1/2003, 제5항 및 제7항.
24) C. S. Kerse, E.C. Antitrust Procedure, Sweet & Maxwell, 1994, p.186.
25) Cases 100-103/80, [1983] ECR 1823.

제3절 EU 경쟁법 집행절차

EU 조약은 경쟁법 집행절차를 직접 규정하지 않고 이사회(Council)가 규정하도록 위임하였는데, 위임에 의거해 이사회가 처음으로 제정한 집행 절차 규칙이 1962.2.6의 Regulation 17/62이다. 이 규칙이 생기기 전에도 조약에 의해 조사권한이 있긴 하였지만, 구체적인 절차가 규정되어 있지 않아서 경쟁총국은 조사를 꺼리게 되었고 그 결과 이 규칙 이전에는 겨우 33건을 조사하는데 그쳤고 시정조치를 위한 공식적인 결정을 한 것은 한 건도 없었다고 한다.[1] 이 규칙은 현재 Regulations 1/2003의 전신이다. 그리고 이사회는 Regulation 17/62의 위임에 따라 두 개의 규칙을 제정하였는데, 하나는 通知에 관한 규칙[2]이고 다른 하나는 청문에 관한 규칙[3]이다.

이러한 규칙들 및 그 후 개정된 규칙에 의해 경쟁법이 집행되어 왔으나, 경쟁법 집행의 분권화(decentralization) 및 효율화를 위한 노력의 결과 2004년부터 집행절차가 크게 개혁되었고 이를 '현대화'(modernization)라

---

1) D. G. Goyder, EC Competition Law, 3rd ed., Oxford EC Law Library, 1998, p.47.
2) 「Commission Regulation 27/62 of the Commission implementing Council Regulation 17/62」.
3) 「Commission Regulation 99/63 on the hearings provided for in art. 19(1) and (2) of the Council Regulation 17/62」.

고 부른다. 지금 발효되고 있는 중요한 것들로는 다음과 같은 것들이 있다.

- Council Regulation No. 1/2003
- Commission Regulation(EC) No 773/2004 of 7 April 2004 relating to the conduct of proceedings by the Commission pursuant to Articles 81 and 82 of the EC Treaty[일명 '집행규칙'(the Implementation Regulation)]
- Commission Notice on the Handling of Complaints by the Commission under Articles 81 and 82 of the EC Treaty(2004)
- Guidelines on the Method of Setting Fines Imposed Pursuant to Article 23(2)(4) of Regulation No. 1/2003
- Commission Decision of 23 May 2001 on the terms of reference of hearing officers in certain competition proceedings

1. 사건의 단서[4]

위원회는 일반 경쟁법 집행기관과 마찬가지로 직권이나 제소(complaints)에 의해 법위반혐의에 대해 조사를 개시할 수 있다.[5] 그리고 기본적으로 사건개시에 있어서 많은 재량권을 가지고 있어서 어떠한 사건을 조사할 것인지에 대해 선택할 수 있다. 첫째는, 위원회 및 사무총국은 인력이나 예산에 제약이 있기 때문에 모든 사건을 처리할 수는 없다. 그래

---

4) 박종흔 등, "사건조사 착수기준 및 조사방식 개선연구"(용역보고서), 公正去來委員會, 2008, 33-37면 참조.
5) 이사회 규칙(Regulations) No. 1/2003, 제7조.

서 경제적인 의미가 있거나 법적으로 중요한 사건들만 선별하여 처리한
다.[6] 둘째는, 위원회는 사법기관이 아니라 행정기관이기 때문에 어떠한
사건을 언제 어떻게 처리하여야 할 재량권이 있다. 사법기관은 관할권이
있는 모든 사건을 처리하여야 한다.[7]

British Airways v. Commission 사건[8]에서는 위원회가 한 사업자(British
Airways)만 조사하고 다른 사업자들은 조사하지 않은 행위가 적법한 것인
지 문제가 되었다. 유럽 제1심 법원(CFI)은 위원회는 사건조사 개시에 있
어서 재량권이 있다는 이유로 원고의 청구를 받아들이지 않았다. 위원회
가 조사를 개시하지 않은 것이 법적으로 문제가 될 수 있는 것은 예컨대
사실관계를 오해한 것과 같이 재량을 잘못행사 한 경우뿐이다.[9]

EU 경쟁법 집행절차에서 특이한 것은 우리나라의 申告에 해당하는 사
건의 단서를 둘로 나누어 효율적으로 처리하고 있다는 점이다. 즉, 법의
요건을 갖춘 제소(complaints)와 단순정보제공으로 나누어 차별적으로 처
리하고 있다. 영국의 방송통신청인 OFCOM도 사건처리에 있어 단순신고
와 이해관계자의 신고(complaints)를 구분한다. 이해관계자의 신고는 일정
한 요건을 갖추어 신고해야 하는 반면 단순신고는 말 그대로 단순한 정보
제공에 불과하다. 추가로 분쟁(disputes)을 별도로 구분하여 처리하는데,
이해관계자의 신고는 법위반이 있었다는 주장이 핵심인 반면 분쟁은 당
사자 간 상업적 협상이 결렬되었다는 것이 핵심이다. OFCOM의 분쟁
(disputes)처리 절차는 우리나라 방송통신위원회의 재정절차와 유사하
다.[10] 이 부분은 미국의 FTC나 DOJ 혹은 일본의 公正取引委員會와 차이

---

6) D. Lasok, Law & Institutions of the European Union, Butterworths, 1994, p.564.
7) Id. at 569.
8) Case T-219.
9) D. Lasok, op. cit., p.569.
10) 자세한 내용은, 이원우 편, 정보통신법 연구 II(통신법의 집행절차 및 불복제도), 경
인문화사, 2008, 107-143면 참조.

가 나는 부분이다. 미국의 FTC나 DOJ 혹은 일본의 公正取引委員會는 신고란 기본적으로 누가 어떠한 형태로 제공이 되든 단서제공에 불과하다고 보는데 반해 EU에서는 일정한 양식을 갖춘 제소(complaints)는 법원의 제소와 유사한 자격을 부여하고 있다. 물론 이러한 경우에도 위원회는 EC의 이익(community interest)을 감안하여 우선순위를 정하여 처리할 수 있으며 조사를 위한 공동체의 이익이 부족하다고 판단되면 조사에 착수하지 않아도 되기 때문에 법원에의 제소와는 차이가 난다.

1) 제소(complaints)

제소의 제기 및 처리에 관한 세부적인 내용은 위원회 고시(Notice)[11]에 자세히 나와 있다. 이사회 규칙 No. 1/2003. 제7조 제2항에서는 정당한 이익(legitimate interest)을 갖춘 자연인이나 법인, 회원국이 일정한 방식에 따라 提訴를 할 수 있다고 규정하고 있다.

(1) 제소의 양식

제소는 'Form C'라는 이름의 양식에 따라야 하는데, 인터넷 홈페이지에서 출력할 수 있다. 제소인은 양식에 포함된 내용을 모두 기재하여야 할 뿐만 아니라 위원회가 어떠한 사건에 대해 조사를 개시할 것인지 재량이 있기 때문에 위원회가 왜 조사를 개시하여야 하는지 설명하여야 한다.

이 양식에 기재할 사항은 다음과 같다. 첫째, 제소자의 신원에 관한 세부사항으로 사업자인 경우 그룹 소속이면 그룹의 이름과 자신의 사업영역, 주소 및 전화번호 등의 연락처를 기재하여야 한다. 그리고 피제소자의 세부적인 사항을 기재하여야 하는데 피제소자와 제소자와의 관계 즉 경

---

11) Commission Notice on the Handling of Complaints by the Commission under Articles 81 and 82 of the EC Treaty(2004).

쟁사업자인지 아니면 소비자인지 등을 기재하여야 한다. 둘째, 법위반행위의 내용과 증거를 기재하여야 한다. 법위반에 의해 영향을 받게 되는 상품이나 용역의 내용, 부당한 거래제한의 합의가 있는 경우 그 합의와 관련된 내용을 기재하여야 한다. 서면이나 자료 등이 있으면 이를 제출하여야 하고 통계나 데이터 등도 제출할 수 있으면 제출하여야 한다. 셋째, 위원회에게 요구하는 결정이 무엇인지 기재하여야 하고 제소자가 그러한 결정을 구할 수 있는 정당한 이익이 있다는 근거를 밝혀야 한다. 추가적으로, 제소자가 속한 국가의 경쟁법 집행기관나 법원에서 절차가 진행되고 있는지 여부를 기재하고,12) 이상의 기재가 허위가 아니라는 것을 밝히고 서명하여야 한다.

(2) 정당한 이익(legitimate interest)13)

소송에서 법률상 이익이 있는 자가 원고 적격이 있는 것과 비슷하게 제소는 EU 위원회의 인원과 예산을 활용하게 하는 것이기 때문에 일정한 이익이 있는 자가 제기하여야 한다. 그런데, 고시(Notice)에서 정당한 이익이 무엇인지에 대해 구체적으로 정의하고 있지는 않고 중요한 것들을 포괄적으로 예시하고 있을 뿐이다. 이러한 예시로는 제소인이 법위반혐의자와 같은 관련 시장에 있다는 것, 법위반혐의자의 행위가 직접적 및 부정적으로 자신의 이익에 영향을 미친다는 것, 제소인과 법위반혐의자가 경쟁사업자라는 것 등을 들고 있다.

---

12) 회원국들의 법원에서 해결될 수 있는 사안이면 위원회는 절차를 개시하지 않으려 한다.

13) Commission Notice on the Handling of Complaints by the Commission under Articles 81 and 82 of the EC Treaty 제33조-제40조 참조.

(3) 제소의 처리[14]

EU 위원회는 제소가 있다 하더라도 모든 제소에 대해 조사를 시작하는 것은 아니고 조사의 필요성이 있는 것들과 그렇지 않는 것들을 선별하여 처리한다. 이를 위해 위원회는 조사의 필요성이 있는지 판단하기 위해 사실문제 및 법률문제를 검토하여야 하고, 제소가 EU의 이익과 관련이 있는지, 법위반의 가능성이 있는지, 적용제외 사항은 아닌지 등을 포함해 법위반의 중대성과 시장에 미치는 영향, 입증의 가능성 등을 종합적으로 고려하여 조사의 필요성 여부를 결정하게 된다.

조사의 필요성 여부에 대해 합리적인 기간(통상 60일) 이내에 결정을 내려야 하며 제소인에게 그 결과를 통보해 주어야 한다. 사건의 복잡성이나 제소내용의 충실성에 따라 합리적인 기간은 유동적일 수밖에 없다. 만약 조사를 하지 않기로 하는 경우 그 사유를 구체적으로 명시하여 제소인에게 통보해 주어야 한다. 또한 제소인은 이의가 있으면 유럽법원에 제소할 수 있으나, 새로운 증거가 없는 한 새로운 제소는 허용되지 않는다. 위원회의 조사 미착수에 대해서는 재량의 남용이 없는 한 유럽 법원이 문제를 삼지는 않는다.[15]

조사를 마친 후 심사보고서(a statement of objections)[16]는 피조사인뿐만 아니라 제소인에게도 통보해 주어야 하며 이에 대해 제소인은 서면으로 의견을 제출할 수 있다.

---

14) 상기 고시 제41조-제50조 참조.

15) Case T-219.

16) 'a statement of objections'는 절차의 맥락에 맞게 번역하면 '이견진술고지서'라고 할 수 있을 것이다. 실제로 일본에서는 '이의고지서'라고 번역하기도 한다(庄司克宏 편, EC法 實務篇, 岩波書店, 2008, 523면). 하지만 우리나라의 절차와 비교한다면 심사보고서에 상당하다고 볼 수 있어 여기서는 심사보고서로 번역하였다.

2) 정보제공(information)

정보제공은 제소와는 달리 말 그대로 사건조사에 착수하기 위한 단서 제공 그 이상의 의미는 없다. 그래서, 일정한 자격을 갖추지 않은 자가 제 기하는 신고나 정당한 이익이 없는 자가 제기하는 신고 등은 단지 내부정 보로서 관리할 뿐 신고인에 대해 사후 통보도 해주지 않는다.

2. 조사(investigation)

위원회는 위에서 설명된 사건의 단서에 의해 조사절차를 시작할 수 있 다. EU는 여러 회원국의 연합체이고 각 회원국 차원에서 조사가 개시될 수도 있기 때문에 이를 조정하는 절차가 마련되어 있다. 위원회가 조약 제81조 혹은 제82조의 혐의로 인한 조사절차를 개시하면 각 회원국의 경 쟁법 집행기관은 위원회와 동시에 조사를 시작할 수 없다. 반면 각 회원 국의 경쟁법 집행기관이 이미 그 사안에 대해서 조사를 하고 있으면 위원 회는 회원국 경쟁법 집행기관과 협의를 거쳐 조사를 시작할 수 있다.[17)
EU 위원회의 조사를 위한 권한으로는 다음과 같은 것들이 있다.

1) 정보수집권

위원회는 사건의 조사를 위해 정보를 수집할 필요가 있는데, 단순 요구 (simple request)나 결정(decision)에 의해 사업자나 사업자단체에게 필요한 모든 정보(all necessary information)의 제공을 요구할 수 있다.[18) 단순 요

---

17) 이사회 규칙(Regulation) No. 1/2003, 제11조 제6항.
18) 이사회 규칙(Regulation) No. 1/2003, 제18조 제1항.

구와 결정이라는 두 가지의 방법은 종래의 規則에서 규정하고 있었던 비공식적(informal) 요구와 공식적(formal) 요구에 대응하는 것이긴 하지만, 종래의 규칙에서는 비공식적 요구를 우선적으로 한 후 사업자나 사업자단체가 불응하는 경우에 공식적인 요구를 할 수 있도록 되어 있었으나 지금은 그러한 제한이 없어졌다.[19]

단순 요구인 경우 사업자나 사업자단체는 여기에 따라야 할 의무는 없다. 하지만, 부정확하거나 그릇된 정보(incorrect or misleading information)를 제공하는 경우 규칙 제23조 제1항에 규정된 금전적인 제재, 즉 직전 사업연도 총매출액의 1%이하의 금전적 제재를 부과 받을 수 있다. 결정에 의한 정보제공요구에 불응하게 되면 과징금 성격의 금전적인 재제뿐만 아니라 규칙 제24조에 규정된 이행강제금 성격의 금전적 제재까지 부과받게 된다.[20]

정보를 요구할 때는 정보요구의 법적인 근거, 목적, 요구되는 정보, 정보제출시한, 부정확한 정보 등에 대한 제재를 명시하여야 한다.[21] 결정을 통한 강제적인 정보요구의 경우는 추가로 완전한 정보를 제공하지 않는 경우 이행강제금을 부과할 수 있다는 사실과 결정에 대해 유럽법원(ECJ)에 제소할 수 있다는 사실을 통지해 주어야 한다.[22] 통상 단순한 정보제공 요구에 대하여 사업자나 사업자단체가 순응하게 되는 이유 중 하나는 그것에 따르지 않는 경우 결정에 의해 강제적인 요구를 할 수 있기 때문이다.[23]

요구되는 '모든 필요한 정보'의 범위에 대해 문제가 될 수 있다. 유럽법

---

19) Alison Jones & Brenda Sufrin, op. cit., p.1152.
20) 결정에 의해 지정된 날부터 일일당 일일 평균 매출액의 5%까지   이행강제금을 부과할 수 있는데 기업으로서는 상당히 부담스러운 수준이다.
21) 이사회 규칙(Regulation) No. 1/2003, 제18조 제2항.
22) 이사회 규칙(Regulation) No. 1/2003, 제18조 제3항.
23) Alison Jones & Brenda Sufrin, op. cit., p.1153.

원은 조사권의 목적을 감안하여 조사의 대상이 되는 법위반혐의와 요구하는 정보 간에 일정한 상관관계가 있으면 그 범위 내에서 정보제공을 요구할 수 있다고 한다.[24]

2) 현장조사권한

상기 이사회 규칙(Regulation) 제20조 제1항에는 사건조사를 위해 위원회가 활용할 수 있는 다음과 같은 다양한 현장조사권한들이 열거되어 있다.

(a) 사업소나 운송수단 등 조사현장에 출입할 수 있는 권한
(b) 사업과 관련된 장부나 기타 기록을 열람할 수 있는 권한
(c) 사업과 관련된 장부나 기타 기록의 일부나 복사본을 취득할 수 있는 권한
(d) 조사를 위해 필요한 기간 및 필요한 범위 내에서 현장, 장부, 기록을 봉인할 수 있는 권한
(e) 사업자의 대표나 직원이 조사대상 및 조사목적과 관련된 사실이나 서류에 대해여 설명하고 답변을 기록할 수 있도록 요구할 수 있는 권한

이러한 권한들은 상대방의 자발적인 협력을 얻어 행할 수도 있고 제재가 동반된 반강제적인 수단에 의하여 할 수도 있다. 규칙 제20조 제3항에서는 자발적인 협력을 얻어 행해지는 조사에 대하여 규정하고 있는데, 조사관은 조사권한이 있다는 서면의 증빙을 제시하고 조사를 행할 수 있다. 다만, 사업자 등은 일단 조사에 응하기로 하였으면 잘못된 허위의 자료

---

24) Case C-36/92P, SEP v. Commission [1994] ECR I-1911.

등을 제출한 경우 제23조에 의한 과징금 성격의 제재를 받을 수 있다. 그리고 자발적인 협력을 얻어서 행하는 조사의 경우에도 회원국 경쟁법 집행기관에 사전통지를 해 주어야 한다.

규칙 제20조 제4항에서는 조사에 불응하는 경우 제재를 가할 수 있는 강제조사권한에 대하여 규정하고 있다. 위원회가 강제조사권한을 발동하기 위하여는 사전에 회원국의 경쟁법 집행기관과 협의하여야 하고, 피조사인에게는 조사에 불응하는 경우 규칙 제23조와 제24조에 의해 제재를 받을 수 있다는 사실과 강제조사권 발동의 결정에 대해 유럽법원(ECJ)에 제소할 수 있다는 사실을 고지해 주어야 한다. 강제조사권 발동의 결정은 누가 할 수 있는지 문제가 된다. 유럽법원에 의하면 강제조사권 발동 결정은 경쟁담당 위원이 단독으로 할 수도 있다.[25][26] 동 법원에 의하면 원칙의 문제가 아닌 한 위원회는 특정 위원에게 권한을 위임할 수 있다고 한다.

또한, 강제조사권 발동에 있어서 사전에 告知 없이 곧바로 현장에 갈 수 있는지가 문제된다. 이것은 '새벽의 급습'(dawn raids)이라고 하기도 하는데, 유럽법원은 이를 인정하고 있다.[27] 특히 증거포착이 어렵거나 증거인멸이 자주 일어나는 카르텔의 조사에서 필요성이 인정되고 있다.

3. 청문(hearing)

이사회 규칙(Regulation) No. 1/2003 제27조 제1항에서는 피조사인의 청

---

25) Case 53/85, AKZO v. Commission, [1986] ECR 2585.

26) 미국 FTC의 경우도 강제절차를 담당하는 위원이 지정되어 있어서 강제조사권의 발동이 필요한 경우 사전에 지정된 위원이 강제조사권 발동 여부를 단독으로 결정할 수 있다.

27) Case 136/79, National Panasonic v. Commission[1980] 4CMLR 347.

문권에 관해 규정하고 있다. 위원회는 시정명령(동 규칙 제7조), 잠정적 조치명령(동 규칙 제8조), 과징금(동 규칙 제23조), 이행강제금(동 규칙 제24조 제2항)의 결정을 내리기 전에 피조사인에게 청문의 기회(the opportunity of being heard)를 제공해 주어야 한다. 위원회의 결정은 피조사인들이 의견진술을 할 기회가 있었던 내용들에 토대를 두고 이루어져야 한다. 이것은 심사보고서의 송부에 의해 이루어진다.

이와 관련된 세부절차는 위원회 규칙(Regulation) No 773/2004에서 자세히 규정하고 있다.

1) 심사보고서(The Statement of Objections; SO) 송부

동 위원회 규칙 제10조 제1항에서는 위원회는 당사자들에게 문제가 되고 있는 법위반혐의의 내용(objections)을 서면으로 통지하도록 하고 있다. 이 서면을 'The Statement of Objections'(SO)라고 한다. 규칙은 위원회가 심사보고서(SO)에 기재된 사항에 대하여만 결정을 내릴 수 있음을 분명히 하고 있다.[28]

심사보고서에는 사실관계, 법률관계, 위원회가 채택하고자 하는 시정조치안(proposed remedy)을 담고 있다. 위원회는 증거자료의 목록뿐만 아니라 증거자료 그 자체를 첨부하고 있으며 모든 증거자료를 담고 있는 CD-ROM을 송부해 주어야 한다.[29] 유럽 1심 법원(CFI)은 Cimenteries CBR SA v. Commission 사건에서 위원회가 확보하고 있는 자료에 대한 접근은 피심인의 방어권행사에 필수적인 것이고 따라서 비밀자료나 위원회 내부자료가 아닌 한 위원회가 확보하고 있는 모든 자료에 피심인이 접근할 수 있어야 한다고 판시한 바 있다.[30] 당사자들은 정해진 기간 이내

---

28) 위원회 규칙(Regulation) No 773/2004, 제12조 제2항.
29) Alison Jones & Brenda Sufrin, op. cit., p.1189.

에 심사보고서의 내용에 대해 답변을 하여야 한다(동 규칙 제10조 제2항).

EU 청문절차에서 특이한 점은 제소인(complainant)에게 심판절차에 참여할 수 있는 일정한 권리를 인정해 주고 있다는 점이다. 위원회는 심사보고서의 송달 시 피심인뿐만 아니라 제소자에게도 사본을 송달하여 서면의견을 진술할 기회를 부여해 주어야 한다(동 규칙 제6조).

2) 청문(hearing) 실시

문권의 행사는 주로 서면으로 이루어지고 있지만 당사자가 서면으로 구두청문신청을 하면 위원회는 구두청문을 해 주어야 한다.[31] 청문의 주재는 청문주재관이 독립적으로 행한다. 청문에는 회원국 경쟁법 집행기관의 직원도 참가할 수 있다.[32] 그러나, 구두청문절차는 재판절차와는 여러 가지 면에서 상이하다. 우선 비공개를 원칙으로 하고 있다는 점이다.[33] 미국 FTC, 일본 公正取引委員會, 우리나라의 공정거래위원회가 공개를 원칙으로 하고 있는 점과 비교가 된다.[34] 청문기간은 사안의 복잡성에 따라 단순한 사건은 당일 종료될 수도 있고 복잡한 사건은 2-3주 계속될 수 있다고 한다.[35] 청문기간이 길지 않은 것은 미국 FTC나 일본의 公正取引委員會보다는 우리나라 공정거래위원회와 유사하다고 할 수 있다.

---

30) Cases T-25/95, [2000] ECR II-491.
31) 위원회 규칙(Regulation) No 773/2004, 제12조.
32) Ivo Van Bael & Jean-Francois Bellis, Competition Law of the European Community, CCH EUROPE, 1994, 751면.
33) 위원회 규칙(Regulation) No 773/2004, 제14조 제6항 제1문
    "Oral hearings shall not be public."
34) 일본의 村上政博 교수는 미국 FTC와 일본의 公正取引委員會의 심의구조는 대심주의에 입각한 3면 구조인데 반하여 EC의 심의구조는 규문주의적인 2면 구조에 입각해 있다고 평가한다. 그 근거 중의 하나로 공개된 심판정에서 심의가 이루어지지 않는다는 점을 지적한다. 다만, 최근에는 대심구조가 강화되었음을 인정한다.
35) Alison Jones & Brenda Sufrin, op. cit., p.1200.

위원회는 심사보고서의 송달 시 피심인뿐만 아니라 제소인에게도 사본을 송달하여 서면의견을 진술할 기회를 부여해 주어야 하지만 구두청문의 기회를 제공해야 할 의무는 없다. 다만, 적절하다고 판단하는 경우 제소인의 서면신청이 있을 때 피심인의 구두청문 시에 구두로 의견을 진술할 수 있는 기회를 부여해 줄 수 있다. 위원회는 최종결정을 내리기 이전이라도 경쟁에 대해 심각하고 회복할 수 없는 손해를 끼칠 위험이 있는 긴급한 경우에는 직권으로 결정에 의해 법위반행위의 외견이 존재한다면 (on the basis of a prima facie) 잠정적 조치(interim measures)를 명할 수 있다.[36] 이 권한은 이사회 규칙(Regulation) 1/2003에서 규정하기 이전에도 판례[37]에 의해 인정되어 오던 것이었지만 새로운 규칙에 의해 분명해지게 되었다.

4. 최종결정(final decisions)

1) 자문위원회(Advisory Committee)와 협의

앞에서 살펴본 바와 같이 위원회가 시정명령이나 과징금납부명령을 내릴 때에는 사전에 자문위원회와 협의를 하여야 한다. 만약 자문위원회에게 중요한 정보(material information)를 제공해 주지 않아 자문위원회가 사실관계를 제대로 파악하지 못한 채 의견을 제시하는 경우 그 자체만으로도 절차상 하자가 발생할 수 있다.[38]

위원회와 자문위원회의 협의(consultation)는 보통 자문위원회와 위원회의 합동회의(joint meeting)의 형태를 취한다.[39] 회의 개최 14일[40] 전에 통

---

36) 위원회 규칙(Regulation) No 773/2004, 제8조.
37) Case 792/79 R, Camera Care v. Commission, [1980] ECR 119.
38) Cases T-25/95, Cimenteries CBR SA v. Commission, [2000] ECR II-491.

지(notice)가 되어야 하고 사건개요, 가장 중요한 서류들, 위원회가 내리고
자 하는 결정의 초안이 반드시 첨부되어야 한다.[41] 가장 중요한 서류들은
제소장complaint), 조사절차개시 결정서, 심사보고서, 기업들의 답변서, 청
문기록 등을 의미한다.[42] 회의는 보통 이틀 정도 걸리는데 두 세 건 정도
다룬다고 한다.[43] 자문위원회의 결정이 위원회의 결정을 구속하는 것은
아니지만 위원회는 자문위원회의 의견을 최대한 고려하여야 한다.[44]

2) 시정조치(remedies)

이사회 규칙(Regulation) 1/2003 제7조에서는 위원회가 조약 81조 및 82
조의 위반이 있다고 판단하는 경우, 결정(decision)에 의해 사업자나 사업
자단체가 그러한 법위반행위를 종료하도록 명령할 수 있다고 규정하고
있다. 이를 위해 위원회는 행하여진 법위반행위에 비례하고 법위반을 효
과적으로 종료시킬 수 있는 행태적(behavioral) 또는 구조적(structural) 시
정조치를 부과할 수 있다. 다만, 구조적 시정조치는 동일한 효과를 갖는
다른 조치가 없거나 그것이 더 부담이 되는 경우에만 부과할 수 있다. 위
원회가 정당한 이익(legitimate interest)이 있다면 법위반행위가 종료된 경
우에도 과거에 법위반행위가 행하여 졌다고 선언적인 의미에서 결정할
수도 있다.

---

39) C. S. Kerse, op. cit., p.185.
40) 14일 전 통지규칙(14-day rule)이 지켜지지 않은 경우 절차적 하자가 있는 것인지에
    대해 문제가 된 적이 있었는데, 제1심법원(CFI)는 그 규칙은 단순한 내부절차 규칙
    에 불과한 것이어서 그 자체만으로 위원회 결정을 취소할 수 있는 것은 아니라고
    결정한 바 있다. Case T-69/89, Radio Telefis Eireann v. Commission, [1970] ECR
    773.
41) 이사회 규칙(Regulation) No. 1/2003, 제14조 제3항.
42) C. S. Kerse, op. cit., p.185.
43) Id. at 186.
44) 이사회 규칙(Regulation) No. 1/2003, 제14조 제2항-제5항.

하지만, 위원회의 시정조치는 원래의 심사보고서에 기재된 부분에 한정되어야 하고, 그 범위 밖에 있는 행위에 대하여 피심인에게 불리한 결정을 하여서는 아니된다. 위원회는 심사보고서의 내용 중 동의하는 부분은 받아들이고 동의하지 않는 부분은 거부할 수 있지만, 심사보고서에서 제기되지 않은 문제에 대해 피심인에게 불리한 결정을 할 수는 없다.45)46)

이사회 규칙(Regulation) 1/2003 이전의 규칙에서는 위원회가 적극적인 작위명령을 할 수 있는지 분명히 하고 있지 않았기 때문에 이것의 가능성 여부가 논란이 된 적이 있었고 판례47)상 가능한 것으로 보아 왔으나 현행의 규칙에서는 적극적인 작위명령이 가능함으로 명시적으로 규정하고 있다.48) Commercial Slovents 사건은 시장지배적인 사업자가 거래를 거절한 사건인데, 이 사건에서 위원회는 거래를 명하였으며 그 외에도 다수의 조약 82조 위반사건에서 적극적 작위의무를 명한 바 있다. 다만, 제1심 유럽 법원(CFI)는 조약 81조 사건에서 위원회는 법위반을 종료할 수 있는 여러 가지의 방법이 있는 경우에는 적극적 작위명령을 할 수 없다고 판결한 바 있다.49)

하지만, Automec Srl v. Commission 사건에서는 적어도 법위반을 종결시킬 수 있는 다른 수단이 있는 경우에는 다른 기업과 계약관계에 들어가도록 하는 시정조치는 명할 수 없다고 판시하였다.50) 또한, 개별 회원국의 법률에 상치되는 행위를 하도록 하는 시정명령은 할 수 없다.51)

---

45) D. Lasok, op. cit., p.661. n 4.
46) 우리나라에서도 公正去來委員會의 심사보고서에 기재되어 있지 않은 사항에 대해 위원들 간 합의과정에서 위법성을 인정해 시정조치 및 과징금을 부과한 것은 위법하다는 판례가 있다(대법원 2001.5.8 선고 2000두10212 판결).
47) Cases 6, 7/73, Instituto Chemioterapico Italiano Spa and Commercial Solvents Corp v. EC Commission, [1974] ECR 223.
48) 이사회 규칙(Regulation) No. 1/2003, 제7조 제1항 제2문.
49) Case T-395/94, Atlantic Container Line AB v. Commission, [2002] ECR II-875.
50) Case T-24/90, [1992] ECR II-2223.

3) 同意命令(Commitments Decisions)52)

　EU도 경쟁법 집행절차에서 미국식의 동의명령제를 받아들였다. 동의명령은 위원회가 법위반 여부에 관한 최종결정을 내리지 않은 채53) 사업자의 동의를 얻어 일정한 구속력이 있는 결정을 내리는 제도이다. 동의명령 제도의 절차나 내용이 분명하지 않은 점이 있고 대륙법계에 익숙하지 않은 제도임에도 불구하고 이제는 경쟁법 사건처리에 있어서 주요한 도구가 되고 있다는 평가를 받고 있다.54) 다만, 동의명령 제도는 과징금을 부과하는 경우55)나 경성 카르텔(hardcore cartel)에 대하여는 활용되지 않는다.56)

　규칙 제9조 제1항에 따르면 관련 사업자가 법위반혐의를 받고 있는 행위에 대해 시정을 위해 필요한 조치를 취하겠다고 약속(commitments)하는 경우 위원회는 그 내용의 타당성 여부를 검토하여 시정조치안이 적절하여 더 이상의 조치가 필요하지 않다고 판단하면 그 약속이 구속력이 있는 것으로 결정할 수 있다.57) 만약 사업자가 제시한 시정조치안이 미흡하다고 판단되면 신청을 거절하고 심판절차를 진행할 수도 있다. 동의명령이 내려지면 그 결정은 사업자에 대해 구속력을 가지게 된다. 만약 사업자가 서약을 이행하지 아니하면 금전적인 제재인 과징금(fines)이 가능하도록 하여 간접적인 강제력을 부여하고 있다.58)

---

51) Case T-16/91, Rendo v. Commission, [1992] ECR II-2417.
52) 'Commitments Decisions'은 직역하면 '약속결정' 정도가 될 수 있겠지만 이 제도가 미국의 'Consent Order'를 본따서 만든 것이고 'Consent Order'는 우리나라에서 '동의명령'으로 통용되고 있기 때문에 여기서는 '동의명령'으로 번역하였음.
53) 이사회 규칙(Regulation) No. 1/2003, recital 13.
54) Alison Jones & Brenda Sufrin, op. cit., p.1207.
55) Ibid.
56) Alison Jones & Brenda Sufrin, op. cit., p.1206.
57) 이사회 규칙(Regulation) No. 1/2003, 제9조.
58) 이사회 규칙(Regulation) No. 1/2003, 제23조.

동의명령 이전에 동의명령의 실체적·절차적 공정성의 확보를 위해 일정
기간 이해관계인등 민간으로부터 의견수렴을 하도록 하고 있다. 즉 EU
위원회가 결정을 내리기에 앞서 사건내용의 요약 및 사업자가 제시한 서
약의 내용 또는 조치계획을 최소한 1개월 이상 공표하여 피해자나 이해관
계인들이 의견을 표명할 수 있도록 하고 있다.[59] EU 위원회는 이러한 의
견을 종합적으로 검토하여 사업자의 신청을 수락할 것인지 거절할 것인
지 여부를 결정하게 된다.

동의명령이 내려진 이후에도 위원회는 일정한 경우 절차를 재개할 수
도 있다. 즉, 시정조치안을 받아들여 사건을 종료한 이후에도 (a)결정의
기초가 되는 사실에 실질적인 변화가 있는 경우, (b)관련 사업자가 자신의
이행약속에 반하는 행동을 하는 경우, (c)결정이 당사자에 의해 제공된 불
완전하고 부정확한 정보에 기초하는 경우 등에는 신청에 의해 혹은 직권
으로 조사를 다시 시작할 수 있다.[60]

4) 과징금납부명령[61]

EU 위원회는 3가지 종류의 과징금을 부과할 수 있다. 첫째는 절차적인
측면에서의 과징금이고, 둘째는 실체적인 측면에서의 과징금이다. 추가로
이행을 강제하는 성격의 과징금(periodic penalty payments)(Regulation
1/2003, 제24조)을 부과할 수도 있다. EU 성격상 어느 것이든 형사적인
성격은 아니며 개인에게 부과되는 것도 아니다.

이 중 절차적인 측면에서의 과징금은 조사와 관련된 것으로서 조사에
협조하지 아니하거나 부정확하거나 그릇된 정보를 제공한 경우 매출액의

---

59) 이사회 규칙(Regulation) No. 1/2003, 제27조 제4항.
60) Ibid.
61) 홍대식, "공정거래법상 과징금제도에 관한 연구"(법학박사학위논문), 서울대학교
    법과대학, 2006. 68-78면.

1% 이내에서 과징금을 부과할 수 있는데[62] 이것은 우리나라 독점규제법
상 과태료와 유사한 것으로 보이며 조사와 관련된 부분에서 살펴본 바와
같다.

실체적인 측면에서의 과징금은 조약 제81조 및 제82조의 위반과 잠정
조치명령 위반, 동의명령 위반에 고의나 과실이 있는 경우 직전 사업연도
매출액의 10% 이내에서 부과된다.[63] 여기서 고의는 조약규정을 위반하고
자 하는 의도가 아니라 경쟁을 제한하고자 하는 의도를 의미한다. 그래서
조약규정을 알고 있지 않았다 하더라도 경쟁을 제한하고자 하는 의도가
있었으면 고의가 있었던 것으로 인정이 된다.[64] 과징금을 부과하는데 있
어서의 고려사항은 법위반의 중대성(gravity)과 기간(duration)이다.[65]

위원회는 과징금부과에 있어서 투명성을 제고하기 위해 1998년에 가이
드라인을 제정한 바 있고, 2006년에는 이를 보완한 새로운 가이드라인[66]
을 제정하였다. 종전과 마찬가지로 기본 과징금액을 정한 뒤 가중요소 및
감경요소를 감안하여 조정할 수 있도록 한 것이지만 구체적인 요소들을
감안하는데 있어서 더 구체적인 기준을 제시하고 있다.

이행강제금 성격의 과징금은 위원회 결정에 금전적인 강제를 통하여
이행을 담보하기 위한 것으로서 위원회의 결정 즉 시정명령이나 잠정조
치명령, 동의명령, 조사를 위한 명령 등에 따르지 않는 경우 부과할 수 있
는데, 일일당 전년도 일일 평균매출액의 5%까지 부과할 수 있다. 2006년
Microsoft 사에 대해 약 2억 8천 유로를 부과한 바 있다.

---

62) 이사회 규칙(Regulation) No. 1/2003, 제12조.

63) 이사회 규칙(Regulation) No. 1/2003, 제23조 제2항.

64) Case 19/77, Miller International Schallplatten GmbH v. Commission, [1978] ECR 131.

65) 이사회 규칙(Regulation) No. 1/2003, 제23조 제3항.

66) 「Guidelines on the Method of Setting Fines Imposed Pursuant to Article 23(2)(4) of Regulation No. 1/2003[200] OJ C210/2」.

5. 불복절차

EU 경쟁법 집행에서 특징적인 점은 위원회의 결정에 대해 내부에서 이의신청을 제기할 수는 없다는 점이다. 미국 FTC의 경우 행정법판사(ALJ)의 결정에 대해 이의제기를 할 수 있고, 일본 公正取引委員會의 경우 심판관의 결정에 대해 이의제기를 할 수 있으며 우리나라 공정거래위원회의 의결에 대해 이의제기를 할 수 있게 된 것과 비교가 된다. 하지만, EU 조약 제230조에서는 위원회의 결정에 대해 사법심사가 가능하다고 규정을 하고 있다.

EU의 사법심사는 3심이 아니라 2심이다. 제1심 법원은 CFI(Court of First Instance)이고, 이 법원은 사실심 법원이다. CFI의 판결에 불복이 있으면 2개월 이내에 제2심 법원인 ECJ(European Court of Justice)에 항소할 수 있다. ECJ는 법률심 법원이기 때문에 원칙적으로 CFI가 인정한 사실에 구속이 되기 때문에 당사자들은 CFI에서 인정되지 않았던 사실문제를 다시 제기할 수 없다. ECJ는 CFI가 사실문제를 명백히 그르치지 않은 이상 법률문제의 판단을 잘못하였는지 여부에 대해서만 심사할 권한을 가지고 있다.[67)

1) 원고적격

위원회로부터 시정명령을 받거나 과징금을 부과 받은 사업자나 사업자단체가 원고적격을 가진다는 점에 대해서는 별 문제가 없다. 문제가 되는 것은 시정조치의 대상이 되지 않은 제3자가 원고적격이 있느냐 하는 것이다. EU 조약에서는 '직접적이고 개별적인 이해관계'(direct and individual

---

67) Cases C-204/00 P,Aalborg Portland A/S v. Commission, [2004] ECR I-123.

concern)가 있는 경우에는 원고적격이 있다고 규정을 하고 있다. 위원회가 조약 제81조 제3항의 면제조항을 적용하는 경우 제3자가 직접적인 이해 관계가 있을 수 있다. ECJ는 Plaumann & Co. v. Commission 사건에서 제 3자의 특별한 사정이나 환경에 의하여 다른 자들과 차별화될 수 있는 경 우 당해 결정에 직접적이고 개별적인 이해관계가 있다고 판시한 바 있다.

2) 제소의 대상

유럽법원에 제소할 수 있는 대상은 위원회가 내린 공식적인 결정이 당 연히 핵심이지만 그 외에도 조사나 심판절차에서 위원회의 '행위들'(acts) 이 포함된다. 이러한 행위들에 어떠한 것들이 포함될 수 있는지 여부는 판례를 통해 발전해 왔다.

(1) 준비행위(Preparatory acts)

유럽법원은 경쟁법 상의 절차를 시작하겠다는 위원회의 결정 또는 카 르텔 사건에서 심사보고서의 발부 등과 같은 단순한 준비행위는 통상 심 사하지 않는다. IBM 사건[68]에서 유럽법원(ECJ)은 절차의 개시와 심사보 고서에 대해 심사하기를 거부하였는데, 그것은 이러한 결정들이 직접적인 법률적 결과를 낳지 않았기 때문이다.

동 법원에 의하면, 심사보고서는 관련 기업이 자신의 유통관행을 바꾸 도록 강요하지 않으며 심사보고서는 문제가 되고 있는 기업에게 위원회 로부터 금전적 제재를 받게 될 상당한 위험이 있다는 것을 보여주는 효과 는 있지만, 그것은 단지 사실의 결과이지 법률적 결과는 아니다. 추가적으 로 동 법원은, 그러한 결정의 심사는 위원회가 아직 자신의 입장을 발표

---

68) Case 60/81 International Business Machines Corporation v Commission, [1981] ECR 2639.

할 기회를 가지지 않은 문제에 대해 법원이 결정을 내리게 만들고 그 결과 사건의 실체문제에 관한 주장에 참여하게 되어 행정 및 사법의 상이한 절차를 혼란스럽게 만들 것이라고 판시하였다. 즉, 그러한 결정은 위원회와 유럽법원 간의 권력분립체제에 부합하지 않는다는 것이다.

(2) 중간결정(Intermediate decisions)

다양한 단계로 이루어진 절차에서 위원회는 최종결정과는 별도로 분명한 입장을 표명하고 따라서 법률적 결과를 낳게 되는 중간결정을 취할 수 있다. 예컨대 그러한 중간결정은 카르텔 조사절차에서 사업자에 대한 정보요구명령일 수 있다. AKZO 사건[69]에서 유럽법원은 서류를 넘겨주라는 위원회의 결정은 최종결정과는 별도라고 판단하였다. 동 법원에 따르면, 최종결정에 대해 소송을 제기할 수 있는 기회는 불법적인 결정을 집행하는데 따른 돌이킬 수 없는 결과를 예방할 수 없기때문에 기업에게 적정한 수준의 권리보호를 해 줄 수 없다. 그래서, 돌이킬 수 없을 정도로 침해할 위험이 있는 경우에는 언제든지 별도의 취소소송의 제기가 가능하다.

3) 취소의 사유 및 효과

유럽 조약 제230조 제2항에 의하면 다음과 같은 4가지의 취소사유가 나와 있다.

(i) 관할위반(lack of competence), (ii) 본질적인 절차적 요건의 위반, (iii) EU 조약 및 법규범의 위반, (iv) 권한의 남용이다. 동 조약 제230조 제1항에서는 유럽법원은 상기의 사유에 해당하는 행위를 취소(void)할 수 있다고 규정하고 있다. 동 조약 제233조 제1항에서는 법원의 취소결정이 내려지면 위원회는 판결의 취지에 맞게 필요한 조치를 취하여야 한다고

---

69) Case 53/85 AKZO Chemie v Commission, [1986] ECR 1965.

규정하고 있다.

이 중 어떤 규정이 본질적인 것인지를 밝혀 주는 명확한 규정은 없지만 동일한 형식규정이 상황에 따라 본질적인 것이 되기도 한다.[70] 그리고 이유제시 의무에 대한 위반 즉 이유제시의 흠결 또는 양적으로 부족한 이유제시, 하자있는 이유제시, 자체 모순인 이유제시의 경우에는 취소사유가 된다. 왜냐하면 이유제시는 당해 조치를 발하는 기관의 자기통제와 더불어 관계인으로 하여금 행정이 내린 법적·사실적 평가를 검토하여 자신의 권리구제의 가능성을 가늠할 수 있게 해주고 나아가 법원으로 하여금 당해 조치의 심사를 용이하게 해 주는 주요한 기능을 하기 때문이다.[71]

하지만 이러한 이유제시의 원칙이 철저하게 고수되는 것은 아니다. 유럽법원은 형식적으로는 위법하지만 실체적으로 적법한 경우 이를 취소하더라도 행정청이 다시 이유제시의무를 준수하여 동일한 결정을 내릴 것으로 예견되는 때에는 이를 취소하지 않는다고 판시한 바 있다.[72]

---

70) 박정훈, 행정소송의 구조와 기능, 박영사, 2006, 606면.
71) 상게서, 607면.
72) 상동.

제4절 EU 독점규제법 집행조직 및 절차의 시사점

EU는 하나의 국가가 아니라 국가의 연합이기 때문에 경쟁법집행의 조직이나 법집행절차가 일반 경쟁법집행기관과 다소 상이한 측면이 있다. 그리고, 비교적 늦게 출발하였음에도 불구하고 법집행을 위한 조직이나 절차를 잘 정비하여 왔다는 평가를 받고 있다.

개별 국가 경쟁당국의 조직적인 측면에서 독립성을 논할 때 대통령이나 총리 혹은 의회로부터의 독립성을 의미하는 경우가 많지만, EU 위원회의 경우는 기본적으로 개별 회원국으로부터의 독립성을 의미한다. 경쟁담당 위원은 27명으로 구성된 EU 위원회에 속하는 한 명에 불과하지만 표결에서 영향력은 결코 적지 않다. 그래서, 타 경쟁법 집행기관과 마찬가지로 심판기능과 심사기능의 융합구조가 비판의 대상이 되어 왔고, 그에 대한 보완책으로 사건에 관여하지 않고 경쟁총국에 소속하지 않고 경쟁담당 위원직속인 청문주재관(hearing officer) 제도를 1982년에 마련하여 심의의 공정성을 기하고 있다. 또한 효율적인 사건조사 및 심사를 위해 경쟁총국을 확대하여 왔으며 실제로 경쟁법 집행에서 많은 역할을 수행하고 있다. 경제분석의 전문성도 상당한 수준에 달하는 것으로 평가받고 있지만 아직까지도 개별사건이 시장에 미치는 영향에 대한 평가는 개선해야 할 점이 많다는 지적을 받고 있다.

절차적인 측면에서 본다면, 처음에는 대륙법식 행정절차가 강하게 반영되어 대심주의보다는 규문주의에 가깝게 설계되어 있었고, 피심인의 방어권이 제대로 보장되지 못하였다. 1973년 영국이 회원국으로 가입하면서 영미법계의 적법절차에 대한 논의가 많이 이루어지고 경제단체 및 법조인들의 비판을 수용하여 지금은 대심주의를 강화하는 방향으로 많이 이동하였다. 특히 조사에 전혀 관여하지 않은 청문주재관에 의한 독립적이고 공정한 심리는 사건처리절차에서 가장 큰 변화이다. 또한 동의명령제(Commitments Decisions)를 도입하여 사건처리를 효율화하고 있다. 내부적으로 이의신청제도가 없기 때문에 절차는 오히려 效率的인 측면이 있지만 위원회의 결정 이전에 자문위원회의 의견을 듣도록 되어 있어 사건처리의 시간이 더 소요되는 측면도 있다. 이러한 현상은 EC가 하나의 국가 아니기 때문에 사건처리에 회원국의 의견을 반영하여 사건처리를 적정화하고자 한 것으로 이해할 수 있다. 그리고, 수많은 신고를 이해관계 있는 자의 제소(complaint)와 그렇지 않은 단순신고로 구분하여 처리하고 있으며 전자에 대하여는 법원의 제소와 유사한 방식으로 처리하고 있다. 주요 선진 경쟁법 집행기관과 마찬가지로 사건착수에 있어서 상당한 재량을 가지고 사회적으로 파급효과가 큰 사건에 역량을 집중하고 있다.

제7장

우리나라 독점규제법
집행조직 및 절차의 개선방안

제1절 개관

　독점규제법 집행을 위한 조직 및 절차가 나라별로 상이한 이유는 여러 가지가 있을 수 있지만, 무엇보다도 각국 독점규제법의 탄생 및 변천과정이 상이하다는데서 찾아볼 수 있다. 미국의 독점규제법은 여론의 요구 및 의회의 주도로 제정되고 발전되어 왔다. 일본의 독점규제법이 2차 대전 후 점령군의 주도하에 경제질서의 민주화를 위해 제정되었고, 그 이후 일본 정부 스스로가 비교적 최근까지도 집행에 소극적이었다. EU의 독점규제법은 역내 경제통합을 위해 이해관계가 상이한 회원국 간 협상의 산물로서 탄생되고 발전되어 왔다. 반면, 우리나라의 독점규제법이라 할 수 있는 공정거래법은 정부가 주도해온 경제질서를 민간이 주도하는 시장경제체제로 전환시키기 위해 대통령 및 행정부의 주도권 하에 제정 및 발전시켜 왔다고 할 수 있다. 이러한 제정 및 변천과정의 차이는 독점규제법의 집행조직 및 절차에도 많은 영향을 미치게 된다.

　그런데, 우리나라의 독점규제법은 이러한 발전과정을 통해 공정거래위원회의 조직 및 권한이 확대되면서 법집행의 효율성은 높아졌지만, 상대적으로 조직의 독립성과 사건처리의 공정성은 그러하지 못하였다고 생각된다. 이와 같은 문제점은 우리나라에서 독점규제법이 탄생하고 정착되기 위해 불가피한 측면이 없지 않았다. 하지만 독점규제법이 어느 정도 정착

된 지금에 와서는 조직과 절차 측면에서의 재검토 및 체계적인 보완이 절
실히 요청되고 있다. 여기에서는 제2장에서 제시된 독점규제법 집행의 조
직 및 절차의 지도이념을 염두에 두고 독점규제법 담당기관인 공정거래
위원회의 조직 및 절차의 개선방안을 모색해 보고자 한다.

제2장에서 제시된 지도이념인 獨立性, 公正性, 效率性, 專門性 이 네
가지는 한편으로는 상호보완적이면서 다른 한편으로는 상충되는 측면이
없지 않기 때문에 결국 이러한 지도이념의 적절한 배합은 각국의 형편에
따른 입법적 선택의 문제라 할 수 있다. 이러한 배합의 적절성 및 실행의
성공여부에 대한 판단기준은 공정거래위원회에 대한 국민의 신뢰성 수준
이라 할 수 있다. 헌법재판소도 2001헌가25사건[1]에서, 공정거래위원회가
그 구성의 독립성, 사건처리 절차의 사법적 요소 등의 측면에서 가장 대
표적인 독립규제위원회라 일컬어지는 미국의 FTC와 비교할 때 미흡한 점
이 있다 평가하면서도 다음과 같이 판시하였다. "…미국과 우리나라는 법
률체계, 사법과 행정의 관계, 경제현실 등 여러 가지 점에서 차이가 있을
뿐만 아니라, 행정목적 실현을 위하여 취해지는 규제수단에 대하여 사법
적 체계나 요소를 어느 정도로 적용할 것인지는 기본적으로 제도형성의
문제로서 입법자의 선택에 달려 있다 할 것이다." 한편, 일각에서는 독점
규제법의 집행을 미국과 비슷하게 이원적으로 할 수 있게 하자는 논의도
있다. 즉 경성카르텔과 같이 위법성 판단이 분명한 사건들은 공정거래위
원회의 고발이 없어도 검찰이 집행할 수 있도록 하자는 주장이다. 하지만,
처음부터 검찰이 독점규제법을 집행하여온 특수한 역사적 상황이 있었던
미국과 달리 우리나라는 두 개의 기관이 동일한 법을 집행하는 경우 양
기관 간 의견조율의 애로에 따른 법집행의 효율성 문제, 경제문제에 대한
검찰의 전문성 부족문제, 독임제기관의 독립성확보 문제 등이 대두될 것
으로 예상된다. 실제로 미국을 제외한다면 이원적 법집행을 하는 선진국

---

1) 2003.7.24, 「구 독점규제 및 공정거래에 관한 법률 제24조의2 위헌 제청」사건.

을 찾아보기 어렵다.

　본 연구에서는 이상의 지도이념 중에서도 우리나라의 현실에 비추어 조직적인 측면에서는 독립성과 공정성이, 절차적인 측면에서는 공정성과 효율성이 각각 가장 문제가 되고 있기 때문에 이들에 초점을 맞추어 개선방안을 마련해 보고자 한다.

제2절 조직적인 측면에서의 개선방안

1. 공정거래위원회의 독립성 제고

1) 개요

공정거래위원회의 독립성은 기본적으로는 외부로부터 부당한 압력이나 간섭을 받지 않아야 한다는 측면에서 외적인 독립성을 의미하고 그것을 위해서는 조직 자체의 독립성과 함께 합의제 구성원인 위원의 독립성이 확보되어야 한다. 한편 합의제 구성원 간의 평등을 전제로 하는 합의제조직의 이상과 달리 공정거래위원회는 합의제 구성원 간에도 위원장-부위원장-일반위원으로 이어지는 직급의 차이가 있다. 그러한 차원에서 일반위원들이 조직 내부에서 독자적으로 의사결정을 할 수 있도록 조직 내부에서의 독립성이 확보되어야 한다.

공정거래위원회의 조직적인 측면에서 독립성을 제고하기 위해서 제4부로서 언급되는 미국식의 FTC로 개편하는 방안을 검토해 볼 수 있겠지만, 우리나라의 풍토상 미국식의 독립규제위원회가 성공하기는 대단히 어렵다고 생각되며[1] 헌법적인 관점에서 문제의 소지가 있을 수 있다.[2] 1997

---

1) 권오승, "공정거래위원회의 독립성과 전문성",「공정거래와 법치」, 권오승 편, 법문

년의 부즈·알렌 해밀턴 보고서에서는 공정거래위원장이 대통령에게 직접 보고할 수 있도록 조직을 개편할 것을 건의하고 있다.[3] 현행 방송통신위원회가 대통령 소속으로 되어 있는 것과 비슷한 구조를 건의한 것으로 보인다. 다만, 대통령 소속으로 한다고 하여 독립성이 더 제고된다는 보장은 없다고 생각된다. 조직의 위상이 강화되어 다른 부처의 간섭은 적을 소지가 있지만 대통령으로부의 독립성이 저해될 가능성도 없지 아니하다. 그러나, 우리나라의 현실에서 공정거래위원회의 업무가 타 부처의 산업정책적 고려에 의해 영향을 받기 쉽고 경쟁제한적 법령이 남발되고 있다는 점을 감안한다면 공정거래위원회가 대통령 소속의 헌법기관인 감사원 수준의 위상과 독립성을 확보하도록 하는 것이 바람직하다고 생각한다. 감사원법에 의하면 제2조 제1항에서 대통령으로부터 직무의 독립성을 규정하고 이어 동조 제2항에서는 직원의 임면 및 조직·예산편성에서도 감사원의 독립성이 최대한 존중되도록 규정하고 있다.

2) 위원의 외적 독립성 제고

(1) 위원장·부위원장 및 위원의 임명절차 및 임기

① 주요 독점규제법 집행기관과의 비교

주요 독점규제법 집행기관 간 위원의 선임 방식 및 숫자, 임기, 비상임위원 여부 등에 대해 비교해 보면 <표 1>과 같이 정리할 수 있다.

사, 2004, 994면.

2) 헌법적인 관점에서 볼 때 헌법재판소와 중앙선거관리위원회처럼 헌법적 근거가 있는 기관이 아닌 이상 입법·행정·사법에 소속되지 않는 독립된 국가기관을 법률로 창설하는 것은 헌법위반이 될 수 있다는 지적이 있다. 박정훈, "공정거래법의 공적 집행", 「공정거래와 법치」, 권오승 편, 법문사, 2004, 1005면.

3) 부즈·알렌 해밀턴, 21세기를 향한 한국경제의 재도약, 1997, 125-127면.

〈표 1〉 주요 독점규제법 집행기관의 위원선임 및 任期 등 비교

구분	미국 FTC	일본 公正取引委員會	EU 위원회	우리나라 공정거래위원회
선임시 의회의 간여여부	간여	간여	간여	미 간여
위원의 숫자	5인	5인	27인	9인
위원의 임기	7년	5년	5년	3년
임기의 시차제	채택	비채택	비채택	비채택
비상임위원	없음	없음	없음	있음
위원의 선임자격	법에서 미규정	법에서 규정	조약에서 규정	법에서 규정
위원의 해임 등	법정 사유	법정 사유	조약규정 사유	법정 사유
위원의 독립성	법에서 미규정	법에서 규정	조약에서 규정	법에서 미규정

위원의 선임에 있어서 미국과 일본, EU의 공통점은 의회가 간여한다는 점이다. FTC 법에서는 상원의 권고와 동의를 얻어 위원회가 구성된다고 규정하고 있다. 일본의 公正取引委員會 위원도 양원의 동의를 받아야 하고, 유럽 연합의 위원은 각 회원국과 유럽 의회의 동의를 받아야 한다. 위원의 숫자는 특수한 상황인 EU를 제외한다면 공정거래위원회가 9인으로 가장 많다. 이것은 외국과 달리 비상임위원 4명이 있기 때문이다. 위원의 임기는 FTC가 7년으로 가장 길고 일본 公正取引委員會 및 EU 위원회는 5년이다. 공정거래위원회가 3년으로 가장 짧다. 위원임기의 시차제는 FTC만 채택하고 있다. 위원의 자격요건은 FTC를 제외하면 모두 정하고 있고 위원의 해임사유도 모두 법에서 정하고 있으며, 위원 직무의 독립성에 대하여는 FTC와 공정거래위원회는 법에서 정하고 있지 않으나, 일본 公正取引委員會와 EU 위원회는 법에서 명시하고 있다.

② 개선방안

위원의 독립성 제고를 위해서는 선진외국과 마찬가지로 위원의 선임시 국회의 동의를 받도록 하여 대통령의 영향력을 축소하고 위원임명 과

정에 권위를 부여할 필요가 있다는 견해가 있다.[4] 그리고 위원의 임기를 현행의 3년보다 긴 5년으로 연장할 필요가 있다는 견해가 있다.[5] 하지만, 타협과 협상의 정치문화가 성숙된 선진국과는 달리 여·야간에 극한적으로 대립하는 우리의 정치문화를 감안한다면 위원장 등의 선임시 국회나 정당이 간여하는 것이 반드시 바람직한 것인지는 좀더 고민해 볼 필요가 있다. 자칫 국회에서 여야대치상황이 있는 경우 공정거래위원회 위원들 간 대치상황이 있을 수도 있다. 또한, 대통령 5년 단임제 체제에서는 현행처럼 3년으로 하고 연임을 가능하게 하는 것도 괜찮은 방법일 수 있다. 결국 우리의 정치풍토 속에서 바람직한 것이 무엇이냐 하는 문제와 직결된다. 무엇보다도 더 중요한 것은 정권의 교체에도 불구하고 비공식적으로 위원장, 부위원장에게 사임의 압력을 행사하는 것을 막아 임기규정이 실효성이 있도록 하여야 한다는 점이다. 그 동안 대통령이 교체되면 법에서 정한 해임요건과 무관하게 위원장 및 부위원장은 임기 종료 전에 사표를 내는 경우가 많았다는 점이다. 위원에 대한 신분보장이 제대로 지켜지지 않게 되면 사실상 임기제는 큰 의미가 없게 된다.[6]

미국 FTC는 기존 결정의 일관성을 유지하고 대통령이 여러 위원을 일시에 임명할 수 없도록 하기 위해 최초의 위원임기를 3, 4, 5, 6, 7년으로 차별화한 任期時差制(staggered term)를 채택하여 위원들의 임기가 동시에 종료되지 않도록 하고 있다. 반면 공정거래위원회는 任期時差制를 채택하고 있지는 않지만 위원이 사임하는 경우 후임 위원의 임기가 새롭게 시작되기 때문에 모든 위원의 임기가 일시에 종료하는 경우는 발생하기 어렵다는 점에서 任期時差制를 채택하고 있지 않다는 것이 독립성을 크게 저해한다고 보기는 어렵다고 생각된다.

---

4) 권오승, 전게논문, 991-993면.
5) 상게논문. 또한, 부즈·알렌 해밀턴의 1997년 보고서에서는 위원의 임기를 최소한 5년 이상으로 하고 대통령 임기와 일치하지 않도록 해야 한다고 제안한 바 있다.
6) 임영철, 公正去來法(제2판), 법문사, 2008, 475면.

위원의 숫자는 독립성과는 별다른 상관관계가 없다고 생각된다. 다만, 비상임위원은 정부내부로부터의 압력에 대하여는 강점이 있지만 업계로 부터의 압력이나 로비에 취약할 수 있기 때문에 독립성을 일의적으로 말 하기는 어렵다. 하지만, 독점규제법과 같은 전문적인 법의 판단을 비상임 으로 수행한다는 것은 바람직하지 않으므로 이를 폐지하고 위원의 숫자 를 5인으로 줄인 후 전원 상임위원화하는 것이 바람직하다.7) 비교 대상이 되는 경쟁당국들은 모두 상임위원제를 채택하고 있다.

(2) 공정거래위원장의 국무회의 참석에 대하여

공정거래위원장의 국무회의 참석이 조직의 독립성을 저해하는 요인이 라는 지적이 있어 왔다. 그래서, 위원장의 국무회의 참석문제에 대하여는 아예 위원장이 국무회의에 참석할 수 없게 하든지 아니면 국무회의에 참 석하여 발언은 하되 구체적인 사건의 처리에는 관여하지 못하도록 하는 방안이 제시되고 있다.8)9) 하지만, 우리나라는 아직까지도 정부주도형 경 제개발의 전통이 강하여 각 산업부서에서 경쟁제한적인 법령의 제·개정이 근절되고 있지 않다는 점을 감안한다면 위원장이 국무회의에 참석하여 발언하는 것도 넓은 의미의 독점규제법 집행이라 할 수 있다.10) 왜냐하면 경제의 기본법인 독점규제법이 경제 모든 분야에 침투하여 경쟁원리가 작동하도록 하여야 하지만, 우리나라의 현실에서 조직의 독립성만 강조하 여 국무회의에 불참하는 경우 경쟁원리 확산의 실효성이 오히려 떨어질

---

7) 권오승, 전게논문, 992면.

8) 상동.

9) 1997년 부즈·알렌 해밀턴의 앞의 보고서에서는 개혁을 위해 공정거래위원장이 대통 령에게 직접 보고하여야 한다고 정반대의 건의를 하였다.

10) 미국의 경우는 연방거래위원장이 대통령 주재의 각료회의에 참석하진 않지만 경쟁 법 집행의 또 하나의 축인 DOJ 장관이 大統領 주재의 각료회의에 참석하여 경쟁촉 진을 위한 역할을 수행한다(Antitrust Division Manual 2008, Chapter I. B. 참조).

수 있기 때문이다. 한편 법집행의 책임을 지고 있는 위원장이 사건처리에 관여하지 않는다는 것도 현실적으로 애로가 있으리라 생각된다. 그래서 이러한 문제는 정치문화 수준의 향상과 개별 위원들의 독립성 제고를 통해 보완될 수 있겠지만 감사원장이 아닌 사무총장이 국무회의에 참석하는 감사원처럼 공정거래위원장이 아닌 사무처장이 국무회의에 참석하도록 하는 방안도 적극 검토할 필요가 있다.

(3) 위원의 독립성에 대한 법률규정 신설

이미 위원의 독립성이 충분히 확보되어 있고 오히려 지나친 독립성에 대한 비판이 많았던 FTC와는 달리 공정거래위원회는 아직도 위원의 독립성이 충분히 확보되어 있지 않은 형편이다. 그래서, 공정거래위원회 위원의 직무상 독립성을 명확히 하기 위해 선언적인 의미에서라도 법관의 독립성과 유사한 규정을 신설하는 방안을 검토해 볼 필요가 있다. 일본의 獨禁法 제28조에서 "公正取引委員會의 위원장 및 위원이 독립하여 직권을 행사한다"고 명시하고 있는 것이나, EU 조약 제213조 제2항에서 EU 위원회의 위원들이 "직무수행에 있어서 완전히 독립하도록"(completely independent in the performance of their duties) 규정하고 있는 것을 참고할 수 있을 것이다.

3) 위원의 내적 독립성 제고

(1) 위원 간의 직급문제 개선

위원회제가 독임제와 다른 중요한 점이 위원간의 대등성이라고 본다면 위원을 위원장, 부위원장, 일반 상임위원으로 구별하지 말고 모두 정무직으로 보하되 위원장은 임명된 위원 중에서 호선하도록 하는 등 위원장이 위원의 임명절차에 간여하지 못하도록 하여야 한다는 견해가 있다.[11] 미국 FTC의 경우는 1914년 FTC 법이 제정된 이후 1949년 까지는 위원들이 위원장을 호선하도록 되어 있었다. 실제로는 관례적으로 순환보직제 (rotation)를 통해 위원들이 매년 돌아가면서 위원장의 직을 맡았다. 그런데, 1949년 Hoover 위원회에서 합의제 행정기관의 비효율성 및 국가정책과의 부조화에 대해 비판이 가해진 후, 1950년의 Reorganization 법의 제정으로 일반 행정업무에 대한 위원장의 권한이 확대되고 위원장 임명권은 대통령에게 이관되었다.[12] 물론 합의제의 이상을 위해서는 대통령이 위원장 임명에 간여하지 않는 것이 가장 바람직한 방안이라 할 수 있다. 그러나, 우리나라 현실에서 공정거래위원회가 행정부 소속인 이상 대통령의 위원장 임명권을 배제하기는 어려울 것이라고 생각된다.

  위원장과 일반 상임위원간의 관계에 대하여 살펴보면 위원장은 위원회를 대표하여야 하는 속성상 직급이나 의전에서 어느 정도 배려를 할 수밖에 없다. 미국 연방대법원에서도 사건의 표결에 있어서는 연방대법원장이 일반 연방대법관들과 대등하지만 의전이나 봉급 등 기타의 면에서는 우대를 받고 있다. 미국 FTC의 경우도 1950년 이후 위원장의 권한이나 역할이 일반 위원보다는 훨씬 크며 특히 인사[13], 예산, 관리 등의 행정업무를 사실상 책임지고 있다. 일반 사건에 있어서도 언제 사건을 위원회에 상정시키느냐에 따라 결정에 영향을 미칠 수 있다고 한다.[14] 우리나라에

---

11) 권오승, 전게논문, 993면.

12) David C. Nixon & Thomas M. Grayson, "Chairman and the Independence of Independent Regulatory Commissions", Paper presented at the Conference of the Midwest Political Science Association, March 2003, pp.5-7.

13) FTC 내부의 직원 임명권을 위원장이 갖고 있지만, 일부 고위직의 경우는 타 위원회들의 동의를 받아야 한다. Kenneth W. Clarkson & Timothy J. Muris, ed. The Federal Trade Commission since 1970, Cambridge University Press, 1981, pp.286-287.

14) David C. Nixon & Thomas M. Grayson, op. cit., p.6.

서도 위원장이 조직을 대표하는 이상 심의 및 표결을 제외하고는 일정 부분 우월한 권한을 인정해 주지 않을 수 없다. 하지만, 위원장을 제외한 다른 위원의 직급을 통일한다면 개별 위원들의 독립성이 제고될 수 있다고 생각된다. 우리나라에서도 방송통신위원회는 장관급인 위원장을 제외하고는 모두 차관급으로 동일한데 공정거래위원회도 향후 일반 상임위원의 직급을 최소한 부위원장과 같은 차관급 정도로 상향하는 것이 바람직하다고 생각된다. 다만, 행정부 소속으로 되어 있는 공정거래위원회는 타 부처와 업무협조의 필요성이 있기 때문에 부위원장 직제 그 자체를 없앨 필요는 없을 것이다.

(2) 독임제적 조직운영의 개선

독임제적인 조직운영으로 인한 위원의 내적 독립성 저해를 시정하기 위해서는 앞에서 살펴본 바와 같이 위원장을 제외한 위원들 간 직급을 통일하고 사무처장은 행정과 정책에만 관여하고 사건처리에는 관여하지 않는 방식을 고려해 볼 수 있다. 미국의 FTC나 우리나라 방송통신위원회 조직이 그러한 형태로 되어 있다. 중장기적으로는 독일의 연방카르텔청처럼 합의체인 위원회와 사무처로 이원화되어 있는 조직을 하나로 통합한 뒤 이를 다시 심결부로 개편하고, 정책문제는 별도의 부서를 만들어 처리하게 하자는 제안[15]도 전향적으로 검토해 볼 필요가 있다고 생각된다.

---

15) 권오승, 전게논문, 994-995면.

2. 공정거래위원회의 공정성 제고

1) 개요

공정거래위원회 사건처리절차의 객관성과 공정성을 담보하기 위해 가장 확실한 방법은 절차적 보장이 충실한 법원의 절차를 가능한 한 많이 채용하는 것이라 할 수 있다. 그리고, 심사기능과 심판기능을 최대한 분리하는 것이다. 독립규제위원회가 처음 출발한 미국에서는, 비록 연방대법원이 하나의 기관에 소추기능과 판단기능이 융합되어 있다고 하여 그것이 적법절차를 부정할 만큼 불공정한 것은 아니라고 판시한 바 있지만16), 그것의 문제점에 대해 많은 비판과 대안의 제기가 있어 왔다.

앞에서도 살펴본 바대로 위원회 제도에서 심사기능과 심판기능의 융합문제는 사건처리의 공정성 제고라는 측면에서 문제점이 있다는 것이 인식되고 있지만 반면 누구나 공감할 수 있는 근본적인 대안은 찾기 어렵다. 그래서 현실적인 대안으로서는 위원회 제도의 본질과 선진 외국의 사례를 감안하여 심사기능과 심판기능의 融合이라는 근본적인 한계를 인정하면서도 그 한계 내에서 최대한 사건처리의 공정성을 확보할 수 있는 방법을 모색하는 것이다. 그러한 측면에서 여기에서는 이 글의 비교대상이 되고 있는 주요 선진 경쟁당국이 모두 채택하고 있고, 과징금 위헌제청사건에서 헌법재판소 소수의견도 지적하고 있는 행정심판관 제도의 도입가능성에 대하여 검토해 본다.

---

16) Withrow v. Larkin, 421 U.S. 35 (1975).

2) 주요 독점규제법집행 조직과의 비교

비교대상이 되는 주요 독점규제법執行 組織의 행정심판관 제도를 비교해 보면 <표 2>와 같다.

〈표 2〉주요 독점규제법집행 조직의 행정심판관 제도 비교

구분	미국 FTC	일본 公正取引委員會	EU 위원회	우리나라 公正去來委員會
도입 여부	도입	도입	도입	미도입
소속	위원회 직속	사무총국	위원 직속	-
독립성	높음	중간	중간	-
심리방식	단독제	합의제	단독제/합의제	
결정문 작성	작성	작성	미작성	

<표 2>에서 보는 바와 같이 공정거래위원회를 제외하고는 각국 경쟁당국이 모두 행정심판관 제도를 도입하고 있다. 그런데, 행정심판관의 소속이 FTC와 EU 위원회는 위원회 내지 위원 직속으로 되어 있는 반면 일본 公正取引委員會는 사무총국 소속으로 되어 있어 제도적으로만 본다면 公正取引委員會의 행정심판관은 사건처리에 있어서 독립성이 결여될 가능성이 있어 보인다. 심리방식은 단독제와 합의제를 혼용하고 있는 일본 公正取引委員會를 제외하고는 모두 단독제만을 채택하고 있다.

FTC의 행정법판사가 독립성에 있어서는 가장 우수한데 채용시 인사관리처(Office of Personnel Management; OPM)의 승인을 얻어야 하고 보수와 근무조건 등도 인사관리처의 통제를 받게 되며, 징계는 실적제도 보호위원회(Merit System Protection Board; MSPB)에 의한 청문의 기회를 부여받은 후 기록에 근거하여 행하도록 되어 있다. 그리고, 대부분의 행정적인 업무는 중앙정부 인사부서의 통제를 받고 있어 FTC 위원장도 통제할 수 없으며 심판절차의 진행은 거의 전적으로 행정법판사의 몫이라고 해

도 지나치지 않다.

일본 公正取引委員會의 심판관은 위원회 직속이 아닌 사무총국 소속 공무원으로서 내부 직원 중에서 충원되고 있어 미국의 행정법판사에 비하여 신분보장이 상대적으로 취약한 반면 법에 대한 전문성뿐만 아니라 법집행 경험이 풍부한 장점이 있다. 심판관은 청문 등 위원회가 위임한 심판절차의 일부를 수행하는데 위원회가 별도로 범위를 제한하지 않는 한 심결을 제외한 위원회의 모든 권한을 행사할 수 있다.[17] 유럽 공동체의 청문주재관(Hearing Officer)은 사무총국이 아닌 경쟁담당 위원에 소속하고 있어 경쟁총국으로부터 독립성을 확보하고 있다. EU 청문주재관은 그 주된 역할이 청문과정에서 피심인의 방어권이 훼손되지 않도록 하는 것이기 때문에 청문을 주재하는 것에 그치고 결정문을 작성할 권한은 없다는 점에서 결정문[18]을 작성하는 미국의 행정법판사나 일본의 심판관에 비해서 그 역할이 상당히 제한적인 편이다. 그래서, 행정심판관이라는 동일 기준으로 비교하기가 적당하지 않을 수도 있다.

3) 행정심판관 제도의 도입여부 검토

공정거래위원회는 아직 행정심판관 제도를 공식적으로 도입하고 있진 않지만, 공정거래위원회의 회의가 당초에는 전원회의 하나밖에 없었는데

---

17) 일본 獨禁法 제56조

公正取引委員會는 심판개시결정을 한 뒤 심판관을 지정하고 公正取引委員會규칙이 정하는 바에 따라 제41조(조사촉탁)의 규정에 의한 조사의 촉탁 및 제47조제1항 각호(조사를 위한 강제처분)의 처분 외에 그 후의 심판절차[심결을 제외. 제63조(위원회에 대한 직접진술) 및 제64조(심판절차의 병합, 분리)에 대하여도 같다]의 전부 또는 일부를 행하게 할 수 있다. 다만, 당해 사건에 대해서 심사관의 직무를 행한 적이 있는 자, 기타 당해 사건의 심사에 관여한 적이 있는 자에 대해서는 그러하지 아니하다.

18) FTC에서는 행정법판사가 작성하는 결정문을 1차 결정문(initial decision)이라 하고, 일본 公正取引委員會에서는 심판관이 작성하는 결정문을 審決案이라 한다.

1996년 법개정으로 소회의가 3개 신설된 것은 이러한 FTC의 행정법판사 내지 일본 公正取引委員會의 심판관제도의 영향을 받은 것이다.

우리나라 현실에서 행정심판관 제도의 도입에 대해서 독점규제법적 관점[19]에서 본격적인 논의는 이루어지지 않은 것 같다. 하지만, 공정거래위원회의 내부논의 등 그동안의 논의를 종합해 보면 이 제도의 도입에 대해 부정적인 견해들의 논거로 미국에는 FTC뿐만 아니라 심판기능을 수행하는 대부분의 행정부서에 공통적으로 행정법판사제도가 도입이 되어 있지만 우리나라에서는 그러한 제도 자체가 도입되어 있지 않다는 점, 심리를 주재한 행정심판관이 아닌 위원회가 최종결정을 내리는 것은 直接審理主義의 원칙에 반한다는 점, 법률전문가를 영입하는 경우 일반 행정직 공무원과 판·검사의 직급체계 불균형에 따른 인사문제 등이 제기되어 왔었다.

그러나, 이제는 행정심판관 제도의 도입에 대해 좀 더 전향적으로 생각해 볼 필요가 있다고 생각된다. 무엇보다도 사건의 조사 및 소추에 관여하지 않은 자가 심의를 담당하게 하면 조사 및 소추기능과 심판기능의 융합이라는 공정성 측면에서의 문제점은 상당부분 해결이 가능할 것이다. 첫째, 미국과 법체계의 상이문제는 우리와 법체계가 유사한 일본도 심판관제도를 도입하여 시행하고 있는 것을 보면 그것이 본질적인 문제는 아닌 것 같다. EC도 원래는 조사를 담당한 경쟁총국의 직원이 청문을 담당하였으나 1982년에 청문주재관(hearing officer)제도를 도입하여 최근 그 권한을 넓혀 가고 있는 추세이다. 둘째, 直接審理主義와 관련해서도 피심인이 원하는 경우 위원회가 의견청취를 할 수 있도록 하면 해결될 수 있다. 일본의 경우, 심판관이 심리를 주재한 경우 피심인은 위원회에 대하여 직접진술할 것을 신청할 수 있고 위원회는 진술기회를 부여하여야 한다.[20][21] 다만, 이와 관련하여 일본 公正取引委員會의 결정이 법원에 의해

---

19) 행정법적인 관점에서의 논의로는 다음의 글들을 참조할 것. 이동수, 미국의 행정재결(ALJ를 중심으로), 대구효성가톨릭대학교 연구논문집, 제52집, 1996; 박수헌, "미국의 행정법판사에 관한 고찰", 「토지공법연구」제27집, 2005.9, 275-280면 참조.

파기환송된 경우 다시 직접진술기회를 부여하여야 하는지에 대해 1995년
의 東芝 케미컬 사건 판결에서 동경고등재판소는, 당해 사건의 경우 환송
심에서의 주장이 최초 심리시의 주장과 별차이가 없으므로 피심인의 권
리가 실질적으로 훼손된 것이라고 보기는 어려워 위법이 아니라고 판시
한 바 있다.[22] 셋째, 법률전문가를 영입하는 경우 일반 행정직과 판·검사
등의 직급문제는 제도 도입과 관련된 본질적인 문제는 아니라고 생각된
다. 지금도 변호사 자격을 가진 법률전문가들이 공정거래위원회에 영입되
고 있는데 그에 준하여 처리하면 될 것이다.

3. 공정거래위원회의 전문성·효율성 제고

1) 개요

제1장에서 살펴본 것처럼 독점규제법은 사실관계가 복잡한 경제적 현
상을 대상으로 당사자 간의 권리·의무뿐만 아니라 그것이 시장구조나 행
태 전반에 미치는 효과를 분석하여야 하기 때문에 독점규제법의 집행에
는 법적인 전문성과 함께 경제적인 전문성이 요구된다. 특히 카르텔이나
불공정거래행위에 비해 기업결합 사건이나 시장지배적 지위 남용행위 사
건에서는 관련시장(relevant market)을 정교하게 획정하여야 하기 때문에

---

20) 일본 獨禁法 제63조.
21) 미국 FTC도 행정법판사의 최초 결정에 대해 이의가 있는 경우 최종 판단하기에 앞
    서 직접진술(oral argument)의 기회를 부여한다. 16 C.F.R. §3.52(i).
22) 平成 7년9월25일 東京高裁 平6 (行 ケ) 144호. 또한 이 사건에서는 앞에서도 살펴
    본 바와 같이 환송사건에서도 직접진술의 기회를 부여하여야 하는 것인가에 대해
    그렇게 하는 것이 바람직 하긴 하지만 그렇지 않았다고 하여 곧바로 위법이 되는
    것은 아니고 실질적으로 피심인의 권리가 훼손되었는지 여부를 판단하여야 한다고
    판시하였다.

경제분석의 중요성이 더욱 높아 진다. 공정거래위원회의 독립성 확보는 제도적인 측면에 앞서 우선 전문성이 전제가 되어야 한다. 이러한 전문성은 직원수준과 위원수준 모두에게서 요구되는데, 우선 충원에 있어서 전문성이 있는 직원 및 위원들이 충원되어야 하고, 조사 및 심의과정에서 이러한 전문성이 제대로 발휘될 수 있어야 한다. 한편, 공정거래위원회는 조직의 효율성 측면에서 본다면 위임전결권한의 하향 등 일정부분에서 개선점은 있지만 그 동안 독임제적으로 운영되어 왔기 때문에 효율성은 높았던 측면도 있었다고 생각된다. 아래에서는 전문성 강화를 위한 방안을 중심으로 살펴본다.

2) 개선방안

(1) 위원의 전문성

독점규제법에서는 위원의 자격요건에 대하여 규정하고 있다. 하지만 그러한 자격기준은 대단히 포괄적이기 때문에 형식적인 자격요건을 충족한 자 중에서도 실질적인 자격요건을 갖춘 자를 위원으로 임명할 수 있어야 한다. 이를 위해서는 위원의 임명과정에서 형식적인 자격요건뿐만 아니라 실질적인 전문성 요건을 충족시킬 수 있도록 외부로부터의 검증절차를 제도화할 필요가 있다. 예컨대, 관련 학회와 같은 중립적이면서도 전문적인 단체의 의견을 듣는 것도 고려해 볼 수 있다. 비록 구속력이 없다 하더라도 그러한 검증절차가 있는 것만으로도 실질적인 전문성을 갖추고 있는지 여부를 심사하는데 많은 도움이 될 수 있으리라 생각된다. 그리고 전문성 있는 위원을 선발하였으면 위원들의 전문성 발휘를 위해 보좌인원을 배치해 주어야 한다. 미국 FTC의 경우 위원들은 3-5명 정도의 우수한 보좌진을 배치받아 전문적인 판단을 보좌받고 있으며, EU 경쟁담당 위원도 6명의 보좌진으로부터 전문적인 보좌를 받고 있다. 대법원이나 헌법재판소는 연구관제도를 통하여 대법관 및 헌법재판관을 보좌해 주고 있다.

한편, 비상임위원 제도는 전문성 발휘의 제약이라는 측면에서라도 폐지하는 것이 바람직하다고 생각된다.[23] 아무리 능력 있는 자라 하더라도 전임이 아니고서는 독점규제법과 같이 전문적이고 복잡한 사안을 제대로 검토하기란 쉽지가 않다. 자문의견 정도만 구한다면 비상임위원 제도의 필요성도 어느 정도 인정할 수 있겠지만 사건의 당사자 및 시장의 기본질서에 커다란 영향을 줄 수 있는 독점규제법 사건의 위법성에 관한 결정을 비상임위원에게 맡긴다는 것은 바람직하지 않다고 생각된다. 선진 독점규제법 집행기관들이 비상임위원 제도를 두고 있지 않은 것도 그런 맥락에서 이해할 수 있다. 외부의 전문적인 의견을 청취할 필요가 있다면 다른 방법으로도 얼마든지 가능하다.

(2) 직원의 전문성

공정거래위원회의 모든 직위에 전문성이 요구되는 것은 아니지만 최소한 일정한 부서에는 법률적인 측면 혹은 경제적인 측면에서 상당한 전문성이 요구된다.

우선, 법률적인 측면에서 살펴보면, 과거에는 급증하는 소송을 전문적으로 수행할 수 있는 조직이 없이 각 사건국에서 소송을 수행하다 보니 공정거래위원회 차원에서 전문성 있는 소송수행이 어려웠다. 그래서, 2001년에 소송수행을 전담하는 조직으로서 송무팀을 신설하였다. 그나마, 송무팀은 몇 명의 변호사가 근무하고 있지만 사건의 심사를 담당하는 사건국에는 변호사의 숫자가 절대적으로 부족하다. 2008.11월 현재 정원 493명 중 변호사 자격증 소지자는 30명이다.[24] 향후 외부 충원을 통하여

---

23) 2008년에 발족한 방송통신위원회도 비상임위원 제도를 두고 있지 않다. 다만, 자문이 필요한 사안이 있으면 분야별로 자문위원회를 설치하여 자문을 받고 있다.

양질의 변호사를 다수 확보하되 단순한 계약직이 아니라 일반직으로 충원을 하여 경쟁을 통해 승진할 수 있도록 보장해 주어야 한다. 또한, 법적인 전문성을 이야기할 때 중요한 것은 단순히 법학 관련 학위나 변호사 자격증이 있다는 차원이 아니라, 경제법적인 측면에서 사건을 분석하고 이해할 수 있는 능력이 있어야 한다는 점이다. 그래서 경제법 전공자나 경제법 사건을 담당한 경력이 있는 자를 우선적으로 충원할 수 있어야 할 것이다.

다음으로 경제분석적인 측면에서 살펴보면, 송무팀의 신설 후 경제분석의 중요성이 증가함에도 불구하고 경제분석을 전담하는 조직이 만들어지지 않았다. 경쟁제한성 입증 및 관련시장확정 등에 있어서 심층적인 경제분석을 뒷받침 할 수 있는 경제분석팀이 신설된 것은 2006년에 와서이다.[25] 그러나, 경제분석을 담당하는 인원이 5명밖에 되지 않아서 전문적인 경제분석을 수행하기에는 한계가 많다. 미국 독점규제법 집행기관의 경제분석 능력이 탁월한데, 2006년 말 통계를 보면 FTC에 근무하는 경제학박사가 70여명, DOJ AD에 근무하는 경제학박사가 60여명이나 된다고 한다.[26] 공정거래위원회는 2008.11월 기준으로 경제학 박사학위 소지자가 6명에 불과하다.[27] 그리고, 경제적인 전문성도 법적인 전문성과 마찬가지로 경제일반에 관한 막연한 지식이나 거시경제에 대한 전문성이 아니라 산업조직론적인 측면에서 사건을 분석하고 이해할 수 있는 능력이 있어야 한다는 점이 중요하다.

또한, 업무의 전문성이 특히 요구되는 직위에는 직위의 성격과 자격요

---

24) 이 중 국내 변호사는 25명, 외국 변호사는 5명이다(자료출처: 2008년말 기준 공정위 내부자료).

25) 공정거래위원회, 공정거래백서(2007년판), 241면.

26) 상게서, 242면.

27) 그 외에 경제적 전문성이 인정될 수 있는 경제학 석사학위 소지자는 17명, 공인회계사 자격증 소지자는 4명이다(자료출처: 2008년 말 기준 공정위 내부자료).

건을 분명히 지정하여 내부직원과 외부의 변호사 자격 소지자 혹은 경제학 석·박사 학위 소지자를 대상으로 경쟁을 붙여 전문성 있는 자를 우선 충원하고, 전문성 있는 직원의 채용 이후에도 지속적인 재교육과 함께 순환보직제를 개선하여 하나의 부서에서 장기적으로 전문성을 축적하며 근무할 수 있게 각종의 인센티브제도를 마련해 주어야 한다.

제3절 절차적 측면에서의 개선방안

1. 공정성 제고

1) 신고인의 권익보호

(1) 심판절차 참가권 부여

　다양한 유형의 신고인들 중 아무런 이해관계가 없는 신고인에게는 사건진행상황에 대한 단순한 통지정도만 하여도 무방하며 굳이 심판절차에 참여할 권리를 부여할 필요는 없다. 신고포상금을 위해 신고하는 신고인들에 대하여는 요건에 해당하는 경우 법에서 정한 포상금만 지급하면 된다. 하지만, 당해 사건에 직접적인 이해관계가 있는 신고인에 대하여는 심판절차에 능동적으로 참여할 수 있는 권리를 부여하여 자신의 주장을 적극적으로 개진할 수 있도록 하는 것이 타당하다. EU 위원회도 이해관계가 있는 신고인(complainant)에게 심판절차에 참여할 수 있는 일정한 권리를 인정해 주고 있다. 집행위원회는 심사보고서(SO)의 송달 시 피심인뿐만 아니라 제소자에게도 사본을 송달하여 서면의견 진술기회를 부여해 준다.

(2) 무혐의 조치 등에 대한 이의신청제도 마련

다음의 <표 3>에서 볼 수 있듯이 신고나 提訴에 대해 무혐의 조치하는 등 사건화를 하지 않은 경우 이에 대한 불복제도는 각국마다 상이하다. 미국 FTC는 사건화 거부에 대해 이의제기를 할 수 있는 절차를 마련해 두지 않고 있으며, 일본 公正取引委員會는 審理會라는 내부 기구를 설치하여 이의를 제기할 수 있게 하고 있으며, EU 위원회는 법원에 불복할 수 있는 절차를 마련해 두고 있다. 미국은 독점규제법 집행이 원칙적으로 사적으로 집행되고 공적으로 집행되는 것이 예외적임을 감안한다면 무혐의 조치에 대해 이의제기 절차를 마련하지 않는다 하더라도 신고인에게 피해가 가는 일은 적다고 할 수 있겠지만 법집행이 주로 公的으로 이루어지는 일본이나 EC는 무혐의 조치에 대한 이의신청 절차를 마련해 놓고 있음을 알 수 있다.

〈표 3〉 주요 독점규제법집행 조직의 무혐의 조치 등에 대한 불복제도 비교

구분	미국 FTC	일본 公正取引委員會	EU 위원회	우리나라 공정거래위원회
사건화 거부에 대한 이의신청	없음	내부 심리회에 이의신청	유럽 법원에 소제기	헌법소원

공정거래위원회에 의한 신고 각하 또는 무혐의 조치의 경우 EC와 같이 법원에 소송을 제기하도록 하는 방안도 검토해 불 수 있겠지만 우리나라의 행정체계와 법원의 업무부담을 감안한다면 우리나라의 현실에는 적합하지 않다고 생각된다. 또한, 공정거래위원회의 무혐의 조치에 대해 헌법소원을 제기할 수는 있지만, 무혐의 사건에 대해 일일이 헌법재판소에 제소한다는 것도 쉽지가 않다. 현실적으로는 일정한 요건을 갖춘 申告에 대해 법원에 소제기를 허용하고 있는 EC와 모든 신고에 대해 이의제기를

허용하는 일본 公正取引委員會의 절충형으로서 일정한 요건을 갖춘 申告에 대하여는 공정거래위원회 내부의 심판관리관실이나 제3의 기관(예컨대, 가칭 '신고처리심의회')으로 하여금 이의신청을 담당하게 하는 것이 바람직하다고 생각된다.

2) 조사권행사의 적정화

조사권행사의 적정화를 위해서는 사전에 피조사인에게 필요한 정보를 제공해 주고 조사권행사에 동의할 수 없는 경우 불복절차를 마련해 주어야 한다.

우선, 조사내용의 사전통지와 관련된 외국의 사례를 살펴보면 미국과 EC는 법위반혐의의 유형을 알려주고 있으나 일본은 그러한 규정이 없다. 미국 FTC의 경우 조사권을 발동할 때 조사의 목적과 범위 및 법위반혐의와 해당 법조항에 대하여도 통지를 해 준다.[1] EU 위원회가 조사를 할 때 조사의 법적인 근거, 목적, 요구되는 정보, 정보제출시한, 부정확한 정보 등에 대한 제재를 명시하여야 한다.[2] 조사의 목적에 대하여는 관련시장이나 법위반혐의의 세부적인 내용까지 요구되는 것은 아니지만 법위반혐의의 유형과 피조사인이 어떻게 관련이 되는지 여부 정도는 알려 주어야 한다.[3] 우리나라의 경우, 독점규제법에는 다수의 법위반유형이 있고 시장지배적지위 남용행위나 불공정거래행위의 경우는 행위유형이 워낙 다양하여 조사관이 법위반혐의가 있는 행위유형을 알려 주지 않으면 피조사인의 입장에서는 방어권 행사가 어렵게 된다. 그래서, 사전에 세부적인 내용은 알려 줄 수 없다 하더라도 최소한 조사의 대상이 되는 기본적인 행위유형은 알려주어야 한다.

---

1) 16 CFR §2.7.

2) 이사회 규칙(Regulation) No. 1/2003, 제18조 제2항.

3) C. S. Kerse, E.C. Antitrust Procedure, Sweet & Maxwell, 1994, p.116.

그리고, 조사권행사에 대해 동의할 수 없는 경우 불복수단에 관한 선진 외국의 사례를 살펴보면 미국과 일본의 경쟁당국은 조사권행사에 대한 이의제기절차는 준사법적 절차를 거친 처분에 대한 이의제기절차와는 별도의 절차를 마련해 두고 있다.[4] 미국 FTC는 강제자료 요청을 받은 사업자가 이의가 있으면 20일 이내에 이의를 제기할 수 있게 하고 있으며. 이의신청이 타당한지 여부는 강제절차를 담당한 위원이 판단한다. 강제절차 담당위원의 판단에도 이의가 있으면 공식으로 위원회에 이의를 제기할 수 있다.[5] 일본 公正取引委員會도 강제조사권 행사에 대한 별도의 이의신청절차를 마련해 두고 있는데, 심사관의 조사권행사에 대해서 불복이 있는 자는 조사처분을 받은 날로부터 1주 이내에 불복사유를 기재하여 公正取引委員會에 이의신청을 할 수 있다.[6] 조사권행사의 타당성 여부는 위원회가 판단한다.

그런데, 공정거래위원회는 조사권행사로서의 처분과 준사법적 절차를 거친 처분의 성격이 상이한데도 불구하고 동일한 이의제기절차를 거치게 하고 있는데, 이는 바람직하지 않다고 생각된다. 전자에 대하여는 이의제기의 기간을 짧게 하고 처리절차도 간략히 하여 신속히 결정이 될 수 있는 방향으로 규정을 개정하는 것이 타당하다고 생각된다.

3) 피심인의 방어권 향상

심사기능과 심판기능이 융합된 독점규제법집행 조직을 현실로 인정할 수밖에 없다면 사건처리의 공정성을 기할 수 있는 차선책은 피심인의 방어권을 최대한 보장하여 심의절차의 公正性을 도모하는 것이라 할 수 있다.

---

4) EU 위원회는 원래 내부의 이의제기 절차가 없다.
5) 16 C.F.R. §2.7 참조.
6) 「公正取引委員會の審査に關する規則」, 平成十七年十月十九日, 公正取引委員會 規則第五号, 제22조.

(1) 심의단계

위원과 심사관의 片面的인 意思疏通(ex parte communication)에 대하여 살펴보면, 공정거래위원회의 성격상 심의 이전단계에서 조사의 착수 및 사건처리방향을 정하기 위해 심사관이 위원장이나 부위원장 혹은 위원들이 참석한 간부회의 석상에서 보고하는 것 자체를 문제 삼을 순 없다. 하지만, 일단 사건이 심의단계에 들어간 이후에는 對審構造로 전환하여 심사관과 위원이 피심인이 없는 자리에서 片面的으로 의견을 교환하는 것뿐만 아니라 심사관과 위원의 보좌조직이라 할 수 있는 심판관리관실이 片面的으로 의견을 교환하는 것도 금지하여야 한다.7) 종래에 사실확인을 위해 심의종료 후 合議 시에 심사관을 불러 사실관계를 확인하는 잘못된 관행이 있었음을 부인할 수 없다. 이런 부분에 있어서는 미국 FTC가 가장 철저한 규정을 두고 있는데, 일단 심의절차에 들어가면 위원이라도 조사나 소추에 관여한 직원과는 사건의 본안과 관련된 의견을 나눌 수 없다.8)9) FTC의 사건처리가 공정하지 않다는 비판을 많이 받고 있지만 그러한 비판에 대한 가장 강력한 방어논리가 바로 이러한 片面的인 意思疏通 禁止의 규정이라는 것은 우리에게 시사하는 바가 적지 않다고 생각된다.

사실인정에 있어서는 반드시 심의과정에서 조사한 사실에 의하도록 하고 심사관이 비공식적으로 제출한 자료에 근거하지 못하도록 규정을 신설하여야 한다. 일본에서는 공지의 사실이나 피심인이 다투지 않은 사실을 제외하고는 심판절차에서 조사한 증거에 의하여서만 사실을 인정하도

---

7) 조성국, "미국 FTC 사건처리절차에 관한 연구", 「공정거래법 집행의 선진화」, 한국법제연구원, 2007, 110면.

8) 16 C.F.R. §4.7(b).

9) 한편, 내부직원이 아니라 피심인과의 片面的인 접촉도 문제가 될 수 있다. 우리나라의 현실에서 피심인이 사건 내용에 대해 설명한다는 취지에서 위원을 만나자고 하는 경우 거절하기 쉽지 않다. 특히 비상임위원들은 이런 문제에 더 취약하다고 생각된다.

록 규정하고 있는 데[10] 이러한 취지의 규정을 신설할 필요가 있다. 심의 기간 및 회수와 관련하여서는 심의속개가 폭넓게 인정되어야 한다. 최근에는 심의가 내실화되고 개선되고 있지만 좀 더 충실한 심의를 위해서는 법원처럼 한 번에 심의를 마치지 말고 여러 차례 밀도 있는 심의를 할 필요가 있다. 마이크로소프트사의 시장지배적지위 남용행위 등에 관한 사건은 깊이 있는 심의를 위해 2005.7.13-10.26 기간 중 전원회의를 7차례나 열고 심의종결 이후에도 6차례나 모여 합의를 하였다.[11] 이러한 심의내실화를 위해서는 앞에서도 지적한 바대로 사건선별화(case selection)를 통해 사건착수보고 건수가 일정 수준이하로 감소되어야 할 것이다.

그리고, 피심인의 적절한 방어권 행사를 위해서는 대외적인 효력을 갖는 심의단계의 중요한 절차는 고시보다는 법률이나 시행령에 규정하는 것이 바람직하다. 미국의 FTC나 일본 公正取引委員會의 경우 심의절차와 관련된 규정은 법률이나 시행령에 중요한 내용들이 대부분 들어 있다. 특히 미국은 연방규정집(Code of Federal Regulation)에서 아주 상세히 규정하고 있다.

(2) 이의신청 단계

원처분의 주체와 이의신청의 심의주체가 중복된다는 점에서 이의신청 제도의 문제점이 있긴 하지만 일반 행정심판과 같이 제3의 기관이 이의신청을 담당한다는 것은 현실성이 없기 때문에 결국 공정거래위원회 내부에서 문제를 해결할 수밖에 없다. 물론 외국의 독점규제법 집행기구과 같이 심판관 제도가 도입되면 이러한 문제는 자연스럽게 해결될 수 있다. 즉, 미국 FTC의 행정법판사(ALJ)나 일본 公正取引委員會의 심판관이 제1차 결정을 하고 이에 불복하는 경우 위원회가 재심의 기회를 가지게 된다

---

10) 일본 獨禁法 제54조의3.
11) 2005.1.27자 공정거래위원회 보도자료 참조.

면 동일한 주체에 의한 재심이라는 절차적인 문제는 해결될 수 있을 것이다. 그러나, 행정심판관 제도를 도입하지 않는 경우에도 공정거래위원회는 원처분부터 준사법적인 절차를 채용하고 있고 피심인의 방어권도 상당부분 보장되고 있기 때문에 일반 행정기관의 처분처럼 이의신청을 반드시 제3의 기관이 담당하여야 한다고 볼 필요는 없다고 생각된다. 한편, 공정거래위원회 심의절차가 기본적으로 對審主義에 입각한 것이라고 하더라도 어디까지나 행정절차의 일환이기 때문에 심사관에게 반드시 이의신청제기권을 부여할 필요는 없다고 생각된다. EU 위원회도 이의신청절차를 두고 있지 않다. EC의 청문주재관(hearing officer)는 절차적인 의견만 제시할 뿐 실체적인 결정은 위원회가 바로 내리고, 이에 대한 불복은 제1심 법원(CFI)에 제기하여야 한다.

2. 효율성 제고

1) 신고사건처리의 효율성 제고

(1) 주요 독점규제법집행 조직과의 비교

사건에 착수하게 되는 계기는 어느 독점규제법집행 조직이든 직권인지 아니면 신고인데, 신고를 접수받는 방식이나 수많은 신고 중 조사에 착수하게 되는 방식 및 예비조사 후 정식조사인 본조사로 전환되는 방식은 경쟁당국별로 차이가 있다. 주요 독점규제법 집행기구간 비교를 해 보면 <표 5>와 같다.

〈표 5〉 주요 독점규제법집행 조직의 신고접수 및 조사착수 방식 비교

구분	미국 FTC	일본 公正取引委員會	EU 위원회	우리나라 공정거래위원회
신고접수 방식	특별한 제한없음	특별한 제한없음	신고(complaints)/ 정보(information) 구분	(사실상)특별한 제한없음
사건선별 여부	공익성에 따라 선별	공익성에 따라 선별	공동체 이익에 따라 선별	(사실상) 선별하지 않음
연간 신고건 중 정식조사 착수건수 (2005년 기준)	수십건	107건	5건	1,782건
연간 시정조치 건수 (2005년 기준)	수십건	19건	3건	753건

<통계자료 출처>
* 미국 : Annual Report는 사건수가 아닌 금액을 기준으로 발표하고 있어 정확한 비교는 어려우나 독점규제법 분야에
  서의 정식조사 및 시정조치 건수는 연간 수십건 정도로 알려져 있음[12]
* 일본 : 公正取引委員會 홈페이지 및 村上政博·栗田誠 편, 獨占禁止法의 手續, 중앙경제사, 2006, 65면
* EU : European Commission, Report on Competition Policy 2005.
* 한국 : 공정거래위원회, 공정거래백서, 2006년 판

미국 FTC나 일본 公正取引委員會는 신고를 제기하는 데 있어서 특별
한 제한이 없다. 다만, 법위반사업자의 정확한 신원이나 위법행위에 대한
사실 및 법률관계를 명확히 할 것을 권하고 있을 뿐이다. 이들 나라에도
워낙 많은 신고가 접수되기 때문에 신고의 내용이 자세하고 정확할수록
사건화 될 가능성이 상대적으로 높아진다. 이에 반해 EU 경쟁총국(DG
COMP)은 신고를 이해관계 있는 자의 신고(complaint)와 단순한 정보제공
으로 분리하여 접수한다. 前者에 대해서는 법원에 대한 提訴만큼 일정한
권리를 부여하고 있지는 않지만 심사보고서의 통보나 심판절차 참여 등
에서 일정한 이익을 부여해 준다.

---

12) 한 연구보고서에 따르면 1997년 FTC는 독점규제법 분야에서 65건에 대해 본조사가
    이루어져서 24건의 시정조치가 있었다고 한다. 정세훈, "미연방 공정거래위원회의
    조직과 경쟁법 사건처리절차"(용역보고서), 공정거래위원회, 1998, 18-19면.

외국의 독점규제법집행 조직들은 사건처리는 준사법적 절차에 따라 하지만 어디까지나 행정기관이기 때문에 관할권이 있으면 의무적으로 사건을 담당하여야 하는 법원과 달리 사건의 선정에 있어서 상당한 재량권을 행사하고 있다. 그래서 2005년 기준으로 예비조사를 거쳐 정식조사에 착수하는 건수가 많아야 연간 100여 건에 그치고 있다. 우리나라 공정거래위원회가 연간 2,000여 건에 가까운 사건을 처리하고 있는 것과는 차이가 난다.

(2) 공정거래위원회 사건선별화(case selection) 방안 검토[13]

① 基本前提

D. Lasok 교수는 EU 위원회의 사건착수재량에 대해 다음과 같이 설명한다. 위원회는 행정기관이지 사법기관이 아니기 때문에 관할권에 속하는 사건이라면 의무적으로 맡아야 하는 법원과 달리 권한을 언제 어떻게 행사하여야 할지 재량권(discretion)이 있다고 지적한다. 즉, 법위반행위가 있다고 판단하는 경우에도 조사를 개시하여야 할지 아니면 어떠한 조치를 취하여야 하는지 재량권이 있다고 한다.[14] British Airways v. Commission 사건에서는 위원회가 유사한 행위를 한 여러 기업 중 한 기업에 대해서만 조치를 취한 것이 차별금지원칙의 위반이 아닌지 문제가 되었다. 유럽 1심법원(CFI)은 위원회가 시장에서 기업의 지위나 법위반행위의 기간, 법위반 정도의 심각성 등을 고려하여 하나의 기업에 대해서만 조치를 취하더라도 위법은 아니라고 판시하였다.[15] 주요 선진국 경쟁당국은 기본적으로 이러한 전제에 입각하여 사건을 선별한다.

---

13) 박종흔 등, "사건조사 착수기준 및 조사방식 개선연구"(용역보고서), 공정거래위원회, 2008, 45-66면 참조.
14) D. Lasok, Law & Institutions of the European Union, Butterworths, 1994, p.569.
15) [2003] ECR II-5917.

신고사건에 대한 조사착수 및 처리방식의 개선을 위한 방향은 공정거래위원회의 핵심역량을 집중하여 사건처리의 효율성을 극대화하기 위해 주어진 인력과 예산 사정 하에서 사회적 파급효과가 가장 큰 사건에 역량을 집중하도록 하는 것이다. 단, 공정거래위원회가 사건을 선별하여 중요한 사건에 역량을 집중하기 위해 종래에 처리해 오던 사건을 公益性이 적다는 이유로 처리하지 않았을 때 외부로부터 강한 비판에 직면할 수 있기 때문에 사건선별화에 대한 대안도 마련하여야 한다. 미국처럼 사소제도 (private actions)가 충분히 활용이 되고 있고 정부에 대한 신뢰성이 강한 행정문화에서 통용될 수 있는 사건처리방식을 아직 사소제도의 발전이 미흡하고 행정에 대한 불신이 강한 우리나라에 외국의 사건착수 방식을 그대로 도입했을 경우 그 반발도 만만찮으리라고 생각된다.

보완책으로는 첫째, 공정거래위원회가 사건착수에 있어서 재량을 가지고 사건을 선별하는 경우 그러한 재량은 대단히 신중하게 행사되어야 한다. 즉, 사안의 세부 내용을 주의깊고 공정하게(with care and impartiality) 행사하여야 할 주의의무(a duty of vigilance)가 있다 할 것이다.[16] 이러한 관점에서 사건착수에서 재량권이 정당하게 행사되었는지 심사하기 위하여 공정거래위원회 내부에서 신고사건 불처리에 대한 이의신청절차를 마련해 두어야 한다. 앞에서 제시된 바대로 심판관리관실이나 제3의 기관(예컨대, 가칭 '신고처리심의회')으로 하여금 이의신청을 담당하게 할 수 있을 것이다.

둘째, 공정거래위원회가 사건을 처리하지 않더라도 법원에 제소를 하여 피해구제를 받을 수 있도록 사소를 확충하여야 한다. 현재 손해배상제도는 도입되어 있지만 금지명령 청구제도는 도입이 되어 있지 않다. 선진 경쟁당국처럼 금지명령청구제도를 도입하여 공정거래위원회가 아닌 법원에 대하여 금지명령을 신청할 수 있게 해 주어야 한다. 일본 公正取引委

---

16) C. S. Kerse, op. cit., p.79.

貝會처럼 좁은 범위가 아니라 원칙적으로 모든 법위반에 대해 금지명령을 신청할 수 있게 해 주어야 한다.

② 구체적인 방안

외국의 사례를 참조하고 현행의 공정거래위원회 법령 및 규정 등을 종합하여 본다면 다음과 같은 3가지의 유형으로 신고사건의 처리절차를 체계화하여 다원적으로 처리하는 것이 바람직하다고 생각된다. 기존의 신고는 이해관계가 있는 자의 신고[17]와 정보제공을 위한 단순 신고로 구분하고, 이해관계가 있는 자의 신고 중 사적인 분쟁해결용 신고와 공익성이 있는 신고로 구분하여 사건을 차별적으로 처리하는 방안이다. 일정한 이해관계가 있는 자의 신고에 대하여는 그렇지 않은 신고와 달리 취급할 필요가 있고 그러기 위해서는 최소한 일정한 요건을 요구하는 것이 필요하다고 보여 진다. 공정거래위원회 절차는 사법절차가 아니기 때문에 너무 엄격하게 요건을 규정하기보다는 피신고인으로부터 '피해를 입거나 입을 우려가 있는 자' 정도로 요건을 느슨하게 규정하여도 될 것이다. 그리고 이러한 자 하더라도 일정한 신고양식에 따라 신고할 수 있게 규정하여야 할 것이다. 이러한 사건은 단순 신고형 사건과는 별도로 사건번호를 부여하여 관리하고 신고자 및 피신고자에게 사건접수 여부를 통지해 주어야 하며 심판절차에서도 이러한 신고자에게는 의견진술권을 부여해 주도록 하는 것이 바람직할 것이다. 그리고 의결서도 신고자와 피신고자 모두에게 송달하는 것이 바람직할 것이다. 또한 공정거래위원회가 이러한 신고에 대해 심사불개시 결정을 내리는 경우에는 일정한 요건을 갖춘 신

---

17) 상기 연구보고서에서는 이해관계있는 자의 신고를 EU 위원회나 영국 공정거래청(OFT), 방송통신청(OFCOM)에서 활용하고 있는 'complaint'를 직역하여 '提訴'라고 표현하였다. '제소'라는 용어가 법원에서는 사용되고 있지만 공정거래위원회에서는 아직 생소한 용어이기 때문에 여기서는 그냥 '이해관계 있는 자의 신고'라고 표현한다.

고에 대해 법원에 이의를 제기하도록 하고 있는 EC와 모든 신고에 대해 이의제기를 허용하는 일본 공정취인위원회의 절충형으로서 일정한 요건을 갖춘 신고에 대해 공정거래위원회 내부의 심판관리관실이나 제3의 기관(예컨대, 가칭 '제소처리심의회')으로 하여금 이의신청을 담당하게 한 후 사후적으로 위원회에 보고하도록 할 수 있을 것이다.

이해관계가 있는 자의 신고 중 사적인 분쟁해결용 신고에 대해서는 분쟁조정절차로 회부하도록 하되, 신고인이 분쟁조정절차를 거부하거나 분쟁조정이 성립되지 않은 신고건 중 公益性이 인정되는 사건만 선별적으로 사건조사에 착수하는 것이 바람직할 것이다. 문제는 공익성 판단기준인데, 公益性 판단을 위한 정성적인 기준으로는 기본적으로 공정거래저해성과 소비자피해의 중대성이 될 수 있겠고 이러한 것들로는 법위반혐의 사업자의 시장지배력 정도, 경성카르텔 사건인지 여부, 소비자의 피해구제가능성 등을 들 수 있다. 정량적인 기준으로는 법위반사업자의 시장점유율 및 매출액[18] 횟수, 피해자 규모 및 피해의 지리적 범위, 피해액의 크기, 법위반 지속기간 등을 들 수 있다.

사건선별화를 위한 공익성의 판단기준으로는 외부의 반발이 클 수 있는 정성적인 기준보다는 정량적인 기준을 많이 개발하여야 할 것이며 선진 외국의 판례나 사례 등이 좋은 참고자료가 될 수 있을 것이다. 또한, 현행 절차규칙 상의 경고사유가 기본적으로 공익성이 강하지 않은 유형을 나열한 것인데 경고사유를 보완한다면 더 구체적인 공익성 판단기준을 만들어 낼 수 있을 것이다. 다만, 법적 효과가 불분명한 행정지도의 일

---

18) 이러한 계량적 기준은 이미 일부 활용이 되고 있다. 「불공정거래행위 심사지침」(개정 2005.5.11. 공정거래위원회 예규 제26호)에서는 일정한 불공정거래행위에 대하여 안전지대(safety zone)를 설정하여 법위반 혐의 사업자의 시장점유율이 10% 미만이거나 연 매출액이 20억원 미만인 경우 심사면제 사유로 규정하고 있고, 「공동행위 심사기준」(개정 2007. 12. 21. 공정거래위원회 예규 제49호)에서는 연성카르텔의 경우 시장점유율이 20% 이하인 경우는 심사종료 사유로 규정하고 있다.

종인 경고사유는 가능한 한 줄이고, 이를 심사불개시 사유로 전환하는 것이 바람직하다고 생각된다.

2) 同意命令 제도[19]

(1) 주요 독점규제법집행 조직과의 비교

비교의 대상이 되는 주요 독점규제법집행 조직의 시정명령 제도를 살펴보면 사업자의 동의를 얻어 시정명령을 내리는 제도들을 <표 6>과 같이 운용하고 있다.[20]

〈표 6〉 주요 독점규제법집행 조직 간 동의명령 제도 비교

구분	미국 FTC	일본 公正取引委員會	EU 위원회	우리나라 공정거래위원회
도입 어부	도입	도입	도입	도입예정
범위	제한없음	독점적 상태	카르텔/과징금 제외	카르텔/과징금 제외
신청시기	제한없음	심판개시결정 이후	제한없음	제한없음
민간의견수렴	있음	없음	있음	있음
법무부와 협의	않음	않음	-	있음
위반시 제재	민사벌칙	형벌	과징금	형벌

선진국의 독점규제법집행 조직들은 대부분 동의명령 제도를 도입하고 있지만 그것을 가장 활발히 사용하고 있는 나라는 미국이다. 일본은 同意審決制度가 독점적 상태에 관한 것만 가능하게 되어 있어 그 적용대상이 대단히 좁고, EC는 위법성의 정도가 강한 경성카르텔은 同意命令의 대상

---

19) 조성국, "獨占規制法 事件의 合意解決에 대한 國際動向과 示唆點", 「중앙법학」 제8집 제2호, 2006, 349-380면 참조.

20) 독일도 2005년 제7차 법 개정 때 경쟁제한방지법(GWB)에서 同意命令制度 (Verpflichtungszusagen)를 도입하였다. 세부적인 내용은 EC의 것과 유사하다.

에서 제외하고 있다. 미국에서 同意命令 제도의 운용이 활발한 것은 미국의 실용주의 철학과 함께 법문화 전반에서 합의에 의한 해결이 광범위하게 활용되고 있다는 점을 지적할 수 있다. 미국 FTC는 과징금 제도 자체가 없기 때문에 과징금을 同意命令의 대상으로 삼을 순 없고, 과징금 제도가 있는 일본이나 EC도 금전적 제재는 同意命令의 대상에서 제외하고 있다.[21)]

同意命令 제도의 문제점이라면 사업자와 독점규제법집행 조직간의 유착이 있을 수 있다는 것인데, 미국이나 EC는 일정기간 관보 등에 동의명령안을 게재하여 민간의 의견을 수렴하는 절차를 마련해 제도운영의 투명성을 제고하고 있다. 반면 일본은 민간의견 수렴절차를 마련해 놓고 있지 않다. 그리고 同意命令에 대한 최종결정은 독점규제법집행 조직이 독자적으로 내리고 법무부와 협의를 하는 나라는 없다.[22)]

同意命令을 위반하는 경우의 제재는 일반 시정명령을 위반하는 경우와 유사하다. 미국 FTC는 시정명령 위반 시 연방지방법원에 제소하여 민사벌칙(civil penalties)을 부과하는데 同意命令도 동일한 절차를 거친다. 일본 公正取引委員會는 시정명령 위반 시 검찰에 고발하여 형사적 제재를 가하는데 同意審決도 마찬가지이다. 유럽 연합은 시정명령 위반 시 과징금을 부과하는데 同意命令에서도 동일하다.

(2) 同意命令制度 도입의 필요성 및 도입방안

① 도입 필요성

同意命令 제도는 사업자와 정부 간의 합의에 의한 사건처리가 가능하

---

21) 이에 반해 미국의 검찰은 벌금의 부과에 있어서도 동의판결을 광범위하게 활용하고 있다.

22) 미국의 FTC가 아닌 DOJ가 독점규제법 사건에 대해 법위반혐의 사업자와 화해를 할 때는 법원이 간여하여 화해안을 검토한 후 동의판결(consent decree)을 한다.

게 해 줌으로써 일방적인 사건처리에 비해 시간적, 경제적 비용을 절감해
줄 수 있을 뿐만 아니라 다양한 시정조치가 가능하도록 해주기 때문에 제
대로 활용될 수만 있다면 사업자와 정부 모두에게 도움이 되는 제도라 할
수 있다. 공정거래위원회 사건절차규칙 제46조(심의절차종료)를 활용하여
사업자에게 시정조치안과 유사한 일종의 서약서를 받은 후 사건의 심의
절차종료를 결정하면 군이 同意命令 제도를 도입하지 않더라도 유사한
효과를 얻을 수 있다. 하지만 그 경우 실제 법집행과정에서 서약서의 법
적 효과가 애매하고 사업자가 서약서를 이행하지 않는 경우 이행확보 방
법이 마땅하지 않은 등 여러 가지 곤란한 문제들이 발생할 수 있으므로
同意命令 제도를 공식적으로 도입하는 것이 바람직하다.

② 구체적인 도입방안

가. 적용범위

同意命令 제도를 도입하는 경우 그것을 전면적으로 허용할 것인지 아
니면 일부의 행위에 대해서만 허용할 것인지 문제가 될 수 있는데 2008년
개정안과 같이 사전에 행위유형을 특정할 필요는 없다고 판단된다. 물론
시정조치 방안을 찾기 힘든 M&A나 증거확보가 어려운 공동행위, 시장지
배적 남용행위 등에 활용도가 높을 것으로 보이긴 하지만, 경제사정은 시
시각각 변화하는 것이기 때문에 합의해결이 활발하지 않으리라 예상되는
행위유형을 섣불리 예단하기 어렵다. 또한 경제분석이 필요하지 않고 법
위반여부의 판단이 비교적 평이한 출자총액제한 규정이나 지주회사 규정
등의 위반행위에 대해서는 군이 同意命令이 필요하지 않다고 볼 수도 있
겠지만 활용도가 낮다고 예상된다고 하여 군이 사전에 제외할 필요는 없
다고 생각된다.

그리고 시정명령만 허용할 것인지 아니면 과징금도 포함할 것인지 문
제가 될 수 있다. 우리나라 시정조치의 상당부분을 과징금이 차지하고 있

는 것을 감안한다면 과징금을 제외하는 경우 同意命令 제도의 실효성이 크게 낮아져 활용이 제대로 되지 않을 수 있다고 우려할 수도 있다. 또한 과징금은 사업자가 중요하게 고려하는 것이기 때문에 과징금감면을 同意命令과 결합하는 것도 충분히 상정해 볼 수 있다는 견해도 있다.[23] 하지만 정식심판절차를 거쳐 위법성이 인정되지도 않은 행위에 대하여 제재적 성격이 강한 과징금을 부과하는 것에 대하여는 좀 더 신중할 필요가 있다고 본다. 외국의 사례를 보더라도 일본이나 EC는 과징금이나 기타 금전적 제재를 同意命令의 대상에서 제외하고 있다.

우리나라에서는 독점규제법 위반으로 인한 형사처벌 시에 專屬告發制에 따라 원칙적으로 공정거래위원회의 고발이 있어야 하는데[24], 고발여부도 同意命令에 포함시킬 것인지 문제가 될 수 있다. 그런데 형사고발을 하는 경우는 법위반 정도가 높은 사건의 경우인데 합의를 통해 고발여부를 결정하는 것은 국민정서상 쉽지 않을 것이다.

나. 민간의견 수렴 여부

同意命令 제도의 가장 큰 문제점 중의 하나는 정부와 사업자가 밀실에서 야합하여 적당히 사건을 얼버무려 버리지 않느냐 하는 것이다. 정식심판 절차를 거치게 되면 심의과정이 공개되고 증거에 의해서 사실인정을 하게 되므로 밀실야합의 가능성은 현저히 낮아진다. 그래서 미국이나 EC는 앞에서 살펴본 바와 같이 당국이 합의안에 대해 최종 승낙하기 이전에 이해관계인과 같은 민간으로부터의 의견수렴(public comment) 절차를 두고 있다. 2008년 개정안과 같이 1개월 이상의 기간을 정하여 의견을 진술

---

23) 홍명수, "공정위 사건처리절차의 효율화를 위한 개선방안",「경쟁법연구」제13권, 법문사, 2006, p.287.
24) 공정거래법 제71조
   ① 제66조(벌칙) 및 제67조(벌칙)의 죄는 공정거래위원회의 고발이 있어야 공소를 제기할 수 있다.

하거나 필요한 자료를 제출 할 수 있는 기회를 제공해 주는 것이 바람직하다고 생각된다.

그리고 신고인이나 이해관계인이 동의명령 과정에 참여할 수 있는 기회가 제공되어야 하는지 문제가 될 수 있다. 2008년 개정안에서는 신고인에게 의견을 제시할 기회를 주도록 하고 있다. 이해관계인의 권익을 보호하고 同意命令 제도를 절차적으로 공정하게 운영하기 위하여 어떠한 형태로든지 신고인이나 이해관계인에게 의견을 진술하고 자료를 제출할 수 있는 기회를 제공해 주는 것이 바람직하다.

물론 이러한 절차를 두는 것은 공정한 사건처리라는 측면에서 바람직하다고 할 수 있다. 하지만 우리나라 공정거래위원회의 심판절차를 보면 통상 1회 기일로 종결되기 때문에 민간의견수렴기간을 두게 되면 이전보다 사건처리에 소요되는 시간이 더 많이 걸리게 되어 사건처리의 효율성을 저해할 가능성도 배제할 수 없다. 그래서 민간의견수렴 절차를 어떻게 효율적으로 활용하여야 할지 더 많은 검토가 필요하다.

다. 시정조치의 구체화 및 다양화

同意命令 제도의 가장 큰 장점들 중 하나라고 한다면 사업자와 정부가 협의해서 당해 사안에 가장 적합한 시정조치안을 강구해 낼 수 있다는 점이다. 사업자의 입장에서는 덜 불리하고 정부의 입장에서는 위법성배제에 충분한 시정조치안이 강구될 수 있다면 최적의 同意命令이 성취될 수 있을 것이다. 2008년 개정안에서는 당해 행위의 중지뿐만 아니라 피해구제 방안까지 담고 있는데, 사업자들이 소비자들에게 손해배상을 제안한 경우 이를 同意命令에 포함할 수도 있을 것으로 보이기 때문에 소비자피해구제에도 도움이 될 것이다.

라. 구속력 담보방안

일단 同意命令이 내려졌으나 사후에 사업자가 이행하지 않는 경우 구속력을 어떻게 담보하느냐 하는 문제가 있다. 독점규제법집행 조직별로 同意命令의 구속력을 담보하기 위한 방식이 상이한 것은 통상의 시정명령 불이행에 대한 각국의 제재방법이 다르기 때문이다. 우리나라의 경우 통상의 시정명령 불이행에 대해 형사처벌[25])을 할 수 있도록 되어 있기 때문에 사업자가 합의를 불이행하는 경우도 그에 준해서 처리할 수도 있을 것이다. 다만 위법성도 확인이 안 된 행위에 대해 합의 불이행을 이유로 형벌을 가하는 것이 지나치지 않느냐는 비판도 가능하리라 본다. 그러나 同意命令에 대한 권위를 확보하고 구속력을 담보하기 위해서는 외국의 사례들처럼 통상의 시정명령에 준해서 이행을 확보하는 것이 타당하다고 본다. 동 개정안도 같은 취지이다.

3) 기타

(1) 조사거부 및 방해에 대한 제재강화

공정거래위원회에게 압수수색권과 같은 강제조사권을 부여하는 방안은 헌법적으로 문제가 있다는 것이 다수의견이다. 그렇다면 결국 평소에 시장에 대한 감시활동을 철저하게 하고 과학적인 조사기법을 개발하며 경제학적 분석을 통해 정황증거를 풍부하게 활용하는 등 전문성을 제고하는 것이 차선책이 될 수 있을 것이다. 이와 함께 조사거부나 방해에 대한 제재를 대폭 강화하는 방안을 검토해 볼 수 있다.

---

25) 공정거래법 제67조.
　　다음 각호의 1에 해당하는 자는 2년 이하의 징역 또는 1억5천만원 이하의 벌금에 처한다.
　　6. …(생략)의 규정에 의한 시정조치 또는 금지명령에 응하지 아니한 자

미국 FTC는 조사거부에 대해 연방지방법원에 소송을 제기할 수 있고 법원의 명령에도 불응하는 경우 법원은 형사벌을 부과할 수 있다. 일본 公正取引委員會는 행정질서벌인 과태료가 아니라 행정형벌을 부과할 수 있는데 만약 公正取引委員會의 조사권에 불응을 하게 되면 징역이나 형벌 등의 처벌을 받을 수 있다. EU 위원회는 직전 사업연도 총매출액의 1%이하의 금전적 제재뿐만 아니라 이행강제금까지 부과할 수 있다.

이에 비해 공정거래위원회의 제재는 최고 2억 원까지 행정질서벌로서의 과태료부과만 가능하기 때문에26) 제재의 강도가 법위반이 적발되었을 경우의 제재에 비해 대단히 약한 편이다. 이에 대한 개선방안으로서는 이행강제금 제도를 도입하여 조사를 방해하거나 거부하는 경우 경제적 부담을 가하도록 하고, 자료의 파기 등 향후 이행을 강제할 수 없는 유형에 대하여는 행정형벌27)을 도입하는 것이 바람직하다고 생각된다.

(2) 시정명령 방식의 개선 - 적극적 작위명령의 강화

외국의 사례를 살펴보면 미국 FTC의 경우 법문에는 중지명령(cease and desist order)을 할 수 있다고만 규정하고 있을 뿐 적극적인 작위명령을 할 수 있는지 밝히고 있지 않다.28) 그래서, 미국 연방대법원은 법 집행 초기인 1920년대만 하더라도 FTC가 취할 수 있는 시정명령의 범위를 좁게 해석하여 특정 법위반행위를 중지할 수 있는 명령만 가능하다고 판시하였다.29) 그러나, 이러한 입장은 오래 지속되지 않았다. 연방대법원은

---

26) 공정거래법 제69조의2.
27) 1992.12.8 법률 제4513호로 개정되기 이전의 법률에서는 1억 원 이하의 벌금을 규정하고 있었다. 그러나, 동 개정으로 인해 벌금이 과태료로 전환되었는데, 당시 의안 (1992.10.16, 제안, 의안번호 140090)이나 당시 상임위원회(경제과학위원회)의 심사보고서나 전체회의 회의록에서는 개정이유에 대해 특별한 언급이 없다.
28) 15. U.S.C. §45(b).
29) FTC v. Beech-Nut Packing Co., 257 U.S. 441 (1922).

1940년대에 들어서는 독립규제위원회의 권한은 형평법원(court of equit y)30)의 권한과 유사하다고 보게 되었고, Jacob Siegal Co. v. FTC 사건에서, "FTC는 법위반행위에 대처하기 위해 적절하다고 판단하는 시정조치의 선택에 있어서 광범위한 재량(wide discretion)을 갖고 있다"31)고 판시하기에 이르렀다. 나아가 FTC는 불공정하거나 기만적인 행위를 근절하기 위해 어떠한 조치가 필요한지 결정할 수 있는 전문조직(the expert body)이기 때문에 선택한 시정조치가 불법행위와 합리적인 관련성을 결하지 않는 한 법원은 관여하지 않는다고 판시하였다.32) L.G. Balfour Co. v. FTC 사건에서 제7순회법원은 FTC의 시정명령의 범위는 기업분할(divestiture)을 명하는 것도 포함한다고 판결하였다.33)

EC의 경우도 이사회 규칙에서 법위반행위에 비례적이고 그것을 효과적으로 종료하기 위해 필요한 어떠한 행태적 혹은 구조적 시정조치를 명할 수 있다고 규정하고 있다.34) 유럽법원도 Instituto Chemioterapico Italiano Spa and Commercial Solvents Corp. v. EC Commission 사건35)에서 집행위원회는 단지 행위의 중지뿐만 아니라 적극적인 작위의무를 명할 수 있다고 판시하였다. 일본의 경우는 우리나라와 마찬가지로 여러 조항에서 일정한 적극적 시정조치의 유형을 나열한 후 기타 필요한 조치를 명할 수 있다고 규정을 하고 있다.36) 그리고 해석 상 필요한 조치에는 심결에서 인정된 사실의 범위를 넘거나 장래에 대한 시정명령도 포함된다고 보고

---

30) NLRB v. Express Publishing Co., 312 U.S. 426 (1941). FTC가 형평법원으로 유추된다는 의미는 형평법원과 마찬가지로 당해 불법행위를 시정할 수 있는 다양한 조치를 행할 재량권이 있다는 의미이다.
31) 327 U.S. 608, 611 (1946).
32) Id. at 612.
33) 442 F.2d 1, at 23(7th Cir. 1971).
34) 이사회 규칙(Regulation) No. 1/2003, 제7조.
35) Case 6, 7/73, [1974] ECR 223.
36) 예컨대, 일본 獨禁法 제7조.

있다.[37)

외국 독점규제법 집행기관의 사례 등에 비추어 보면 독점규제법의 특성상 사전에 다양한 유형의 법위반행위를 법률로 모두 규정하는 것은 사실상 불가능하고 효율적이지도 않기 때문에 독점규제법 집행기관의 시정조치에 상당한 재량을 인정하고 있음을 알 수 있다. 다만, 어느 정도의 작위적 명령이 인정될 수 있을 것인지 여부는 법의 목적과 법위반과 시정조치간의 비례의 원칙, 필요성의 원칙 등 일반 법원칙에 비추어 판단해 보아야 할 것이다. 예컨대 부당한 공동행위에서 가격공동행위의 경우 규제목적이 가격인상 억제가 아니라 가격경쟁제한행위라고 본다면 시정명령으로 합의의 파기를 명령할 순 있겠지만 가격의 원상회복명령은 불가하다고 보아야 할 것이다.[38) 다양한 유형에 대한 적절한 시정명령 방식은 유사한 사안에 대한 외국 독점규제법집행 조직들의 시정명령 방식이 많은 참고가 될 수 있을 것이다.

3. 독립성 및 전문성 제고

1) 독립성

최근에는 우리사회의 수준이 많이 향상되어서 공정거래위원회가 개별 사건을 처리하는데 있어서 독립성이 저해되는 경우는 상상하기 쉽지 않다고 생각된다. 물론 조직 자체의 독립성 부족이나 위원장의 국무회의 참석 등으로 인해 간접적으로 영향을 받을 수는 있겠지만 개별 사건에서 구체적인 독립성이 문제되는 경우는 거의 없다고 보여진다. 다만, 위원회 의

---

37) 菊地元一·佐藤一雄·波光巖·瀧川敏明, 續 コンメタール 獨占禁止法, 勁草書房, 1995, 138면.
38) 권오승, 경제법(제6판), 법문사, 2008, 272-273면.

결에 있어서 전원일치제적인 의결방식은 부수의견이나 반대의견이 있는 위원의 독립성을 저해할 우려가 있을 수 있기 때문에 소수의견 부기 문제에 대하여는 검토가 필요하다고 생각된다.

외국의 사례를 살펴보면, 미국 FTC는 의결서에 다수의견뿐만 아니라 同調意見(concurring opinions) 및 反對意見(dissenting opinions)을 포함하도록 하고 있다.[39] 일본 公正取引委員會는 위원이 심결서에 소수의견을 부기할 수 있지만[40] 법원과 같이 의무적으로 기재하도록 하고 있지는 않아 소수의견을 부기하는 경우는 많지 않다고 한다.[41] 우리나라 타 기관의 사례를 살펴 보면, 법원의 경우 일반 법관은 소수의견을 기재할 수 없으나 대법관은 법원조직법 제15조에서 다수의견뿐만 아니라 합의에 참여한 모든 법관의 의견을 기재하도록 하고 있다.[42] 헌법재판소의 경우도 심판에 관여한 모든 재판관이 의견을 표시하도록 하고 있다.[43]

법리적으로만 본다면 법규적 효력이 있는 절차규칙에서 소수의견 부기의 가능성을 열어놓고 있기 때문에 소수의견 부기가 불가능한 것은 아니다. 다만, 소수의견의 부기가 사건처리절차에서 위원의 독립성을 제고하는 측면이 있다고 하더라도 그로 인해 부작용은 없을까 하는 문제가 남게된다. 소수의견을 부기하는 경우의 장점은 공정거래위원회의 의결의 투명성과 책임성을 제고하고 위원들의 독립성 제고에 도움이 된다는 것이다. 반면 단점은 합의과정에서 위원들 각자의 의견이 공개되는 경우 외부로부터 부당한 압력을 받을 가능성이 있고 법원의 소송과정에서 피심인에

---

39) 16 C.F.R. §3.54(b).

40) 일본 獨禁法 제70조의2 제2항.

41) 일본 獨禁法 제38조에서는 위원장, 위원 및 공정거래위원회의 직원은 사건에 관한 사실의 유무 또는 법령의 적용에 대하여 의견을 외부에 발표하는 것을 금하고 있는데, 소수의견의 부기는 여기에 대한 예외로 인정된다. 菊地元一·佐藤一雄·波光巖·瀧川敏明, 전게서, 153면.

42) 법원조직법 제15조(大法官의 의사표시).

43) 헌법재판소법 제36조.

게 유리한 자료로 원용되어 공정거래위원회의 결정에 불리하게 작용할 수 있다는 점이다.

하지만, 소수의견의 부기는 위원의 직급 상향 및 평준화와도 관련이 있어 일의적으로 판단하기 어렵지만 부정적인 측면보다는 긍정적인 측면이 더 많다고 생각된다. 그래서, 공정거래위원회의 소수의견은 절차규칙 제54조 제3항에서 헌법재판소와 대법원과 같이 재판이나 심판에 참여한 대법관 혹은 재판관이 의무적으로 의견을 밝혀야 한다고 규정하고 있는 것이 아니라 부기할 수 있다고 규정하고 있기 때문에 소수의견 부기 문제는 위원들의 판단에 맡기는 것이 바람직하다고 생각된다.

2) 전문성

사건처리절차에서 전문성이 문제가 되는 경우는 주로 조사 및 경제분석, 심의의 진행에 관련된 것이다. 조사과정에서 직원들의 법률지식 및 경제학, 회계학 지식의 문제는 전문성 있는 직원의 충원 및 보직제도의 개선으로 상당부분 보완될 수 있을것이다. 다음으로 경제분석과 관련하여서는, 미국 FTC의 경우 사건국에서 사건을 심사하여 위원회에 상정하기 이전에 원칙적으로 경제분석국(Bureau of Economics; BE)과 협의하도록 되어 있다. 사건국의 담당자들은 경제적인 측면에서는 전문성이 부족하기 때문에 내부 운영절차에서 경제분석국과의 협의를 의무화하고 있다. 이에 비해 공정거래위원회의 경제분석은 관련시장 획정이나 경쟁상황 평가를 위해 경제분석팀의 도움을 얻는 방식으로 경제적 전문성을 보완하고 있는데, 중장기적으로는 기업결합사건이나 시장지배적지위 남용 사건 등처럼 경제분석이 중요한 사건들에 대해서는 경제분석팀과의 협의를 의무화하는 것도 검토해 볼 필요는 있다고 생각된다.

제8장

結 論

독점규제법을 집행하는데 있어서 조직 및 절차가 중요한 이유는 무엇보다 경제의 기본적인 규칙을 정하고 있는 독점규제법의 집행이 시장질서에 미치는 역할이 지대하기 때문이다. 반면 실체법으로서 독점규제법의 해석과 적용이 중요하지만 독점규제법의 규율대상인 경제현상이 워낙 복잡하고 가변적이어서 위법성판단의 일의적인 기준을 정하기 쉽지가 않다. 따라서, 세계 각국은 절차적인 관점에서 외부의 간섭을 받지 않는 공정하고 효율적이며 전문적인 조직과 절차를 마련하기 위해 노력하여 왔다. 특히 세계 각국의 독점규제법 집행기관들은 심사기능과 심판기능의 융합이라는 장점과 한계에 대해 각국의 형편에 맞는 대안들을 마련하여 왔다.

그런데, 독점규제법의 제정과 발전과정은 나라별로 상이하다. 미국은 19세기말 트러스트에 의한 경제횡포를 막기 위해 반트러스트법을 제정하였고 정부보다는 민간분야의 私訴에 의해 발전되어 왔다. 일본은 2차 대전 후 미국주도에 의한 경제민주화의 일환으로 재벌을 해체하고 공정한 거래를 촉진하기 위해 독점금지법이 제정되고 집행되어 왔다. EU의 경쟁법은 다양한 나라들로 구성된 EU에서 경제통합을 촉진하기 위한 주요한 도구로서 제정되고 집행되어 왔다. 우리나라는 많은 분야에서 압축성장을 하여 왔지만 독점규제법도 대표적인 압축성장분야가 아닌가 생각된다. 시장경제의 핵심을 이루는 경쟁원리정착을 위해 정부가 주도하여 법을 만들고 정부가 주도하여 법을 집행하여 단기간에 큰 성과를 거두었다고 생각된다. 이렇게 독점규제법의 제정이나 발전과정이 상이하다보니 각국별로 자국의 실정에 맞는 집행조직과 절차가 마련되어 왔다.

　본서에서는 주요 선진국들의 독점규제법 집행조직과 절차에 대해 비교법적으로 살펴보고 우리나라 공정거래위원회의 조직형태와 절차에 대해 비판적으로 검토하여 보았다. 어느 정도 보편적인 원리를 찾아볼 수는 있겠지만 각국의 형편이 다르다 보니 조직과 절차의 모습도 다를 수밖에 없다. 우리나라에 적합한 모습을 완성시키기 위해 계속 노력하여야 할 것이다.

참고문헌

1. 국내문헌

〈단행본〉

公正去來委員會(역), 公正取引法 가이드, 1997.

公正去來委員會(역), 「독점규제 및 공정거래에 관한 법률」 고시·지침 연혁집, 2007.

公正去來委員會(역), 시장경제창달의 발자취-公正去來委員會 20년사, 2001.

公正去來委員會(역), 2004년 공정거래백서, 2004.

公正去來委員會(역), 2005년 공정거래백서, 2005.

公正去來委員會(역), 2006년 공정거래백서, 2006.

公正去來委員會(역), 2007년 공정거래백서, 2007.

公正去來委員會·한국개발연구원, 공정거래10년(경쟁정책의 운용성과와 과제), 1991.

강승식, 미국에서의 권력분립, 한국학술정보(주), 2005.

권오승, 경제법(제6판), 법문사, 2008.

권오승, 시장경제와 법, 서울대학교 출판부, 2006.

권오승 편, 公正去來法 강의 법문사, 1996.

권오승 편, 公正去來法 강의 II, 법문사, 2000.

권오승 편, 자유경쟁과 공정거래(公正去來法강의 III), 법문사, 2002.

권오승 편, 공정거래와 법치, 법문사, 2004.

김남진, 행정법(I), 법문사, 2007.

김대순, EU법론, 삼영사, 1995.

김동희, 행정법 I, 박영사, 2008.

박상용·엄기섭, 경제법원론, 박영사, 2004.

박세일, 법경제학, 박영사, 2004.

박정훈, 행정법의 체계와 방법론, 박영사, 2005.

박정훈, 행정소송의 구조와 기능, 박영사, 2006.

송하성·Cecil Saehoon Chung, 미국 경쟁법 가이드, 公正去來委員會, 1998.

신광식, 경쟁정책의 국제비교, 한국개발연구원, 1994.

유훈, 행정학원론, 법문사, 1983.

이남기, 경제법, 박영사, 2000.

이원우 편, 정보통신법 연구 I(통신시장에 있어서 전문규제기관과 일반경쟁규제
　　기관과의 관계), 경인문화사, 2008.

이원우 편, 정보통신법 연구 II(통신법의 집행절차 및 불복제도), 경인문화사,
　　2008.

이호영, 독점규제법의 이론과 실무, 홍문사, 2006.

임영철, 公正去來法(제2판), 법문사, 2008.

정호열, 경제법, 박영사, 2006.

홍명수, 경제법론 I, 경인문화사, 2008.

홍정선, 행정법원론(상), 박영사, 2008.

F. 리트너 저·권오승 역, 독일경쟁법, 법문사, 1997.

〈논문 등〉

권오승, "公正去來委員會의 독립성과 전문성", 「공정거래와 법치」, 권오승 편,
　　법문사, 2004.

기스기 신, "제2장 일본의 경쟁정책의 역사적 개관(I)", 「일본의 경쟁정책」, 고토
　　아키라스즈무라 고타로 편저, 2000, FKI 미디어.

박수헌, "미국의 행정법판사에 관한 고찰", 「토지공법연구」제27집, 2005.9.

박정훈, "公正去來法의 공적 집행", 「공정거래와 법치」, 권오승 편, 법문사,
　　2004.

박종훈 등, "사건조사 착수기준 및 조사방식 개선연구"(용역보고서), 公正去來委
　　員會, 200.8

부즈·알렌 해밀턴, 21세기를 향한 한국경쟁의 재도약, KDI 97년 국가정책개발사
　　업·Vision Korea 추진위원회, 1997.

이동수, 미국의 행정재결(ALJ를 중심으로), 대구효성가톨릭대학교 연구논문집,
　　제52집, 1996.

이봉의 "公正去來法의 실효적 집행", 競爭法硏究, 韓國競爭法學會, 2004.

장승화, "公正去來法상 사소제도의 확충방안에 관한 연구", 公正去來委員會 연

구용역보고서, 2000.

정세훈, "미국 競爭當局의 사건처리절차와 제도에 관한 연구"(용역보고서), 公正去來委員會, 1999.

조성국, "競爭當局 조직 및 사건처리절차에 관한 법률적 쟁점"(경쟁법학회발표논문), 2006.

조성국, "미국 FTC 사건처리절차에 관한 연구", 「公正去來法 집행의 선진화」, 한국법제연구원, 2007.

조성국, "獨占規制法 事件의 合意解決에 대한 國制動向과 示唆點", 「중앙법학」제8집 제2호, 2006.8.

조성국, "독립규제기관의 사건처리절차의 개선방안",「행정법연구」 16 하반기, 2006.10.

홍대식, "公正去來法上 과징금제도에 관한 연구"(법학박사학위논문), 서울대학교 대학원, 2006.8.

홍명수, "공정위 사건처리절차의 효율화를 위한 개선방안", 「경쟁법연구」 제13권, 법문사, 2006.

2. 歐美文獻

〈단행본〉

ABA Section of Antitrust Law, Antitrust Law Developments, 4th ed., Vol. I, 1997.

ABA Section of Antitrust Law, Antitrust Law Developments, 4th ed., Vol. II, 1997.

ABA Antitrust Section, Monograph No. 5, The FTC as an Antitrust Enforcement Agency: The Role of Section 5 of the FTC Act in Antitrust Law, Vol. I, 1981.

ABA Antitrust Section, Monograph No. 5, The FTC as an Antitrust Enforcement Agency: Its Structure, Powers and Procedures, Vol. II, 1981.

Alison Jones & Brenda Sufrin, EC Competition Law, 3rd ed., Oxford University Press, 2008.

Areeda, Kaplow & Edlin, Antitrust Analysis(6th), Aspen, 2004.

Daniel J. Gifford & Leo J. Raskind, Federal Antitrust Law, Anderson Publishing Co., 1998.

C.S. Kerse, E.C. Antitrust Procedure, Sweet & Maxwell, 1994.

D.G.Goyder, EC Competition Law, 3rd ed., Oxford EU Law Library, 1998.

D.Lasok, Law & Institutions of the European Union, Butterworths, 1994.

Ernest Gellhorn, Antitrust Law and Economics, West Publishing Co., 1976.

Glen O. Robinson, Ernest Gellhorn & Harold H. Bruff, The Administrative Process, 3rd ed., West Publishing Co., 1986.

Ivo Van Bael & Jean-Francois Bellis, Competition Law of the European Community, CCH EUROPE, 1994.

James R. McCall, Consumer Protection, West Publishing Co., 1977.

John O. Haley, Antitrust in Germany and Japan, University of Washington Press, 2001.

Kenneth W. Clarkson & Timothy J. Muris, ed., The Federal Trade Commission since 1970, Cambridge University Press, 1981.

Morris, American Law, Oxford, New York, 1998.

Richard Whish, Competition Law, Oxford University Press, 2005.

Robert A. Katzmann, Regulatory Bureaucracy : The Federal Trade Commission and Antitrust Policy, The MIT Press, 1981.

Robert Pitofsky, Harvey J. Goldschmid & Diane P. Wood, Trade Regulation, 5th., Foundation Press, 2003.

Robert V. Labaree, The Federal Trade Commission, Garland Publishing, Inc., 2000.

S.M.Benjamin, D.G.Lichtman, H.Shelanski, P.J.Weiser, Telecommunications Law and Pollicy, Carolina Academic Press, 2006

Stephanie W. Kanwit, Federal Trade Commission, Vol 1, Shephard's McGaw-Hill, Inc., 1981

Stephanie W. Kanwit, Federal Trade Commission, Vol 2, Shephard's McGaw-Hill, Inc., 1991

Stephanie W. Kanwit, Federal Trade Commission, Appendix, Shephard's

McGaw-Hill, Inc., 1991

Stephen G. Breyer, Richard B. Stewart, Cass R. Sunstein & Mattew L. Spitzer, Administrative Law and Regulatory Policy, 5th., Aspen, 2002

William F. Funk & Richard H. Seamon, Administrative Law, 2nd ed., Aspen, 2006

〈논문 등〉

David C. Nixon & Thomas M. Grayson, "Chairman and the Independence of Independent Regulatory Commissions", Paper presented at the Conference of the Midwest Political Science Association, March 2003.

Jurgen Schwarze, "Judicial Review of European Administrative Procedure", 「Public Law」, 2004.

Malcom B. Coate & Andrew N. Kleit, "Does it Matter that the Prosecutor is also the Judge? The Administrative Complaint Process at the Federal Trade Commission", Managerial and Decision Economics 19, 1998.

Markham, "The Federal Trade Commission's Use of Economics", 64 Colum. L. Rev. 405, 1964.

M. Pertschuk, "Personal Appraisal of Antitrust Enforcement by FTC", (BNA) Antitrust & Trade Reg., No.832 F-1, 1977.

Philip Elman, "The Regulatory Process : A Personal View", 39 Antitrust L.J. 1990.

Posner, "The Behavior of Administrative Agencies", I.J.Legal Stud., 1972.

President's Committee on Administrative Management, The Report of the Committee with Studies of Administrative Management in the Federal Government, 1937.

R. Cushman, The Problem of the Independent Regulatory Commission, Report of United States President's Committee on Administrative Management in the Federal Government, 1937.

Stephanie P. Newbold & Larry D. Terry, "The President's Committee on Administrative Management-The Untold Story and the Federalist

Connection", Administration & Society, Vol.38, No.5, Nov. 2006.

The Hoover Commission report on organization of the Executive Branch of the Government, 1949.

The President's Advisory Council on Executive Organization, Report On Selected Independent Regulatory Agencies, 1971.

Antitrust Division Manual

FTC Bureau of Competition Handbook, 1999

U.S. Federal Trade Commission Operating Manual, 1999

3. 일본문헌

菊地元一·佐藤一雄·波光嚴·瀧川敏明, 續 コンメタール 獨占禁止法, 勁草書房, 1995.

丹宗曉信·岸井大太郎 編, 獨占禁止手續法, 有斐閣, 2002.

白石忠志, 獨占禁止法, 有斐閣, 平成 18年.

松下滿雄, 경제법개설, 동경대학출판부, 2006.

岸井大太郎 등 인 공저, 경제법(제5판), 有斐閣, 2008.

伊從寬,上杉秋則編, 독금법 Q&A, 靑林書院, 2007.

日本辯護士聯合會 編, 消費者法講義(제2판), 日本評論社, 2007.

越知保見, 歐米獨占禁止法の解說,商事法務, 2000.

越知保見, 日米歐 獨占禁止法, 商事法務, 2005.

川越憲治, 實務 經濟法講義, 民事法研究會, 2007.

庄司克宏 편, EU法 實務篇, 岩波書店, 2008.

村上政博, 獨占禁止法의 日米比較(上), 弘文堂, 1991.

村上政博, EC 競爭法, 弘文堂, 1994.

村上政博·栗田 誠 編, 獨占禁止法の手續, 中央經濟社, 2006.

諏訪園·貞明, 平成17年 改正 獨占禁止法, 商事法務, 2005.

平林英勝, 獨占禁止法の 解釋·施行·歷史, 商事法務, 2005.

厚谷襄兒, 獨占禁止法論集, 有斐閣, 1999.

バンバール · アンド · ベリス法律事務所編, EC競爭法, 商事法務, 2007.

Akira Inoue, Japanese Antitrust Law Manual, KLUWER LAW, 2007.

谷原修身, 獨禁法の執行·實施をめぐる體系論, 獨禁法の理論と展開[2], 日本
　　　經濟法學會 編, 三省堂, 2002.

屋宮憲夫, 審査·審判手續, 獨禁法の理論と展開[2], 日本經濟法學會 編, 三省
　　　堂, 2002.

瀨領眞悟, "2005年法改正後の獨禁法の狀況と課題", 「경쟁법연구」(한국경쟁
　　　법학회편), 제16권, 법문사, 2007.11.

村上政博, 公正取引委員會の 事件處理手續の의 性格(1), 公正取引 No.555,
　　　97.1

村上政博, 公正取引委員會の組織と權限, 獨禁法の理論と展開[2], 日本經濟
　　　法學會 編, 三省堂, 2002.

찾아보기

조 성 국

서울대학교 법과대학 졸업
행정고등고시 합격
서울대학교 행정대학원 석사(정책학전공)
미국 School of Law, Univ. of Texas(Austin), LL.M.
미국 NewYork 주 변호사
서울대학교 대학원 법학박사
공정거래위원회 사무관, 서기관, 과장역임
현 중앙대학교 법학전문대학원 교수

독점규제법 집행론   26,000원

2010년 11월 18일 초판 인쇄
2010년 11월 28일 초판 발행

저　　자 : 조 성 국
발 행 인 : 한 정 희
발 행 처 : 경인문화사
편　　집 : 문 영 주
서울특별시 마포구 마포동 324-3
전화 : 718-4831～2, 팩스 : 703-9711
이메일 : kyunginp@chol.com
홈페이지 : 한국학서적.kr / www.kyunginp.co.kr
등록번호 : 제10 · 18호(1973. 11. 8)

ISBN : 978-89-499-0747-5   94360
ⓒ 2010, Kyung-in Publishing Co, Printed in Korea
* 파본 및 훼손된 책은 교환해 드립니다.